W0269804

Ekkehard Kaier

BASIC-Wegweiser für den Apple II

Datenverarbeitung mit Applesoft–BASIC
für Apple II/IIe und kompatible Mikrocomputer

Mit 80 vollständigen Programmen
und zahlreichen Bildern

Springer Fachmedien Wiesbaden GmbH

Umschlaggestaltung: Peter Lenz, Wiesbaden

ISBN 978-3-528-04259-2   ISBN 978-3-322-93803-9 (eBook)
DOI 10.1007/978-3-322-93803-9

Vorwort

Das vorliegende Wegweiser-Buch weist Wege zum erfolgreichen Einsatz von Mikrocomputern der Apple II-Familie wie Apple IIe, Apple II-Plus und sprachgleicher Systeme.

Das Wegweiser-Buch vermittelt aktuelles Grundlagenwissen zur Datenverarbeitung:

— Was ist Hardware, Software und Firmware?
— Was sind Großcomputer und Mikrocomputer?
— Was sind Datenstrukturen und Programmstrukturen?
— Was sind Betriebssysteme und Anwenderprogramme?
— Was heißt ‚fertige Programm-Pakete einsetzen'?
— Was beinhaltet das eigene Programmieren?

Das Wegweiser-Buch gibt eine erste Benutzungsanleitung:

— Wie bedient man den Apple II?
— Wie erstellt man das erste eigene Anwenderprogramm?
— Wie setzt man die verfügbaren Systemprogramme ein?

Das Wegweiser-Buch enthält einen kompletten Programmierkurs in der Programmiersprache Applesoft-BASIC, der Wege zu grundlegenden Anwendungsmöglichkeiten weist:

— Programme mit Schleifen und Unterprogrammen.
— Text-, Tabellen- und Grafikverarbeitung.
— Formen der Tastatureingabe und Druckausgabe.
— Maschinennahe Programmierung in Assembler.
— Suchen, Sortieren, Mischen und Gruppieren von Daten.
— Sequentielle, direkte/random, index-sequentielle und verkettete Organisation einer Datei.
— Datei mit zeigerverketteter Liste und binärem Baum.

Das Wegweiser-Buch soll die vom Hersteller gelieferten System-Handbücher keinesfalls ersetzen, sondern ergänzen:

In den Apple-Handbüchern werden Programmiersprachen beschrieben (z.B. Applesoft-BASIC Programmierhandbuch), Betriebssysteme (z.B. DOS-Handbuch), technische Eigenschaften (z.B. Apple IIe Benutzer Handbuch) oder spezielle Geräte (z.B. Grafik Tablett Handbuch) und Software (z.B. Apple Writer).

Das Wegweiser-Buch hingegen beschreibt die Grundlagen der Datenverarbeitung, um sie an zahlreichen Anwendungsmöglichkeiten für den Apple II zu demonstrieren und zu veranschaulichen.

Im Wegweiser-Buch sind 80 Programm-Beispiele als Codierung in Applesoft-BASIC (List) und als Ausführung (Run) wiedergegeben sowie vollständig beschrieben.

Da auf Programmiertricks verzichtet wurde, können die Programme leicht an andere BASIC-Dialekte angepaßt werden.

Die Abschnitte 2 und 3 des Wegweiser-Buches bauen aufeinander auf und sollten in dieser Abfolge gelesen werden. Abschnitt 1 hingegen kann parallel hierzu bearbeitet werden.

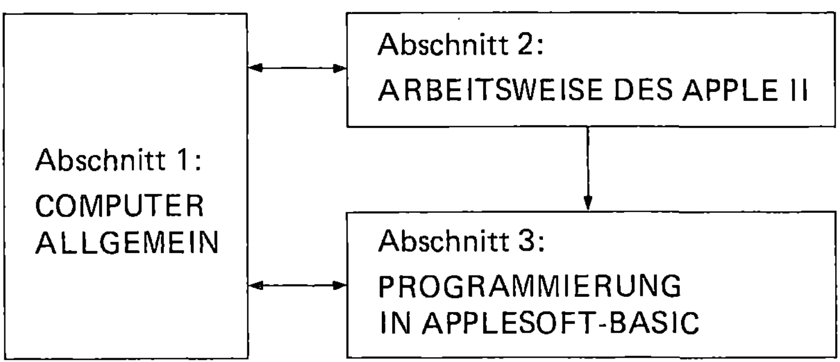

Das Wegweiser-Buch läßt sich auch als Nachschlagewerk benutzen. Aus diesem Grunde wurden das Inhaltsverzeichnis wie auch das Sachwortverzeichnis sehr detailliert aufgegliedert.

Ekkehard Kaier

Inhaltsverzeichnis

1
Computer allgemein

1.1 Computer = Hardware + Software + Firmware

1.1.1 Überblick

Jeder Computer besteht aus Hardware (harter Ware), aus Software (weicher Ware) und aus Firmware (fester Ware). Dies gilt für Mikro- und Personalcomputer ebenso wie für Großcomputer.

Die H a r d w a r e umfaßt alles das, was man anfassen kann: Geräte einerseits und Datenträger andererseits. Das wichtigste Gerät ist die Zentraleinheit bzw. CPU (für Central Processing Unit), mit der periphere Einheiten als Randeinheiten verbunden sind; so z.B. eine Tastatur zur Eingabe der Daten von Hand, ein Drucker zur Ausgabe der Resultate schwarz auf weiß und eine Disketteneinheit zur langfristigen Speicherung von Daten auf einer Diskette als Datenträger außerhalb der CPU.

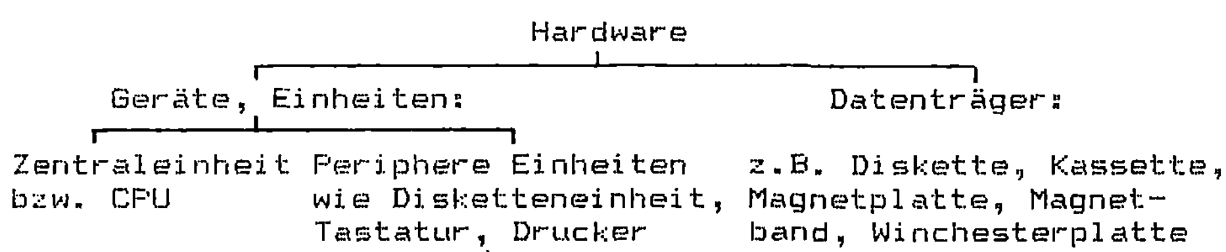

Die Hardware als harte Ware kann man anfassen

Die S o f t w a r e als zweite Komponente des Computers kann man im Gegensatz zur Hardware nicht anfassen. Software bedeutet soviel wie Information; zu ihr gehören die Daten und die Programme als Vorschriften zur Verarbeitung dieser Daten. Ist die Hardware als festverdrahtete Elektronik des Computers fest und vom Benutzer nicht (ohne weiteres) änderbar, dann gilt für die Software genau das Gegenteil: Jeder Benutzer kann Programm wie Daten ändern und austauschen, zerstören und hinzufügen.

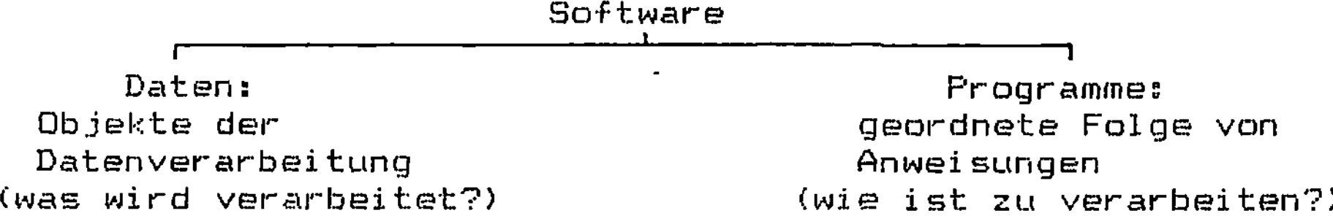

Die Software als weiche Ware kann man nicht anfassen

Die F i r m w a r e als dritte Komponente des Computers ist wie ein Zwitter halb Hardware und halb Software. So ist z.B. das Rechenprogramm jedes Taschenrechners in einem speziellen Speicher ROM (Read Only Memory als Nur-Lese-Speicher) enthalten. Der Benutzer kann dieses Programm zwar laufen lassen und Information entnehmen bzw. lesen (read), nicht aber abändern.

Für den Benutzer ist es wie Hardware fest. Für den Hersteller des ROMs dagegen stellt es sich wie Software veränderbar dar, da er den Speicher ROM ja programmieren kann und muß. Ein anderes Beispiel: Für zahlreiche Mikrocomputer sind Module erhältlich mit fest gespeicherten Programmen bis zu 30.000 Zeichen ROM; der Anwender steckt ein Modul in den Eingabeschacht seines Computers und befindet sich sogleich im Programm. Als Firmware kann er dieses Programm zwar laufen lassen, nicht aber umprogrammieren und abändern.
Mit der Mikrotechnologie, mit dem Chip und dem IC (Integrated Circuit für Integrierter Schaltkreis) gewann die Firmware immer mehr an Bedeutung.

Die Hardware (festverdrahtete Elektronik), die Software (frei änderbare Daten und Programme) und die Firmware (hart für den Benutzer und weich für den Hersteller) stellen die   d r e i   g r u n d l e g e n d e n   Komponenten des Computers dar.
Darüberhinaus gibt es weitere ...ware: so die Orgware (Organisation von Aufbau und Ablauf), die Menware (Personen), die Brainware (geistige Leistungen) und die Teachware (Lehren und Lernen).

1.1.2 Kosten für die Computerleistung

Leistung bedeutet Arbeit pro Zeiteinheit. Bestand die Arbeit des Computers früher im Rechnen, also im Umgang mit Zahlen (Computer heißt wörtlich Rechner), so wird sie heute ergänzt durch das Verarbeiten von Text allgemein. Die Zeiten werden immer kürzer: so arbeiten Computer heute 200mal schneller als vor 25 Jahren (Nanosekundenbereich mit 1milliardstel Sekunde).

Betrachtet man die Entwicklung der Computerkosten, so ist ein zunehmendes Absinken der Kosten für die Hardware gegenüber den Kosten für die Software festzustellen. Dies hat 2 Gründe: Einerseits verbilligt sich die Hardware immer mehr, sei es durch die Massenproduktion, sei es durch die Fortschritte der Mikrotechnologie. Bei entspr. Entwicklung dürfte ein VW-Käfer nicht mehr als 50 DM und eine Boeing 767 nicht mehr als 1500 DM kosten.
Andererseits verteuert sich die Software mehr und mehr,sei es durch die Personalkostenintensität (Gehälter für Programmentwicklung, -pflege u. -wartung), sei es durch das immer höhere Anspruchsniveau (Erfolgsrechnung heute bereits allwöchentlich und früher nur einmal im Jahr zum Jahresabschluß).
Man spricht schon von einer Kostenrelation von 20% für Hardware gegenüber 80% für Software.

1.1.3 Geschichtliche Entwicklung des Computers

Erst 1941 stellte der deutsche Ingenieur Konrad Zuse erstmals einen richtigen Computer vor und 1952 wurde erstmals ein Computer an ein pivates Wirtschaftsunternehmen in der BRD ausgeliefert. In den 60er Jahren begann die Zeit der Großcomputer und damit der System-Familien wie IBM/360 oder Siemens 4004. Die 70er Jahre wurden geprägt von der Mikrotechnologie und

damit vom Mikrocomputer: die Hardware wurde immer kompakter,
schneller und preiswerter.
Zu Beginn der 80er Jahre hat man sich an den Preisverfall der
Hardware gewöhnt. Wen wundert es noch, daß Hardware-Preise im
Jahr um 25% - 40% sinken? Das Interesse verlagert sich mehr
auf die Software: Die Qualität der verfügbaren Programme wird
zum entscheidenden Problem der heutigen Datenverarbeitung.
Und in den 90er Jahren ....? Längst wird nicht mehr gelächelt
über "intelligente" Computer,die ähnlich dem menschlichen Gehirn selbständig Probleme lösen. Die "künstliche Intelligenz"
ist im Hinblick auf die Ankündigung eines japanischen Anbieters zu sehen, bis 1992 ein marktreifes Produkt anzubieten.

1.2 Hardware = Geräte + Datenträger

1.2.1 Hardware im Überblick

1.2.1.1 Fünf Arten peripherer Geräte bzw. Einheiten

Um die Zentraleinheit bzw. CPU herum können bis zu fünf Arten
peripherer Einheiten als Randeinheiten gruppiert sein:

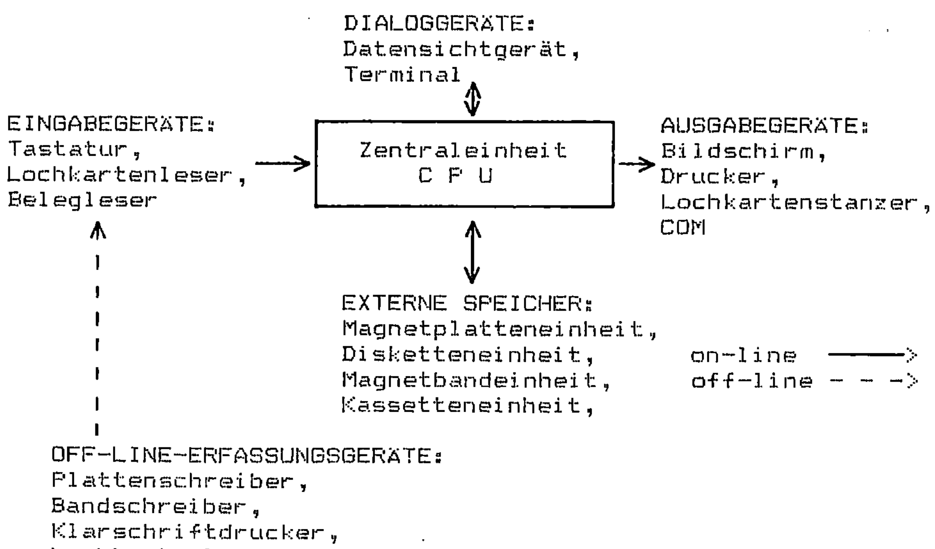

Eine Einheit im Zentrum (= CPU) und mehrere periphere
      Einheiten um diese CPU herum (= Peripherie)

Die reinen   E i n g a b e g e r ä t e   dienen ausschließlich
der Eingabe von Information (Daten wie Programme) in die CPU.
Zu unterscheiden ist dabei die Direkteingabe von Hand (Tastatur) und die Eingabe von einem Datenträger (z.B. vom Scheck
mittels Klarschriftbelegleser).
Die reinen   A u s g a b e g e r ä t e   geben Information von
der CPU aus z.B. auf den Bildschirm, auf das Endlospapier vom
Drucker, auf Mikrofilm (COM für Computer Output on Microfilm).
film) oder auf Lochkarte.
Die   D i a l o g g e r ä t e   übernehmen zwei Aufgaben: die
Eingabe (in die CPU hinein) wie auch die Ausgabe (aus der CPU
heraus). Das Bildschirmgerät bzw. Datensichtgerät besteht   nur
aus Tastatur und Bildschirm, es ist das einfachste Terminal.
Terminal heißt soviel wie Datenendstation, Endpunkt des Benutzers zum Computer oder "Benutzerschnittstelle" und bezeichnet
das Zugangsmedium des Benutzers zur CPU dar. Der Zugang kann
die Eingabe, die Ausgabe oder beides umfassen; er kann mecha-
nisch, visuell, manuell und akustisch erfolgen. Ein Terminal
umfaßt demnach ein oder mehrere periphere Einheiten mit unterschiedlichen Datenträgern.
Die   E x t e r n e n   S p e i c h e r   übernehmen zusätzlich
zur Eingabe und Ausgabe auch die Speicherung von Information.
Während der Hauptspeicher als interner Speicher der CPU Information nur kurzfristig zur Verarbeitungszeit aufnimmt, so dienen die externen Speicher der langfristigen Aufbewahrung von
Daten und Programmen sowie der Datensicherung (Back-Up).

Eingabegeräte, Ausgabegeräte, Dialoggeräte u. Externe Speicher
zählen zur   O n – l i n e – P e r i p h e r i e , weil die
Verbindung zur CPU on-line ist, d.h. eine direkte Kabelverbin-
dung die Übertragung von Information ermöglicht. Im Gegensatz
dazu tritt bei der Off-line-Peripherie an die Stelle der Übertragung der Transport von Daten (samt Datenträgern), da keine
direkte Verbindung besteht zwischen dem peripheren Gerät und
der CPU.

D a t e n e r f a s s u n g   heißt, Information computerlesbar
machen. Bei Off-line-Erfassungsgeräten besteht zum Zeitpunkt
der Datenerfassung keine direkte Verbindung zur CPU: die Daten
werden auf einem im Erfassungsgerät mitlaufenden Datenträger
gespeichert. Geschieht die Erfassung hingegen on-line, dann
fallen die Eingabe und die Erfassung begrifflich zusammen.

1.2.1.2 Drei Gruppen von Datenträgern

Nach den Geräten der Hardware (CPU, Peripherie) kommen wir nun
zu den   D a t e n t r ä g e r n ; diese müßten eigentlich In-
formationsträger heißen, da sie nicht nur Daten speichern bzw.
tragen, sondern auch Programme.

Die Lochkarte und der vom Fernschreiber übernommene Lochstrei-
fen werden zunehmend durch magnetische Datenträger ersetzt.

Die Magnetplatte als   W e c h s e l p l a t t e (in Platten-
einheit auswechselbar) hat meistens 37 cm Durchmesser. Beim
Magnetplattenstapel sind z.B. 6 solcher Einzelplatten zu einem

<pre>
                    D a t e n t r ä g e r
  ┌──────────────────────────┬──────────────────────────┐
  gelochte   magnetische   optische
  Datenträger: Datenträger: Datenträger:

  Lochkarte,   Magnetplatte,   Markierungsbeleg,
  Lochstreifen   Plattenstapel,   Klarschriftbeleg,
                        Diskette,   Magnetschriftbeleg,
                        Magnetband,   Balkencode-Beleg,
                        Kassette,   Optische Platte
                        Magnetblasen-
                        speicher
</pre>

Datenträger zur Aufbewahrung von Daten und Programmen

Stapel fest übereinander montiert mit einer Speicherkapazität bis 300.000.000 Zeichen (=150.000 DIN A4-Seiten). Die Diskette bzw. Floppy Disk als verkleinerte Form der Magnetplatte wird als Wechselplatte zur einseitigen oder auch zweiseitigen Speicherung bei einfacher oder doppelter (2D) Aufzeichnungsdichte abgeboten. Derzeit sind drei Disketten-Größen verbreitet: Die Maxi-Diskette mit 8" = ca. 20 cm, die Mini-Diskette mit 5.25" = ca. 13 cm und die Mikro-Diskette mit 3.5" = ca. 9 cm Durchmesser. Disketten erreichen Kapazitäten von 1.000.000 Zeichen (=500 DIN A4-Seiten) und mehr.

Die Winchester-Platte ist als F e s t p l a t t e fest mit dem Gerät verbunden und somit nicht auswechselbar. Als Kunststoffplatte ist sie in den Größen 14", 8" und 5.25" im Handel. Aufgrund der hohen Umdrehungszahl (mehrere 1000 mal/min gegenüber 360 mal/min bei der Diskette) wird eine große Zugriffsgeschwindigkeit wie auch Kapazität erreicht: über 50.000.000 Zeichen/Platte sind möglich (=25.000 DIN A4-Seiten).

Das Magnetband als der typische Massendatenspeicher (1,27 cm breit und 730 m lang) kann bis ca. 35.000.000 Zeichen (=17.500 DIN A4-Seiten) aufnehmen. In seiner verkleinerten Form als Datenkassette werden ca. 300.000 Zeichen (=150 DIN A4-Seiten) erreicht; erhältlich ist die Normalkassette, die 1/4-Zoll-Kassette unddie 1/8-Zoll-Kassette.

Der Magnetblasenspeicher (Bubble Memory) arbeitet ohne mechanische Teile und wird in Konkurrenz treten zum herkömmlichen Band und zur Platte.

Zu den optischen Datenträgern, die der direkten Beleglesung dienen: Beim Markierungsbeleg (Erhebungen, TÜV, Bestellungen) werden Ja/Nein-Markierungen mit Bleistift ausgefüllt und vom Belegleser optisch eingelesen.
Beim Klarschriftbeleg (Scheck, Zahlkarte) wird optisches Zeichen-Erkennen (OCR für Optical Character Recognition) dadurch erreicht, daß speziell für die DV genormte OCR-Schriften verwendet werden wie OCR-A, OCR-B und IBM-407.
Beim Magnetschriftbeleg (Post-Briefverteilung) werden einzelne Zeichen mit senkrechten Balken aus magnetisierter Farbe darge-

stellt: jeweils 7 Balken bei der CMC-7-Schrift, Dick-Dünn-Ab-
weichungen bei der E-13-B-Schrift des US-Banksystems.
Seit der Vereinbarung des Europa-Artikel-Nummern-Codes (EAN-
Code) im Jahre 1977 findet sich dieser Balkencode -auch Bar-
oder Strichcode genannt- zunehmend auf Warenpackungen. Durch
Abtasten mit einem Lesegerät bzw. Scanner (to scan = abtasten)
wird die Artikelnummer entschlüsselt.
Bei der optischen Platte tritt an die Stelle des Schreib-/Le-
sekopfs der herkömmlichen Magnetplatteneinheiten der Laser-
lichtstrahl. Dabei sind die gespeicherten Daten nicht mehr änderbar; aufgrund des niedrigen Preises wird einfach auf eine
zweite optische Platte kopiert. Die Kapazität liegt bei über
100.000.000 Zeichen (=50.000 DIN A4-Seiten).

1.2.2 Verarbeitung von Information in der CPU

1.2.2.1 Analogie der Datenverarbeitung bei Mensch und Computer

Die Datenverarbeitung beim Computer vollzieht sich analog zur
Datenverarbeitung beim Menschen: die CPU als 'Gehirn des Computers' ist analog zum menschlichen Gehirn aufgebaut.

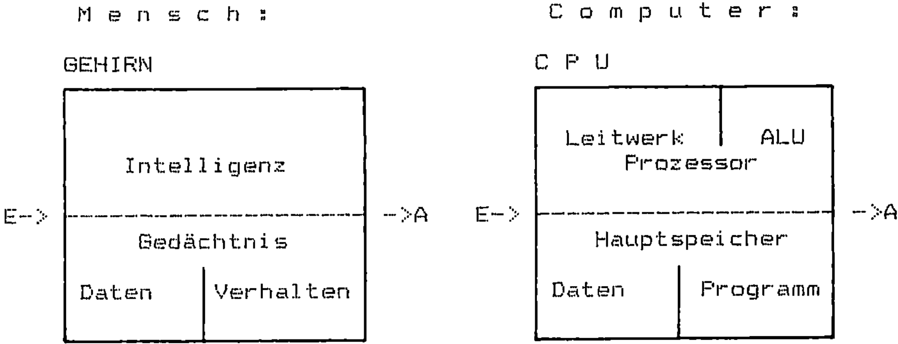

Grundmodelle der Datenverarbeitung bei Mensch und Computer

Der Eingabe (E) beim Menschen (Datenaufnahme durch Auge, Ohr,
Nase) entspricht die computerlesbare Eingabe von Tastatur oder
Datenträger. Die Intelligenz des Computers ist ein Prozessor,
der die arithmetischen und logischen Grundoperationen durch-
führt (ALU für Arithmetic Logical Unit) und das Gesamtsystem
steuert (Leitwerk).
Neben der Intelligenz (Prozessor) als steuerndem bzw. aktivem
Teil des Gehirns nun zum Gedächtnis (Hauptspeicher) als auf-
nehmendem bzw. passivem Teil: den menschlichen Verhaltensab-
läufen - sicher äußerst vage - vergleichbar sind die Computer-
programme als Anweisungsfolgen " w i e ist zu verarbeiten" ,
während die gespeicherten Daten angeben " w a s verarbeitet
wird".
Die Ausgabe (A) bzw. Datenwiedergabe z.B. durch Sprechen oder
handschriftlich erfolgt beim Computer in rein computerlesbarer

Form (z.B. Ausgabe der Lohndaten auf Diskette) und/oder menschenlesbarer Form (z.B. am Bildschirm oder Drucker).

Mensch wie Computer sind datenverarbeitende Systeme, die durch die 3-Schritt-Folge "Eingabe -> Verarbeitung -> Ausgabe" (kurz EVA-Prinzip genannt) gekennzeichnet werden können.

Als CPU dient beim Personalcomputer bzw. Mikrocomputer ein IC auf einem ca. 0.5 cm langen Silicium-Chip. Ein weiterer IC ist als Hauptspeicher vorgesehen. Öffnen Sie Ihren Computer, dann werden Sie diese und weitere Chips entdecken, die auf Kunststoffplatinen angeordnet und über aufgedruckte Leiterbahnen miteinander verbunden sind.

Für Skeptiker: Die hier dargestellte Analogie der Datenverarbeitung bei Mensch und Computer bedeutet nicht, daß Computer künstliche Menschen sind, sondern daß sie ihm im Grundaufbau nachgebaut sind. Das einzig Menschliche an Computern ist, daß sie vom Menschen konstruiert sind. Sonst sind Computer dumm; sie können nur so arbeiten, wie ihnen durch die Programme vorgeschrieben wurde. Diese Programme haben zudem etwas äußerst unmenschliches an sich: sie beinhalten vornehmlich sich oft wiederholende, routinemäßig ablaufende und stupid geistestötende Tätigkeiten, die von Computern aber sehr schnell, exakt und beliebig oft ausgeführt werden können.

1.2.2.2 Computer als speicherprogrammierte Anlage

Früher -und das ist erst etwa 30 Jahre her- war das jeweilige Programm als Hardware festverdrahtet: so konnte der Buchungsautomat nur die Buchhaltung besorgen, der Fakturiertautomat nur Rechungen schreiben und der Sortierautomat nichts als nur sortieren. Für jede neue Aufgabe mußte ein neuer Automat angeschafft werden.
Diesem recht unwirtschaftlichen Hardware-Prinzip machte John von Neumann (1903-1957) mit der folgenden ohne Zweifel revolutionärsten Idee in der Geschichte der EDV ein Ende:danach enthält der Hauptspeicher nicht nur die zu verarbeitenden Daten, sondern auch das Programm. Da neben den Daten (w a s wird verarbeitet) auch das Programm (w i e ist zu verarbeiten) verändert und ausgewechselt werden kann, wird ein und derselbe Computer (= Hardware bzw. Gerät unverändert) zum universellen Problemlösungsinstrument (= Software bzw. Programm änderbar).
Die oben angeführten Aufgaben der Buchhaltung, Fakturierung wie Sortierung lassen sich von e i n e m Computer mit den entsprechenden Programmen lösen.
Das Prinzip der S p e i c h e r p r o g r a m m i e r u n g hat das Hardware-Prinzip abgelöst: e i n Computer mit vielen austauschbaren Programmen dient heute v i e l e n Aufgaben.

1.2.2.3 Computerrechnen im Dual-System Bit für Bit

Das Rechnen vollzieht sich in der ALU als Bestandteil der CPU. Wie soll dies gehen, wo der Computer doch nur Binärzeichen (binär bedeutet zweiwertig) mit den zwei möglichen Zuständen

O (kein Strom) und 1 (Strom) unterscheiden kann? Er rechnet
im 2er-System bzw. Dual-System und nicht wie wir Menschen im
10er-System bzw. Dezimal-System.
Addieren wir 5+9 = 14, so erfolgt das berühmte "1 im Köpfchen"
bei 10, da wir im 10-er System denken. Der Computer führt den
Übertrag nicht bei 10 durch, sondern bei 2, da er gelernt hat,
im 2er-System zu funktionieren. Woher aber weiß er, wie groß
Stellenergebnis und -übertrag sind? Er weiß es durch folgenden
Trick: Die Addition ist auf die logischen Grundoperationen
"logisch UND" sowie "logisch ODER" rückführbar, und diese Operationen lassen sich als Schalter in der ALU darstellen. Damit
benötigt ein Computer im Grunde nur so wenige Schalter, wie
logische Operationen darzustellen sind.

```
5 + 9 dezimal:          5 + 9 dual:          duale Addition
                                             allgemein:

  3   2   1   0           3   2   1   0
 10  10  10  10           2   2   2   2       0 + 0 = 0 behalte 0
  ^   ^   ^   ^           ^   ^   ^   ^       0 + 1 = 1 behalte 0
  0   0   0   5           0   1   0   1       1 + 0 = 1 behalte 0
  0   0   0   9           1   0   0· 1       1 + 1 = 0 behalte 1
 ---------------         ---------------
  0   0   1   4           1   1   1   0

 1*8 + 1*4 + 1*2 + 0*1 = 14              logisch
 1*10 + 4*1            = 14              ODER
 also: dual 1110 gleich dezimal 14
                                         logisch UND)
```

Dezimale Addition 5+9 (links), duale Addition 5+9 (rechts)

Das Binärzeichen wird abgekürzt als Bit (Binary Digit). Die
4-Bit-Folge 1110 als Bitmuster stellt die Dezimalzahl 14 dar.

1.2.3 Speicherung von Information im Hauptspeicher intern

Information (Daten, Programme) setzt sich zusammen aus Zeichen
wie Buchstaben, Ziffern und Sonderzeichen. Da der Computer nur
ein Bit mit den beiden Werten 0 und 1 unterscheiden kann, muß
jedes Zeichen als Bitmuster gespeichert werden, z.B. der Buchstabe K durch das Bitmuster 01001011 als 8-Bit-Folge. Auf den
Datenträgern werden Bits meist durch magnetisierte Punkte dargestellt. Im Hauptspeicher dagegen werden Bits durch Schalter
dargestellt, die auf 'aus' für 0 oder auf 'ein' für 1 stehen
können; der Hauptspeicher als elektronischer Speicher besteht
aus ICs, deren Schalterstellungen den Bitwerten entsprechen.
Auf die externe Speicherung auf Datenträgern geht Abschnitt
1.2.4 ein; dieser Abschnitt wendet sich der internen Speicherung im Hauptspeicher (auch Arbeitsspeicher genannt) zu.

1.2.3.1 Informationsdarstellung im ASCII und EBCDI-Code

Im Hauptspeicher wird Information vorherrschend im ASCII ge-

speichert (American Standard Code for Information Interchange)
mit jeweils 7 Bits/Zeichen. Jedes ASCII-Zeichen stellt sich
somit als Siebenbitmuster dar. Im ASCII werden 128 (2 hoch 7)
Möglichkeiten computerlesbar erfaßt.
Unabhängig vom Code faßt man jeweils 8 Bits zu einer Einheit
zusammen, die man B y t e nennt. Beim ASCII als 7-Bit-Code
ist das 8. Bit eines Byte prinzipiell frei u. wird je nach Anwendung verschieden behandelt (z.B. stets 0 oder zur Aufnahme
eines Prüfbits).
Beispiel: 7.25 DM soll im ASCII dargestellt werden, also zwei
Buchstaben (DM), drei Ziffern (725) und zwei Sonderzeichen (.
und Blanc). Man erhält demzufolge insgesamt die sieben Bytes
00110111 00101110 00110010 00110101 00100000 01000100 01001101
mit dem Achtbitmuster 00100000 als 5. Byte für das Leerzeichen
bzw. Blanc.

IBM-Großcomputer verwenden nicht den ASCII, sondern den EBCDI-
Code (Extended Binary Coded Decimal Interchange Code), der als
8-Bit-Code 256 (2 hoch 8) Möglichkeiten erfaßt.

1.2.3.2 Hexadezimale Darstellung von Zeichen

Die 7 Bytes für 7.25 DM sind nicht gerade leicht zu entschlüs-
seln. Um der besseren Lesbarkeit willen wird man sich Zeichen
auf dem Bildschirm oder Drucker nicht als Bitmuster ausgeben
lassen, sondern h e x a d e z i m a l (auch sedezimal oder
kurz hex genannt).

1.2.3.3 Hauptspeicher als RAM und ROM

Der Speicher RAM ist ein Schreib-Lese-Speicher (Random Access
Memory für Direkt-Zugriff-Speicher); der Benutzer kann in den
RAM Information schreiben bzw. eingeben wie auch aus dem RAM
Information lesen bzw. ausgeben. Insbesondere bei Personalcomputern ist der Hauptspeicher als RAM ausgebildet zur Aufnahme
des Anwenderprogramm und der zu verarbeitenden Daten.
Häufig ist ein zusätzlicher Teil des Hauptspeichers als Speicher ROM vorgesehen (vgl. Abschnitt 1.1.1). Auf diesen Nur-
Lese-Speicher kann der Anwender nur lesend zugreifen (Read Only Memory). Im ROM als Festspeicher werden z.B. Steuerungspro-
gramme - vom Hersteller fest eingeschmolzen - bereitgestellt,
die wir zwar anwenden können, nicht aber verändern.

Die Informationsdarstellung durch die Codes ASCII sowie EBCDI
gilt für den Hauptspeicher allgemein - unabhängig, ob er nun
als Speicher RAM oder als Speicher ROM ausgebildet ist.

1.2.3.4 Byte als Maßeinheit für die Speicherkapazität

Das Byte dient zur Darstellung von Zeichen wie auch zur Angabe
der Kapazität von Speichermedien:
                              10
  1 KB = 1 Kilo-Byte = 2   Bytes = 1024 Bytes = ca. eintausend
         Zeichen Speicherkapazität

```
Hex:  Dezimal:  Binär:
 0      0       0000
 1      1       0001
 2      2       0010
 3      3       0011
 4      4       0100
 5      5       0101
 6      6       0110
 7      7       0111
 8      8       1000
 9      9       1001
 A     10       1010
 B     11       1011
 C     12       1100
 D     13       1101
 E     14       1110
 F     15       1111
```

Hexadezimale Dar-
stellung von
genau 16 Zeichen

Darstellung von 7.25 DM im
ASCII hexadezimal:
37 2E 32 35 20 44 4D

Darstellung von 7.25 DM im
EBCDI-Code hexadezimal:
F7 4B F2 F5 21 C4 D4

Die hexadezimale Darstellung
von 7.25 DM im ASCII sowie
im EBCDI-Code ist wesentlich
besser lesbar als die zugehörige Bitmusterdarstellung.

Die Übersetzung binär — hex
besorgt der Computer selbst.

Die hexadezimale Darstellung
stellt nur eine Lesehilfe
dar. Im Hauptspeicher werden
die Daten nach wie vor binär
gespeichert und aufgerufen.

Hexadezimale Darstellung	ASCII (7 bit)	EBCDIC (8 bit)
·		
·		
·		
21	blank	
22	!	
23	"	
24	$	
25	%	
26	&	
27	'	
28	(	
29	)	
2A	*	
2B	+	
2C	,	
2D	-	
2E	.	
2F	/	
30	0	
31	1	
32	2	
33	3	
34	4	
35	5	
36	6	
37	7	
38	8	
39	9	
3A	:	
3B	;	
3C	<	
3D	=	
3E	>	
3F	?	
40	@	blank
41	A	
42	B	
43	C	
44	D	
45	E	
46	F	
47	G	
48	H	
49	I	
4A	J	¢
4B	K	.
4C	L	<
4D	M	(
4E	N	+
4F	O		
50	P	&
51	Q	
52	R	
53	S	
54	T	
55	U	
56	V	
57	W	
58	X	
59	Y	
5A	Z	!
5B	[	$
5C	\	*
5D	]	)
5E	^	;
5F	_	¬
60	`	
61	a	
62	b	

Hexadezimale Darstellung	ASCII (7 bit)	EBCDIC (8 bit)
63	c	
64	d	
65	e	
66	f	
67	g	
68	h	
69	i	
6A	j	
6B	k	,
6C	l	%
6D	m	·
6E	n	)
6F	o	?
70	p	
71	q	
72	r	
73	s	
74	t	
75	u	
76	v	
77	w	
78	x	
79	y	
7A	z	
7B		#
7C		@
7D		'
7E		"
7F		"
80		
81		a
82		b
83		c
84		d
85		e
86		f
87		g
88		h
89		i
8A		
8B		
8C		
8D		
8E		
8F		
90		
91		j
92		k
93		l
94		m
95		n
96		o
97		p
98		q
99		r
9A		
9B		
9C		·
9D		
9E		
9F		
A0		
A1		
A2		·
A3		s
A4		t
A5		u
A6		v
A7		w

Hexadezimale Darstellung	ASCII (7 bit)	EBCDIC (8 bit)
A8		x
A9		y
AA		z
·		
·		
C0		
C1		A
C2		B
C3		C
C4		D
C5		E
C6		F
C7		G
C8		H
C9		I
CA		
CB		
CC		
CD		
CE		
CF		
D0		
D1		J
D2		K
D3		L
D4		M
D5		N
D6		O
D7		P
D8		Q
D9		R
DA		
DB		
DC		
DD		
DE		
DF		
E0		
E1		
E2		S
E3		T
E4		U
E5		V
E6		W
E7		X
E8		Y
E9		Z
EA		
EB		
EC		
ED		
EE		
EF		
F0		0
F1		1
F2		2
F3		3
F4		4
F5		5
F6		6
F7		7
F8		8
F9		9
·		
·		

Die Codes ASCII und EBCDI

1 MB = 1 Mega-Byte = 1000 KB = 1.024.000 Bytes = ca. eine
Million Zeichen Speicherkapazität

Die Angabe '64 KB RAM' oder auch einfach '64 K RAM' bedeutet,
daß dem Benutzer ein Hauptspeicherplatz von ca. 64.000 Zeichen
Größe für Programm und Daten zur Verfügung steht.

1.2.4 Speicherung von Information auf Datenträgern extern

1.2.4.1 Kassette und Magnetband

Auf Kassette werden Daten Bit für Bit hintereinander aufgezeichnet, d.h. bitseriell. Dies ist bei Audiokassettenlaufwerken der Fall wie bei den eigens für den Computereinsatz entwickelten Recordern. Die 8 Bits 01001101 für den Buchstaben M stehen auf Kassette also hintereinander. Auf das wesentlich breiteren Magnetband hingegen passen die Bits nebeneinander: bitparallele Aufzeichnung liegt vor.

Zu unterscheiden sind Start-/Stop-Geräte und Streaming-Geräte: Bei den Start-/Stop-Geräten wird blockweise gespeichert, wobei jeder Block durch Klüfte (Gaps) als Leerräume vom nächsten Block abgetrennt ist. Commodore-Kassetten 2/3000 haben z.B. folgendes Aufzeichnungsformat:
- 10 Sek. Vorspann (leader)
- 192 Zeichen Fileüberschrift (header)
- 2 Sek. Kluft (Gap bzw. Vorspann)
- 192 Zeichen Daten (=1. Datenblock)
- 2 Sek. Kluft
- 192 Zeichen Daten (=2. Datenblock)
- ...
- ...
- 192 Zeichen Daten (=n. Datenblock)
- EOF-Zeichen als Marke für End Of File

> Datenfile (Datendatei) mit 192 Zeichen je Block.

- 10 Sek. Vorspann (leader)
- 192 Zeichen Fileüberschrift (header)
- Programmblock mit 10 KB
  bis 32 KB Zeichen
- EOF-Zeichen

> Programmfile mit max 32.000 Zeichen je Block.

Leerräume bzw. Klüfte kosten Speicherplatz. Sie sind erforderlich, da nur bei gleichmäßiger Bandgeschwindigkeit gelesen und geschrieben werden kann. Die Übertragungsraten liegen zwischen 250 und 1500 Baud bzw. bps (Bits pro Sekunde bei serieller und Bytes (Zeichen) pro Sekunde bei paralleler Aufzeichnung).
Bei den Streaming - Geräten entfallen die Klüfte und Start-/Stop-Marken, die Daten 'strömen' (to stream) ohne Stops in der kompletten Bandlänge in den Hauptspeicher. Streaming-Laufwerke werden hauptsächlich zur Datensicherung (Back-Up) von Plattendaten (Diskette,Winchesterplatte) verwendet. Streamer sind billiger, schneller und speicherplatzsparender als Start-/Stop-Cartridges; kleinste Zugriffseinheit aber ist das gesamte Band (vgl. Abschnitt 1.2.4.5).

Typische Einsatzgebiete für das Band:
Langzeitarchivierung, Datensicherung bzw. Back-Up, Daten- und Programmaustausch sowie -vertrieb (z.B. Postversand), Ersterfassung von Daten, Speicherung von Datenbeständen mit Reihenfolgeverarbeitung (z.B. Inventar) sowie Programmspeicherung.
Im Hinblick auf die Kosten je abgespeichertem Byte schneidet kein Datenträger besser ab als das Magnetband als der typische Massenspeicher.
Muß häufig auf Einzeldaten direkt zugegriffen werden, dann scheidet das Band (großes Magnetband wie kleine Kassette) aus.

1.2.4.2 Diskette, Winchesterplatte und Magnetplatte

Die Speicheroberfläche der Platte als Direktzugriff-Speicher
ist stets ähnlich organisiert - ob sie als Diskette im Maxi-,
Mini- oder Mikroformat eingesetzt wird, als Festplatte in Win-
chester-Technologie,als große Magneteinzelplatte oder als Magnetplattenstapel: am Beispiel des Softsektor-Formats IBM 3740,
das bei Mini-Disketten fast zum Standard geworden ist, wollen
wir die Speicherorganisation der Platte genauer erklären.

Eine neu gekaufte Diskette ist leer, sie ist weder beschrieben
noch irgendwie unterteilt. Beim Softsektor-Format IBM 3740 ist
die Formatierung (Form der Speicheroberfläche festlegen) bzw.
Sektorierung (Oberfläche in Sektoren als Abschnitte eintei-
len) s o f t w a r e m ä ß i g durch ein spezielles Programm
wie folgt vorzunehmen:
- 77 kreisrunde Spuren vorsehen; bei 2seitiger Diskette bilden
  gegenüberliegende Spuren je einen Zylinder.
- Jede Spur in gleichlange Sektoren (Abschnitte) gliedern: 26,
  15 oder 8 Sektoren/Spur, je nach der Sektorlänge von 128,
  256 oder 512 Bytes.
- Spuren numerieren von Spur 00 außen bis Spur 76 innen.
- Verwendung festlegen: Spur 00 für Inhaltsverzeichnis, Spuren
  01-74 für Benutzerinformation, Spuren 75-76 Fehlerreserve.
- Die Sektoren durch Klüfte bzw. Gaps trennen, um auf den Sek-
  tor als kleinste Z u g r i f f s e i n h e i t bei 360 Um-
  drehungen/Minute fehlerfrei zugreifen zu können.
- Die Sektoren unterteilen in ID-Feld (=Identifikationsfeld
  als Adreßfeld) und Daten-Feld (=Benutzerinformation 128, 256
  oder 512 Bytes lang).

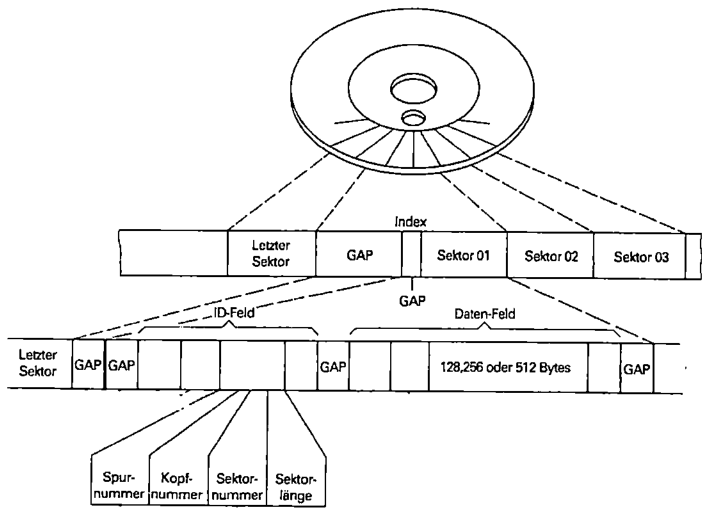

Speicherorganisation der Platte am Beispiel des
Softsektor-Formates IBM 3740 für Disketten

Eine Spur hat weder Anfang noch Ende. Wenn eine Lichtschranke
das I n d e x l o c h überfährt, wird durch einen Impuls der

'Spurbeginn angezeigt.
Im Gegensatz zur hier erklärten Softsektorierung wurde bei der
h a r d s e k t o r i e r t e n Diskette die Einteilung hardwaremäßig bereits von Herstellerseite vorgenommen.

Aufgezeichnet wird bei Einzelplatten b i t s e r i e l l auf
den Spuren; die 8 Bits 01001101 für M im ASCII stehen also der
Reihe nach hintereinander z.B. auf Spur 34.
Beim Magnetplattenstapel kann zylinderweise aufgezeichnet werden auf den jeweils unmittelbar übereinanderliegenden Spuren.

1.2.4.3 Klarschriftbeleg als Druckerausgabe

Auf einem Klarschriftbeleg wird Information in einer für den
Menschen s o w i e den Computer lesbaren Form extern gespeichert (vgl. Abschnitt 1.2.1.2). Hier die Zeichendarstellung
bei der heute besonders weit verbreiteten Klarschrift OCR-A:

ABCDEFGHIJKLMNOPQRSTU
VWXYZ   0123456789

Erstellt werden Klarschriftbelege durch Klarschriftdrucker,
bei denen es sich vornehmlich um Typenraddrucker handelt. Hier
eine kleine Übersicht der Druckertypen a l l g e m e i n :

- Zu unterscheiden sind mechanische Drucker (impact) und nicht
  mechanische Drucker (non-impact), serielle Drucker (Zeichen
  für Zeichen drucken) und Zeilendrucker (zeilenweise drucken)
  sowie in einer Richtung und vor/rückwärtsschreibende Geräte.
- Bei den mechanischen Drucker überwiegen Typenraddrucker und
  Matrixdrucker.
- Der T y p e n r a d d r u c k e r hat Typen an Armen (Spei-
  chen) des Typenrades befestigt. Die Räder lassen sich aus-
  wechseln - und damit auch die Schrifttype sowie die Zeichen-
  dichte (z.B. 1/10" = 132 Zeichen/Zeile, 1/12" = 158 Zeichen/
  Zeile, 1/15" = 198 Zeichen/Zeile).
  Typenraddrucker werden dort eingesetzt, wo es auf die Druck-
  qualität ankommt - so in der Textverarbeitung oder der Klar-
  schrifterfassung ; sie heißen auch 'Schönschreibdrucker'.
- Der M a t r i x d r u c k e r erzeugt Zeichen als matrix-
  förmige Anordnung von Einzelpunkten. Je mehr Rohre bzw. Na-
  deln pro Matrix (gängig: 7*9- und 7*5-Matrix), desto besser
  das Druckbild. Kann der einzelne Matrixpunkt angesteuert
  werden, so läßt sich der Matrixdrucker zur Ausgabe von Grafiken verwenden.
- Nicht-mechanische anschlagsfreie Drucker arbeiten leiser
  und schneller als Impact-Drucker: hierbei handelt es sich
  um T i n t e n s t r a h l d r u c k e r oder aber um
  elektrofotografische Verfahren kombiniert mit Laserstrahlen;
  beide Druckertypen arbeiten mit Normalpapier.
  Spezialpapier benötigen die T h e r m o d r u c k e r (wär-
  meempfindliches Papier), die elektrostatischen Drucker (Die-
  lektrikum auf dem Papier) und die Elektroerosionsdrucker
  (Kondensatorpapier).

1.2.4.4 Schnittstellen als Bindeglieder CPU - Peripherie

Soll der Informationsaustausch zwischen der CPU und den angeschlossenen Peripheriegeräten bzw. Datenträgern klappen, dann müssen die Einheiten zueinander passen, d.h. kompatibel sein, oder besser: stecker-kompatibel sein. Als solche Steckverbindungen kann man sich die S c h n i t t s t e l l e n (engl. Interfaces) vorstellen. Damit Geräte unterschiedener Hersteller miteinander verbunden werden können, müssen die Schnittstellen der Geräte genormt sein. Die vier bei Personalcomputern zumeist anzutreffenden Schnittstellen sind die V.24-, die TTY-, die Centronics- und die IEC-Bus-Schnittstelle.

- Die V.24-Schnittstelle ist eine asynchrone serielle Schnittstelle: asynchron bedeutet, daß 2 Geräte trotz verschiedenen Arbeitsgeschwindigkeiten einander angepaßt werden können; seriell heißt, daß Bit für Bit nacheinander übertragen werden. Die US-Schnittstelle RS-232-C entspricht der V.24. Die Schnittstellen findet man in der Datenfernverarbeitung.

- Als weitere serielle Schnittstelle wurde die TTY-Schnittstelle vom Fernschreiber (Teletype) übernommen zum Anschluß von Bildschirm und Drucker.

- Nach dem Druckerhersteller Centronics benannt ist eine weitere Schnittstelle, mit der Drucker anderer Fabrikate ausgerüstet sind. Als p a r a l l e l e Schnittstelle werden alle Bits eines Zeichens (Bytes) über 8 parallele Leitungen übertragen (gleichwohl: bitparallel, aber zeichenseriell). Die Centronics-Schnittstelle ist heute zum Quasi-Standard bei Druckern geworden; dabei wird zumeist ein 36-poliger AMP-Stecker verwendet mit nur teilweise genormter Pinbelegung (exakte Belegung der Pins dem Handbuch zu entnehmen).

- Die IEC-Bus-Schnittstelle umfaßt 8 Daten-, 3 Quittungs- und 5 Steuerleitungen, um bis zu 15 Peripheriegeräte an einen Computer anzuschließen.

Exakt beschriebene Schnittstellen gehen einher mit dem Trend zur 'Mixed Hardware' als dem Zusammenschluß von Peripheriegeräten unterschiedlicher Herstellermarken. Dies wiederum führte zur steten Ausweitung des OEM-Marktes (Original Equipment Manufacturer). Ein OEM ist ein Gerätehersteller, der seine Produkte nicht (nur) an Endabnehmer verkauft, sondern ebenso an Computerhersteller; auf dem OEM-Markt besorgen sich Computerhersteller Peripherie-Geräte, die sie in ihr System integrieren. So kann sich z.B. hinter dem IBM-Typenschild eines Druckers, mit IBM seinen Personalcomputer ausrüstet, durchaus ein Epson-Drucker verbergen.

1.2.4.5 Back-Up-Systeme zur Datensicherung

Für Personalcomputer -autonom als Stand-alone-Systeme genutzt- bietet sich folgender Mix für die externen Speichergeräte an:

Für die Daten:	Für die Programme:	Zur Datensicherung:
WINCHESTER-PLATTE	DISKETTE (FLOPPY)	MAGNETBAND
als Festplatte	als Wechselplatte	als Massenspeicher

Festplatten-Laufwerke bringen dem Anwender von Personalcomputern die gewünschten hohen Speicherkapazitäten, zugleich aber
auch das Problem der Datensicherung bzw. des Back-Up (1 DIN-
A4-Seite = ca. 2 KBytes; 20 MBytes auf einer Festplatte = ca.
10 Karl-May-Bücher; 1 MBytes eintippen = ca. 10 Manntage). Die
Back-Up-Systeme als Reserve- bzw. Sicherungssysteme verwenden
Disketten, Wechselplatten und Bänder als Sicherungsdatenträger
(letztere im Start-Stop- sowie im Streaming-Betrieb (Abschnitt
1.2.4.1)). Mit dem zunehmenden Umfang der zu sichernden Datenbestände wird sich das Magnetband als Streamer durchsetzen: so
kann ein Cartridge-Tape-Streamer den Inhalt einer 20-MB-Fest-
platte in wenigen Minuten sichern.

1.2.5 Verfahren der Datenerfassung

D a t e n e r f a s s u n g heißt, Daten in computerlesbare
Form bringen (vgl. Abschnitt 1.2.1.1) und umfaßt den Weg von
der Entstehung der Daten bis zu deren Eingabe in die CPU. Da
im kaufmännischen Bereich ca. 90% des Zeitaufwandes auf diesen
Weg entfallen, ist der Kostenanteil der Datenerfassung relativ
hoch anzusetzen.
Die unterschiedlichen V e r f a h r e n der Datenerfassung
werden festgelegt durch vier Faktoren:
1) Anzahl der S t u f e n , die die Daten durchlaufen von der
   Entstehung bis zur Eingabe.
2) Verbindung zwischen Erfassungsgerät und CPU zum Zeitpunkt
   der Erfassung o f f - l i n e oder o n - l i n e .
3) Z e n t r a l e oder d e z e n t r a l e Durchführung
   der Erfassung.
4) Erfassungsgerät mit eigener I n t e l l i g e n z ausgestattet oder nicht.
Auf diese Faktoren wollen wir nun im Überblick näher eingehen.

Zunächst ist eine einstufige, zweistufige und dreistufige Datenerfassung zu unterscheiden:

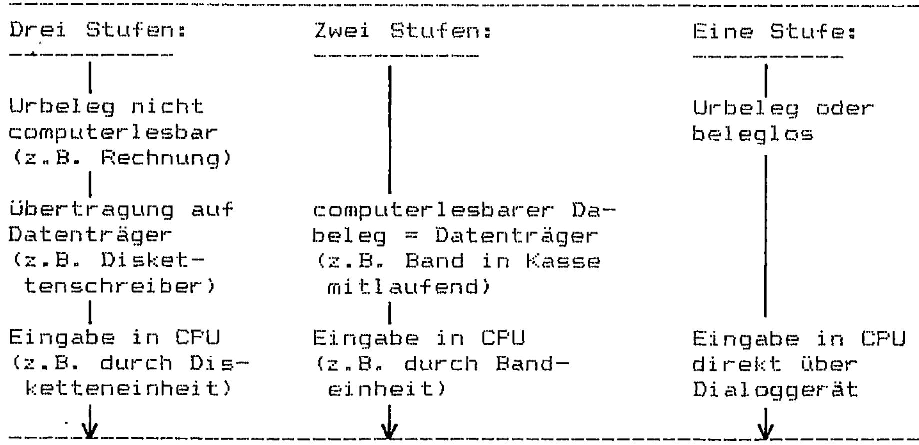

Die 'klassische Datenerfassung' durchläuft drei Stufen: Erstellen des Urbelegs, Übernehmen auf Datenträger und Eingeben in die CPU. Werden Urbeleg und Datenträger gleichzeitig erstellt, dann verkürzt sich das Vorgehen auf zwei Stufen. Mit der Bildschirmerfassung sowie der Erfassung über Scanner bzw. Lesestift kommt man zur einstufigen Direkterfassung. Beispiel: POS - System (Point-of-Sales-System, Verkaufspunkte-System).

Bei der Off-line-Erfassung erfolgen Erfassung und Verarbeitung vollkommen getrennt voneinander. Beim Datensammelsystem z.B. wird zunächst von mehreren Erfassungsplätzen ein gemeinsamer Datenträger erstellt, der dann später zur Verarbeitung weitergegeben wird. Bei der On-line-Erfassung gelangen die Daten direkt in die CPU; dem Vorteil der Zeit- und ggf. Kostenersparnis steht der Nachteil des Blockierens der CPU gegenüber.

Dezentrale Erfassung heißt, Daten am Ort ihrer Entstehung erfassen - z.B. im Lager oder im Verkauf. Die mobile Datenerfassung über tragbare Personal- u. Mikrocomputer zählt hierzu. Bei der zentralen Erfassung hingegen bringt man alle Urbelege an eine bestimmte Stelle (Beispiel: Datensammelsystem).

Datenerfassungsgeräte werden zunehmend mit eigener Intelligenz ausgerüstet. Oder anders ausgedrückt: Zur Erfassung greift man immer häufiger auf Mikrocomputer zurück, die z.B. wahlweise on-line an einen Großcomputer angeschlossen sind und off-line als selbständige Computereinheit (Stand-alone-System) genutzt werden.

1.2.6 Computertypen

Zunächst: Wenn vom 'Computer' die Rede ist, dann ist damit immer der frei programmierbare Allzweckrechner bzw. General-Purpose-Computer gemeint, nicht jedoch der Spezial-"Computer" wie z.B. eine Datenbank-Maschine (vgl. Abschnitt 1.3.5.6) oder ein Textverarbeitungs-Automat.
Zu den zahlreichen Typologien für Computer soll hier keinesfalls eine weitere hinzugefügt werden. Anhand der beiden Extreme 'Personalcomputer' und 'Großcomputer' soll allein eine Orientierungshilfe gegeben werden.

1.2.6.1 System-Konfigurationen für Personal- und Großcomputer

Eine System-Konfiguration gibt an, wie periphere Einheiten um eine CPU zu einem funktionsfähigen DV-System zusammengestellt sind. Zunächst eine Gerätezusammenstellung, wie sie für Personalcomputer typisch ist. Die Geräte werden dabei zeichnerisch durch Sinnbilder dargestellt, die nach DIN 66001 genormt sind. Der Personalcomputer -für den persönlichen Gebrauch und durchaus auch zur beruflichen Nutzung gekauft- soll hier nicht von Bezeichungen wie Home-Computer, Tischcomputer, Heimrechner, Spielcomputer und Kleinrechner abgegrenzt werden; dazu schreitet die Entwicklung viel zu schnell voran. Vielmehr soll der

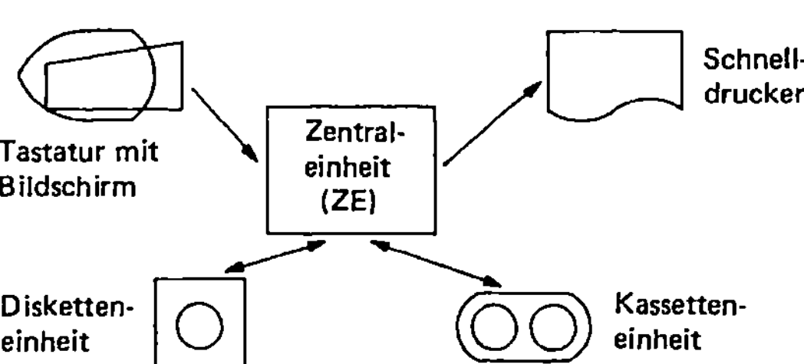

Für Personalcomputer typische System-Konfiguration

P e r s o n a l c o m p u t e r   aufgefaßt werden als extremes
Gegenstück zur Kategorie der   G r o ß c o m p u t e r , die
z.B. mit je fünf Band- und Platteneinheiten als Externspeicher
ausgerüstet sein können.   Großcomputer werden in Rechenzentren

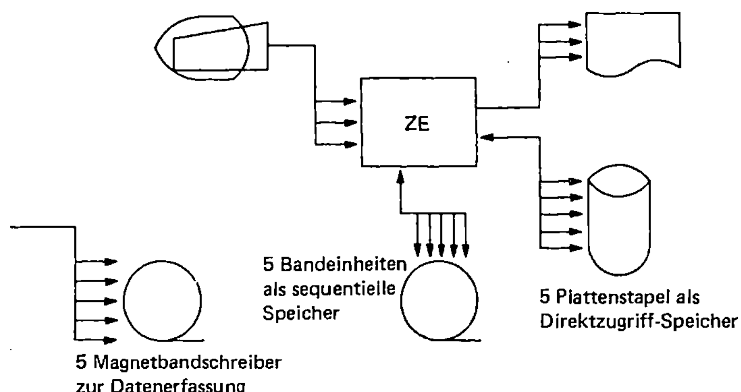

Für Großcomputer typische System-Konfiguration

betrieben - sei es im   unternehmenseigenen Rechenzentrum   oder
im   Sevice-Rechenzentrum von einem   freien,   herstellereigenen
bzw. kooperativen DV-Dienstleistungsunternehmen. Die Sinnbilder für Band und Platte werden oft auch für Kassette und Diskette verwendet.
Zwischen dem Personalcomputer als unterem und dem Großcomputer
als oberem Extrem gibt es zahlreiche Abstufungen wie z.B.   An-
lagen der Mittleren Datentechnik (MDT), Minicomputer, Büro-
Computer oder Small-Business-Computer. Desweiteren können mehrere Computer zu einem Rechnerverbund vernetzt sein (Netzwerk)
mit Satelliten-Computern, die selbständig als Stand-alone-
System und/oder on-line mit einem Haupt-Computer arbeiten. Dabei sind Personalcomputer häufig Teil eines Großcomputers.

Großcomputer werden oft als   M a i n f r a m e r bezeichnet,
um sie von der anschließbaren Peripherie abzugrenzen, und Personalcomputer zählen eben immer häufiger zu dieser Peripherie.

1.2.6.2 Eigenschaften von Personalcomputern

Personalcomputer weisen allgemein folgende Eigenschaften auf:

1) Autonom arbeitendes DV-System mit mindestens einem
   Externspeicher.
2) CPU mit 64 KB RAM für Benutzerdaten und -programme.
3) Verfügbarkeit mindestens einer höheren Programmiersprache (Basic, Pascal, Cobol, ...).
4) Möglichkeit, in Maschinensprache (Assembler) zu
   programmieren.
5) Betriebssystem ermöglicht Dialog zwischen
   Benutzer und Computer.
6) Exakt beschriebene Schnittstellen.

Wünschenswert ist, daß Personalcomputer hardwaremäßig wie auch
softwaremäßig kompatibel sind. So sollten Programmiersprachen
wie Basic und Pascal genormt sein, für die Externspeicher ein-
heitliche Aufzeichnungsformen übernommen werden (z.B. für Disketten das Softsektor-Format IBM 3740) und übereinstimmende
Schnittstellen definiert sowie steckermäßig vorgesehen sein
(z.B. gesamten Systembus an eine Steckerleiste herausführen,
damit der Anwender das System später erweitern kann). Doch warum auch soll eine CBM-Floppy zu einem Apple passen, wenn ein
Opel-Vergaser nicht zu einem Ford paßt; und warum soll das BA-
SIC-programm einer Alphatronic auf einem IBM-PC laufen, wenn
Motoröl eines Mercedes nicht für einen VW geeignet ist?

1.2.6.3 Personalcomputer im Computer-Netzwerk

Sinkende Hardware-Kosten und eine ständig zunehmende Zahl von
Informationsquellen führen immer häufiger zur Vernetzung mehrerer Personalcomputer zu einem l o k a l e n N e t z . Das
Attribut 'lokal' verweist auf einen begrenzten Wirkungsbereich
wie eine Abteilung oder ein Gebäude (sog. Inhouse-Netz). Netze
mit Stern-, Ring- oder Bus-Topologie sind möglich. Bei stern-
förmiger Anordnung ist jeder Computer mit einer zentralen Einheit verbunden, die verwaltet und die Netz-Leistung begrenzt;
fällt sie aus, so bricht das gesamte Netz zusammen. Die Ring-
Anordnung ist billiger, doch auch hier führt der Ausfall einer
Station zum Ausfall des gesamten Netzes. Dies ist nicht so bei
der Bus-Anordnung als weitverbreitetem Konzept: über eine Sam-
melschiene kann jede Station mit jeder Station in Kontakt treten.
Das von den Firmen Xerox, Intel und DEC entwickelte 'Ethernet'
weist eine Bus-Struktur auf und stellt durch seine Verbreitung
einen Quasi-Standard dar.
Es gibt Netze mit oder ohne Master-Controller. Der Masterbildschirm weist die höchste Priorität auf und ist zumeist softwaremäßig ansteuerbar; gegenüber der hardwaremäßigen Verdrahtung
ist die von Vorteil, wenn der Masterbildschirm defekt ist. Ein
Netz verfügt oft nur über einen oder zwei Drucker, die mittels
Drucker - S p o o l i n g angesteuert werden. Anstatt auf den
Drucker direkt 'drucken' die Stationen auf eine Platte, deren
Information dann automatisch durch ein Spooler(-programm) ausgedruckt wird (spool heißt: simultaneous peripheral operations
on-line).

Personalcomputer finden nicht nur intern im lokalen Netz Verwendung, sondern ebenso im   ö f f e n t l i c h e n   N e t z
extern. So im BTX-Netz als BTX-Editierplatz des Informations-
anbieters, als BTX-Terminal des Konsumenten oder als Kommuni-
kationssystem für kleinere Firmen.

1.3 Software = Daten + Programme

1.3.1 Software im Überblick

Software ist I n f o r m a t i o n und wurde unterteilt in
D a t e n und P r o g r a m m e (vgl. Abschnitt 1.1.1). Auf
diese beiden Komponenten der Software wollen wir nun eingehen.

1.3.1.1 Begriffsbildungen für Daten

Die folgenden sieben Begriffspaare geben die wichtigsten Begriffsbildungen für D a t e n wieder:


```
     Begriffspaar:              Beispiel:
     ------------------         ---------
     1) Stammdaten              1019 als Kundennummer
        oder
        Änderungsdaten          1019007 als neue Kundennummer im
                                          Postleitzahlgebiet 7
     2) Bestandsdaten           256 als Lagermenge
        oder
        Bewegungsdaten          70 Stück als Lagerbestandszugang

     3) Ordnungsdaten           6 für Artikelfarbe 'gelb'
        oder
        Mengendaten             8 kg als Bestellmenge

     4) Numerische Daten        Zahl 10950.25 als Rechnungspreis
        oder
        Textdaten               "Gulden" als Währungsbezeichnung

     5) Unformatierte Daten Zwei ungeordnete Positionen 265.65 DM
        oder                                              9 DM
        Formatierte Daten     Zwei geordnete Positionen   265.65 DM
                                                           9.00 DM
     6) Einfache Datentypen 50 als eine Menge
        oder
        Strukturierte Datentypen bzw. Datenstrukturen
                        50 24 98 33 102 als fünf Mengen
     7) Im Programm gespeicherte Daten   6% als Rabattsatz
        oder
        Getrennt vom Programm gespeicherte Daten bzw. Dateien
                        Kundendatei mit 2680 Kunden
```

S t a m m d a t e n bleiben normalerweise über einen längeren
Zeitraum hinweg konstant (z.B. Artikelstammdaten, Kundenstammdaten, Personalstammdaten), Ä n d e r u n g s d a t e n dienen der Anpassung von Stammdaten.
Im Gegensatz zu Stammdaten erfahren B e s t a n d s d a t e n
oftmalige Änderungen, die durch B e w e g u n g s d a t e n
vorgenommen werden (Zugang für + und Abgang für -); letztere
werden kurz auch als Bewegungen bezeichnet. Die Lagerbestands-
fortschreibung nach der Formel 'Anfangsbestand + Zugänge - Abgänge ergibt Endbestand' gehört in diese Kategorie von Daten.
O r d n u n g s d a t e n legen eine Speicherungs-, Sortier-
bzw. Verarbeitungsfolge fest, M e n g e n d a t e n hingegen
eine Anzahl (Stück, Größe, Gewicht, Preis).
Mit n u m e r i s c h e n D a t e n bzw. Zahldaten rechnet
jeder Computer, nicht jedoch mit T e x t d a t e n . Letztere
umfassen beliebige Zeichen, die stets zwischen Gänsefüßchen
oder Hochkommata stehen, und werden auch als alphanumerische
Daten, als Zeichenkettendaten oder als Strings bezeichnet.
U n f o r m a t i e r t e D a t e n weisen keine einheitli-
che Form auf. In der kommerziellen Datenverarbeitung überwiegen f o r m a t i e r t e D a t e n : auf einem Rechnungs-
formular stehen z.B. die Dezimalpunkte der DM-Beträge untereinander, jeweils auf 2 Nachkommastellen gerundet.

Mit die wichtigste Unterscheidung ist die von einfachen Datentypen und Datenstrukturen.
E i n f a c h e D a t e n t y p e n bestehen aus jeweils
nur einem einzigen Datum, so aus einer Ganzzahl (INTEGER), aus
einer Dezimalzahl (REAL) oder aus einem Textwort (STRING). Die
D a t e n s t r u k t u r e n als strukturierte Datentypen
hingegen umfassen jeweils mehrere Daten, die unterschiedlich
z.B. als Feld (ARRAY), Verbund (RECORD) oder Datei (FILE) angeordnet sein können. In Abschnitt 1.3.5 werden die Datentypen
im Zusammenhang mit der Datei genauer erklärt.

Einzeldaten und kleinere Datenbestände lassen sich innerhalb
eines Programmes speichern, so z.B. der Rabattsatz in einem
Rechnungsschreibungsprogramm. Die umfangreichen in der kommerziellen Datenverarbeitung zu verarbeitenden Datenbestände werden g e t r e n n t vom Programm als D a t e i auf Platte
oder Band als externem Speicher untergebracht.

1.3.1.2 Begriffsbildungen für Programme

A n w e n d e r p r o g r a m m e lösen die konkreten Probleme des jeweiligen Anwenders und werden auch Benutzer- bzw.
Arbeitsprogramme genannt oder unter der Bezeichnung Anwender-
Software zusammengefaßt. Anwenderprogramme können vom Anwender
selbst erstellt und programmiert oder fremd von einer Softwarefirma bezogen sein. Zwischen diesen beiden Extremen gibt
es zahlreiche Abstufungen wie z.B. im Falle der individuellen
Anpassung standardisierter Anwender-Software. Auf das Anpassen
wie auch Erstellen von Anwenderprogrammen gehen die Abschnitte
1.3.7 und 1.3.8 näher ein.

```
                            Programme
        ┌───────────────────────┴───────────────────────┐
   Anwenderprogramme                              Systemprogramme
   ┌──────────┴──────────┐              ┌──────────────┼──────────────┐
vom Anwender   von Software-      Steuer-      Dienst-      Übersetzer-
selbst         haus fremd         progr.       progr.       progr.
erstellt       bezogen

z.B. eigene    z.B.               z.B.         z.B.         z.B. Basic,
Rechnungs-     Tabellen-          Dialog       Sortier-     Pascal,
schreibung     kalkulation        Mensch-      programm     Cobol,
                                  Computer                  Fortran
```

Anwenderprogramme (Problem) und Systemprogramme (Computer)

Gegenstück sowie Ergänzung zu den Anwenderprogrammen sind die
S y s t e m p r o g r a m m e , deren Gesamtheit als Betriebssystem bezeichnet wird, da sie den geordneten B e t r i e b
des jeweiligen DV - S y s t e m s gewährleisten. Ganz allgemein wird das Betriebssystem oft als OS (Operating System) und
als DOS (Disk Operating System, da plattenorientiert) bezeichnet. Jedes Betriebssystem umfaßt drei Arten von Systemprogrammen:
Die S t e u e r p r o g r a m m e steuern das Zusammenwirken
der Peripherie mit der CPU und die Ausführung eines Programms.
Die D i e n s t p r o g r a m m e bzw. Utilities sind zwar
nicht unbedingt notwendig, werden aber als unerläßlicher Kom-
fort zum einfachen und benutzerfreundlichen Betrieb des Computers angesehen (ein Programm zur Herstellung einer Disketten-
kopie gehört eben einfach 'dazu'). Steuer- und Dienstprogramme
bilden oft eine Einheit: ein E d i t o r z.B. dient zumeist
nicht nur dem Eintippen und Bearbeiten von Programmtext über
einen Bildschirm, dem sog. Editieren also, sondern ebenso dem
Abspeichern dieser Texteingabe auf Diskette oder Band, und damit der Ein-/Ausgabesteuerung.
Ein ü b e r s e t z e r p r o g r a m m übersetzt ein in
einer Programmiersprache wie z.B. BASIC codiertes Anwenderprogramm in die Muttersprache des Computers, nämlich in 0/1-Form.
Dies ist vergleichbar mit der Tätigkeit eines Dolmetschers,
der Sätze aus einer Fremdsprache (z.B. Englisch) in die eigene Muttersprache (z.B. Deutsch) übersetzt. Ein Computer versteht so viele Fremdsprachen bzw. Programmiersprachen, wie
übersetzerprogramme vorhanden sind. Die meisten Personalcomputer verstehen die Programmiersprachen BASIC und z.T.. PASCAL,
da die zugehörigen Übersetzerprogramme beim Kauf automatisch
mitgeliefert werden.
Was für das Auto das Benzin bedeutet, um von Astadt nach Bdorf
fahren zu können, das bedeutet für die Computer-Hardware das
B e t r i e b s s y s t e m , um ein Anwenderprogramm ausführen zu können. In Abschnitt 1.3.6 wenden wir uns dem Betriebssystem genauer zu.

Wie für Daten allgemein Datenstrukturen unterschieden wurden,
so werden für Programme (Anwender- wie Systemprogramme) übli-
cherweise vier P r o g r a m m s t r u k t u r e n definiert.

```
(1)  Folgestrukturen:          Lineare Prgramme
(2)  Auswahlstrukturen:        Verzweigende Programme
(3)  Wiederholungsstrukturen:  Programme mit Schleifen
(4)  Unterprogrammstrukturen:  Programme mit Unterabläufen
```

               Vier grundlegende Programmstrukturen

Diese Programmstrukturen werden als   'Bausteine der Software'
bezeichnet,   da die Analyse   noch so komplexer Programmabläufe
stets   zu diesen Strukturen als   Grundmuster führt.   Abschnitt
1.3.3   erklärt diese Programmstrukturen an kleinen Beispielen
und Abschnitt 1.3.4   im Zusammenhang mit den   Datenstrukturen.

1.3.2 Datentypen und Datenstrukturen

Im vorangehenden Abschnitt wurden sieben Daten-Begriffe ange-
führt, darunter der D a t e n t y p . Dieser Begriff wird im
folgenden erklärt mit der Unterscheidung von einfachen und
strukturierten, von statischen und dynamischen sowie von standardmäßig vorhandenen und benutzerdefinierbaren Datentypen.

1.3.2.1 Einfache Datentypen als 'Moleküle'

Einfache Datentypen lassen sich nicht weiter zerlegen und werden deshalb auch als elementare, skalare sowie unstrukturierte
Datentypen bezeichnet. Diese Typen enthalten deswegen stes nur
ein einziges Datum und stellen sozusagen die 'Moleküle' der

Bezeichnung:		Beispiel:	Wertebereich:
CHAR	Einzelzeichen	D	Zeichen (numerisch, al-pha, Sonderzeichen)
INTEGER	Ganzzahl	126	Ganze Zahlen
REAL	Dezimalzahl	126.75	Zahlen mit Dezimalpunkt
STRING	Text, Zeichen-kette	'DM-Wert'	Gesamter Zeichen-vorrat des Computers
BOOLEAN	Logisch	1	Wahrheitswerte TRUE (1, wahr), FALSE (0,unwahr)

              Fünf einfache bzw. elementare Datentypen

Daten dar, da sie vom Programmierer nicht - so ohne weiteres -
unterteilt   werden können.   Text ist alles, was zwischen Hoch-
komma bzw. Gänsefüßchen steht, also auch '99.50 DM Endsumme'.
Der Datentyp BOOLEAN kennt nur die 2 Werte TRUE (z.B. Stammkunde) oder FALSE (kein Stammkunde).

1.3.2.2 Datenstrukturen als strukturierte Datentypen

Als wichtige strukturierte Datentypen wurden genannt der ARRAY
und der RECORD sowie das FILE. Dabei werden mehrere Daten unter einem Namen zusammengefaßt gespeichert.Der ARRAY wird auch
als Feld, Bereich oder Liste bezeichnet und enthält Komponen-

Bezeichnung:	Beispiel:	Kennzeichen:
ARRAY (eindimensional) Vektor	`12  3 44 56 21`	Komponenten alle mit denselben Datentypen (hier 5 Mengen)
ARRAY (zweidimensional) Matrix	`33.5 36.7 11.2` `24.0  9.1 74.5` `10.5 10.0  3.0` `99.5  3.6  9.0`	Komponenten alle mit denselben Datentypen (hier 4*3=12 Preise in 4 Zeilen u. 3 Spalten)
RECORD Verbund, auch Satz	101 (=Nr.) FREI (=NAME) 65000 (=UMSATZ)	Komponenten mit unter- schiedl. Datentypen (hier: INTEGER, STRING u. REAL (Kundensatz))
SET Menge	() (1) (2) (12) für SET OF 1..2	Komponenten sind Teil- mengen der Grundmenge
FILE Datei	über 1000 Sätze der KUNDENDATEI	Datei als Sammlung von Datensätzen auf einem Externspeicher

Vier wichtige Datenstrukturen

ten bzw. Elemente gleichen Typs. Beim eindimensionalen ARRAY
sind diese in einer Reihe angeordnet wie im Beispiel die 5 Wo-
chentagabsatzmengen 12, 3, 44, 56 und 21 , während sich der
zweidimensionale ARRAY in zwei Richtungen ausdehnt: waagerecht
in Zeilen (hier 4 Zeilen) und senkrecht in Spalten (hier 3
Spalten). Es gibt nicht nur Integer-Arrays (alle Elemente sind
ganzzahlig) und Real-Arrays (alle Elemente sind Kommazahlen),
sondern z.B. auch String-Arrays wie 'MO, DI, MI, DO, FR, SA'
oder 'HAMMER, MEISEL, SAEGE' (alle Elemente sind Textworte).

Im Gegensatz zum ARRAY können im RECORD auch Daten verschiede-
ner Datentypen abgelegt sein. Der oben wiedergegebene RECORD
verbindet drei Komponenten vom Typ INTEGER (Kundennummer ganzzahlig), STRING (Kundenname stets Text) und REAL (Kundenumsatz
als Dezimalzahl) - deshalb auch die Bezeichnung 'Verbund'. In
der kommerziellen DV entspricht diese Datenstruktur häufig den
Datensätzen bzw. Komponenten von Dateien wie hier der Kundendatei.

Unter einer Datei versteht man allgemein eine Sammlung von Datensätzen, die getrennt vom Programm auf einem Externspeicher
(Diskette, Platte, Kassette, Band) als selbständige Einheit
gespeichert sind. Die Datensätze stellen die Datei-Komponenten
dar und weisen alle denselben Datentyp auf, d.h. sie sind alle
z.B. vom Typ RECORD oder alle vom Typ ARRAY. Eine Datei bzw.

ein FILE kann viel größer sein als der im Hauptspeicher verfügbare Speicherplatz.

1.3.2.3 Statische und dynamische Datentypen

Datenstrukturen können statisch oder aber dynamisch vereinbart
sein.
S t a t i s c h e Datentypen behalten während der Programmausführung ihren Umfang unverändert bei. Beispiel: Beim Beginn
eines Programms wird vereinbart, daß ein eindimensionales Feld
bzw. Array mit 5 Elementen zur späteren Aufnahme und Verarbeitung der Absatzmengen für die 5 Wochentage Mo – Fr eingerichtet wird. Statisch heißt, daß die Anzahl der Feldelemente während der Programmausführung gleich bleibt, nicht jedoch ihre
jeweiligen Inhalte.

Bei d y n a m i s c h e n Datentypen muß die Anzahl der Komponenten nicht bereits beim Schreiben des Programms festgelegt
werden, sondern erst im Zuge der Programmausführung. Die Datei
bzw. das FILE ist stets als dynamischer Datentyp vereinbart.
Warum? Beim Anlegen einer Kundendatei werden z.B. 455 Kunden
in 455 Datensätzen auf Diskette erfaßt. Diese Zahl von 455 Da-
teikomponenten muß veränderbar sein, um neue Kunden aufnehmen
und Ex-Kunden löschen zu können. Da diese Änderung aber 'tri-
vialer Natur" ist (so Niklaus Wirth, der Erfinder von PASCAL),
zählt man die Datei oft zu den statischen Datenstrukturen. Die
dynamischen Datenstrukturen können vom Programmierer selbst
konstruiert werden durch Verknüpfung der standardmäßig angebotenen Datentypen. Das heißt, daß alle dynamischen Strukturen
auf einer tieferen Komponenten-Ebene irgendwo wieder statisch
sind. Verkettete Listen, Binärbäume wie auch die Rekursion gehören dazu. Zeiger (auch Pointer, Verweis, Referenz genannt)
werden dabei als Hilfsmittel zur Strukturierung verwendet. Auf
Zeiger bzw. Listen gehen wir in Abschnitt 3.13 ein. Als Rekursion bezeichnet man den Sachverhalt, daß ein bestimmter Ablauf
sich s e l b s t aufruft und sich so zur Ausführung bringt.

                    Datenstrukturen
        ┌──────────────────┴──────────────────┐
          STATISCH   DYNAMISCH
Werte ändern sich, niemals   Werte sowie Struktur (Anzahl,
aber die Anzahl.   Aufbau) ändern sich.

Anzahl der Komponenten   Anzahl und Aufbau der Kompo-
ist konstant.   nenten ist variabel.
Belegter Speicherplatz   Belegter Speicherplatz
ist konstant.   ist variabel.

unstrukturiert: unstrukturiert:
Char, Integer, Real,   Zeiger als Hilfsmittel.
String, Boolean   strukturiert:
strukturiert: Datei (File),
Feld (Array),   Stapel (Stack), Schlange,
Menge (Set),   Gekettete Liste (Linked List),
Verbund (Record).   Binäre und andere Bäume,
                             Rekursive Datenstrukturen.

1.3.2.4 Vordefinierte und benutzerdefinierte Datentypen

Die bislang dargestellten einfachen und strukturierten Datentypen sind v o r d e f i n i e r t in dem Sinne, daß sie als
Standardtypen vom DV-System bereitgestellt werden. Daneben gestatten einige Programmiersprachen wie z.B. Pascal dem Programmierer, selbst eigene Datentypen zu definieren, die dann
eben als b e n u t z e r d e f i n i e r t bezeichnet werden.

Eine einfache Möglichkeit dafür besteht darin, alle Werte auf-
zuzählen, die der Datentyp umfassen soll - deshalb der Begriff
A u f z ä h l u n g s t y p . (Mo,Di,Mi,Do,Fr,Sa,So) ist ein
solcher Aufzählungstyp für die Wochentage wie auch (6800,6830,
6900,6907) für einige Postleitzahlbezirke.

Eine weitere Möglichkeit bietet sich dem Benutzer dadurch, daß
er einen Datentyp als Unterbereich z.B. eines vordefinierten
Datentyps definiert - einen U n t e r b e r e i c h s t y p .
Drei Beispiele: 1..7 umfaßt als Unterbereichstyp des Datentyps
INTEGER die 8 Ganzzahlen 0,1,2,...,7.
'A'..'Z' umfaßt als Unterbereich des Datentyps CHAR alle Groß-
buchstaben.
Di..Fr umfaßt als Unterbereichstyp des obigen Aufzählungstyps
vier Werktage. Angegeben wird also stets das kleinste und das
größte Element des gewünschten Unterbereiches.

Neben den Aufzählungs- und Unterbereichstypen zählen auch die
Zeigertypen zur Kategorie der benutzerdefinierten Datentypen.

1.3.2.5 Datentypen in den verschiedenen Programmiersprachen

Mit welchen Datentypen Sie arbeiten können - das hängt vom jeweiligen Programmier-System ab.
Unstrukturierte Programmiersprachen wie BASIC lassen den Programmierer vollkommen allein bei der Bildung von Datenstrukturen, oder anders: sie unterstützen dies nicht. Bei BASIC fehlt
der Verbund bzw. Record (was gerade bei der Dateiverarbeitung
von Nachteil ist) wie auch die benutzerdefinierten Typen.
Strukturierte Programmiersprachen stellen die oben angeführten
Datentypen bereit. Aber auch hier gibt es Unterschiede. So ist
PASCAL -was die standardmäßige Vorgabe von Datentypen angeht-
eher sparsam, aber die wenigen Datentypen können sehr flexibel
genutzt werden zum Entwurf komplexer Datenstrukturen. Sprachen
wie ADA und auch MODULA 2 sind weniger sparsam ausgestattet.

1.3.3 Programmstrukturen

Die vier Programmstrukturen Folge, Auswahl, Wiederholung und
Unterprogramm sind die grundlegenden Ablaufarten der Informa-
tik überhaupt. Grundlegend in zweifacher Hinsicht:
Zum einen gelangt man beim Auseinandernehmen noch so umfangreicher Programmabläufe immer auf diese vier Prgrammstrukturen
als Grundmuster (=Analyse von Programmen).

Zum anderen kann umgekehrt jeder zur Problemlösung erforderliche Programmablauf durch geeignetes Anordnen dieser vier Programmstrukturen konstruiert werden (=Synthese von Programmen).

1.3.3.1 Folgestrukturen

Jedes Programm besteht aus einer Aneinanderreihung von Anweisungen an den Computer (vgl. Abschnitt 1.1.1). Besteht ein bestimmtes Programm nur aus einer F o l g e s t r u k t u r , dann wird Anweisung für Anweisung wie eine Linie abgearbeitet. Man spricht deshalb auch vom linearen Ablauf bzw. unverzweigten Ablauf, vom Geradeaus-Ablauf oder von einer Sequenz. Das Beispiel zeigt ein Programm, bei dem 5 Anweisungen als Folge ausgeführt werden: Über Tastatur wird ein Rechnungsbetrag eingegeben, um nach Berechnung des Skonto- sowie Überweisungsbetrages letztere als Ergebnis am Bildschirm auszugeben. Um un-

Erst Anweisung 1 ausführen, dann Anweisung 2, dann ...

Beispiel in Entwurfsprache: Allg. Ablauf in Entwurfsprache:

    Ausgabe   Fragestellung   Anweisung 1
    Eingabe   RECHNUNGSBETRAG   Anweisung 2
    berechne   SKONTOBETRAG   Anweisung 3
    berechne   UEBERWEISUNGSBETRAG   Anweisung 4
    Ausgabe   der Ergebnisse   Anweisung 5

Beispiel als Dialogprotokoll: Allg. Ablauf als Struktogramm:

RUN
RECHNUNGSBETRAG =?
200
SKONTOABZUG: 6 DM
UEBERWEISUNG: 194 DM

Anweisung 1
Anweisung 2
. . .

Ablauf mit einer Folgestruktur

abhängig von den Formalitäten der zahlreichen Programmiersprachen Programmabläufe beschreiben zu können, verwenden wir eine einfache E n t w u r f s p r a c h e (auch algorithmischer Entwurf oder Pseudocode genannt), die umgangssprachlich formuliert wird. Das zugehörige D i a l o g p r o t o k o l l gibt den 'Dialog' zwischen Benutzer (der Werte eintippt) und Computer (der Information ausgibt) wieder, wie er bei der Programmausführung am Bildschirm erscheint bzw. protokolliert wird. Im Beispiel gibt der Benutzer den Befehl RUN ein, worauf der Computer mit der Ausgabe RECHNUNGSBETRAG =? antwortet; nach der Benutzereingabe von 200 rechnet der Computer (im Dialogprotokoll nicht sichtbar) mit 3%, um dann Skonto- und Überweisungsbetrag in zwei Ausgabezeilen am Bildschirm zu zeigen.
Neben dem Entwurf und dem Dialogprotokoll ist das Programmbeispiel zeichnerisch als S t r u k t o g r a m m dargestellt.

1.3.3.2 Auswahlstrukturen

Die A u s w a h l s t r u k t u r e n dienen dazu, aus einer
Vielzahl von Möglichkeiten bestimmte Fälle auszuwählen: hier
sind es die beiden Fälle 'Skontoabzug bei Bezahlung in weniger
als 8 Tagen nach Rechnungserhalt (Bedingung TAGE<8 erfüllt)'
sowie 'Zahlung rein netto bei späterer Überweisung (Begingung
TAGE<8 nicht erfüllt)'. Man spricht deshalb in diesem Beispiel

Wenn Bedingung 1 erfüllt ist, dann führe Anweisung 2 aus,
sonst führe Anweisung 3 aus, um dann gemeinsam fortzufahren.

Beispiel in Entwurfsprache: Allg. Ablauf in Entwurfsprache:

    Ausgabe der Fragestellung   Anweisung 1
    wenn TAGE<8   wenn Bedingung 1 erfüllt
       dann überweise mit Skonto   dann Anweisung 2
       sonst überweise rein netto   sonst Anweisung 3
    Ende-wenn   Ende-wenn

2 Bsp. als Dialogprotokoll: Allg. Ablauf als Struktogramm:

    RUN
    ANZAHL DER TAGE =?
    6
    SKONTOABZUG MöGLICH

    RUN
    ANZAHL DER TAGE =?
    14
    ZAHLUNG REIN NETTO

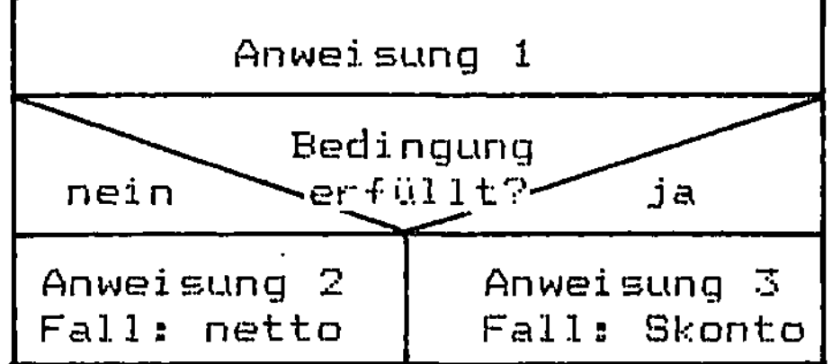

Ablauf mit einer Auswahlstruktur

auch von einer Z w e i s e i t i g e n A u s w a h l . Daneben gibt es noch die E i n s e i t i g e A u s w a h l mit
nur einem Fall und die M e h r s e i t i g e A u s w a h l
bzw. Fallabfrage mit mehr als zwei Fällen.
Auswahlstrukturen werden auch als Alternativstrukturen, Abläufe mit (Vorwärts-)Verzweigungen bzw. als Selektion bezeichnet.

1.3.3.3 Wiederholungsstrukturen

W i e d e r h o l u n g s s t r u k t u r e n führen zu Pro-
grammschleifen, die mehrmals durchlaufen werden. Im Beispiel
wird die Anweisungsfolge 'Eingabe', 'berechne', 'berechne' und
'Ausgabe' wiederholt durchlaufen, bis die Bedingung RECHNUNGS-
BETRAG = 0 erfüllt ist, da über Tastatur als Signal zum Beenden der Schleife eingegeben. Wiederholungsstrukturen werden
auch als Repetitionen oder als Iterationen bezeichnet. Auf die
verschiedenen Schleifentypen wie
- abweisende und nicht-abweisende Schleife
- Zählerschleife
- offene und geschlossene Schleife
werden wir in Abschnitt 3.1.3 genauer an Beispielen eingehen.

Wiederhole die Anweisungen 1,2,3,... immer wieder, bis eine
bestimmte Bedingung zum Beenden der Schleife erfüllt ist.

Beispiel in Entwurfsprache: Allg. Ablauf in Entwurfsprache:

  Ausgabe Überschrifttext   Anweisung 0
  wiederhole   wiederhole
      Eingabe RECHNUNGSBETRAG   Anweisung 1
      wenn BETRAG=0 dann Ende   Anweisung 2
      berechne Skontobetrag   ...
      berechne ÜBERWEISUNGSBETRAG   Anweisung n
      Ausgabe Ergebnis   wenn Bedingung dann Ende
  Ende-wiederhole   Anweisung n+1
  Ausgabe Hinweis Programmende   Anweisung n+2
                                        ...
Beispiel als Dialogprotokoll: Ende-wiederhole

RUN
PROGRAMM MIT SCHLEIFE   Allg. Ablauf als Struktogramm:
RECHNUNGSBETRAG =?
100
UEBERWEISUNGSBETRAG: 97 DM
RECHNUNGSBETRAG =?
200
UEBERWEISUNGSBETRAG: 194 DM
RECHNUNGSBETRAG =?
0
PROGRAMMENDE

Ablauf mit einer Wiederholungsstruktur

1.3.3.4 Unterprogrammstrukturen

U n t e r p r o g r a m m s t r u k t u r e n bieten sich immer dann an, wenn eine Aufgabe während eines Programmablaufes
mehrmals benötigt wird, so z.B. die im Beispiel wiedergegebene
Aufgabe 'Runde auf kaufmännisch auf zwei Dezimalstellen', oder

Führe Anweisungen A1 aus, unterbreche Tätigkeit A, um Anweisungen B auszuführen, kehre zurück und fahre mit der Ausführung der Anweisungen A2 fort (A im Haupt-, B im Unterprogramm).

Beispiel in Entwurfsprache:

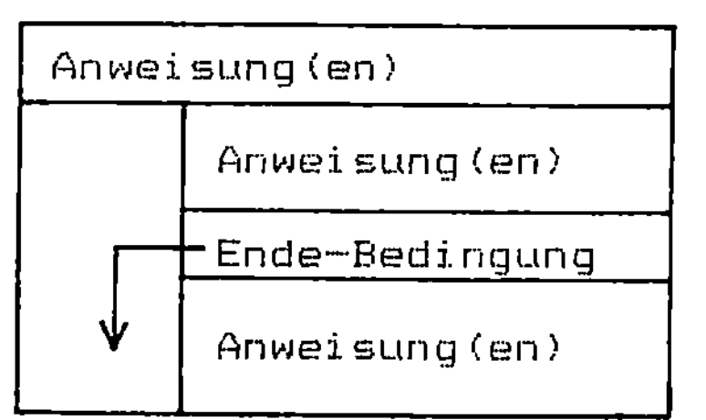

Ablauf mit Unterprogrammstruktur

wenn ein komplexes Problem übersichtlich zu gliedern ist. Auf
die verschiedenen Unterprogrammarten wie Prozeduren und Funktionen gehen wir in Abschnitt 3.1.4 konkret an Beispielen ein.

1.3.3.5 Mehrere Strukturen in einem Programm

Die meisten Programme umfassen natürlich mehrere dieser Strukturen, wobei zwei Anordnungsprinzipien zu unterscheiden sind.
Programmstrukturen sind entweder hintereinander oder aber geschachtelt angeordnet.
- Anordnung h i n t e r e i n a n d e r :
  Mit der jeweils folgenden Struktur wird erst dann begonnen,
  nachdem die gerade in Ausfühung befindliche Struktur beendet
  wurde.
- Anordnung g e s c h a c h t e l t :
  Mit der äußeren Struktur kann erst fortgefahren werden,nach-
  dem die innere Struktur vollständig ausgeführt wurde. Teil-
  weises Einschachteln bzw. Überlappen von Programmstrukturen
  ist folglich nicht erlaubt.

1.3.4 Daten- und Programmstrukturen als Software-Bausteine

In den beiden vorausgehenden Abschnitten haben wir die wesent-
lichen Datenstrukturen (w a s wird verarbeitet?) sowie Programmstrukturen (w i e ist zu verarbeiten?) allgemein dargestellt. Diese Strukturen mit ihren unterschiedlichen Ausprä-
gungen können als S o f t w a r e - B a u s t e i n e aufgefaßt werde, da aus ihnen bausteinartig die zur Lösung eines
Problems erforderlichen Abläufe gebildet werden.

```
┌────────────────────D a t e n s t r u k t u r e n──────────────┐
│       einfach:                        strukturiert:           │
│   CHAR, Zeichen                    ARRAY (Feld, Bereich)       │
│   INTEGER, Ganzzahl                RECORD, Verbund             │
│   REAL, Dezimalzahl                SET, Menge                  │
│   STRING, Text                     FILE, Datei                 │
│   BOOLEAN, Logisch                 benutzerdefinierte Daten    │
│                                                               │
│          ┌───────────────────────────────────────┐           │
│          │ S O F T W A R E  -  B A U S T E I N E │           │
│          └───────────────────────────────────────┘           │
│                                                               │
│   Folge:                           Wiederholung:              │
│   linearer Ablauf                  nicht-abweisend,           │
│                                    abweisend, Zählerschleife   │
│                                                               │
│   Auswahl:                                                    │
│   einseitig, zweiseitig,           Unterprogramm:             │
│   mehrseitig (Fallabfrage)         Prozedur, Funktion         │
│                                                               │
└──────────────P r o g r a m m s t r u k t u r e n──────────────┘
```

Daten- und Programmstrukturen als Software-Bausteine

Wie werden Daten(-strukturen) im Hauptspeicher abgelegt sowie verarbeitet und wie sieht es bei Programm(-strukturen) aus? Wie sind Programme aufgebaut? Zu diesen Fragen kommen wir nun.

1.3.4.1 Modell des Hauptspeichers RAM als Regalschrank

In dem als Speicher RAM ausgebildeten Hauptspeicher befinden sich die zur Verarbeitung benötigten Daten und Programme. Den RAM können wir uns vorstellen als Regalschrank mit sehr vielen Speicherstellen, in die je ein Zeichen abgelegt werden kann. Ein RAM mit 64 KB (vgl. Abschnitt 1.2.3.4) umfaßt genau 65536 solcher Speicherstellen (64 * 1024), die von 0 an fortlaufend durchnumeriert sind, wobei die Nummern 0,1,2, ... ,65535 die tatsächlichen A d r e s s e n der Speicherstellen darstellen.

Soll ein Rechnungsbetrag über 200.50 DM von Adresse 2210 oder von Adresse 58934 an gespeichert werden? Um diese tatsächlichen Adressen müssen wir uns zumeist nicht kümmern. Wie allen Daten geben wir dem Rechnungsbetrag einen Namen, z.B. BETRAG, der dann als s y m b o l i s c h e A d r e s s e zur Speicherung dient. Der Computer sucht sich selbständig einen für den BETRAG freien Speicherort und legt die 200.50 dorthin ab. Wo soll das zugehörige Programm abgespeichert werden? Auch darum brauchen wir uns nicht zu kümmern. Wir geben dem Programm einen Namen wie z.B. RECHNUNG1 , und der Computer reserviert selbständig die notwendige Anzahl von Speicherstellen und bestimmt dann einen geeigneten Speicherort.
Daten wie Programme werden also über ihre Namen angesprochen.

Wieder zum Modell des RAM als Regalschrank:
Einige Regale sind leer. In ihnen ist nichts gespeichert. Auf anderen Regalen aber befinden sich Schachteln, und zwar Daten-Schachteln mit Daten als Inhalt sowie Programm-Schachteln mit Anweisungen als Inhalt. Jede Schachtel ist beschriftet mit dem von uns jeweils gewählten Namen. Durch Angabe dieser Namen ist es uns möglich, Inhalte von Schachteln zu lesen und zu ändern. Für die ausreichende Größe einer Schachtel (=Anzahl von Speicherstellen) sowie das passende Regal (=tatsächliche Adresse) sorgt der Computer selbst.

1.3.4.2 Daten als Variablen und Konstanten

Daten sprechen wir mit N a m e n an. Dies gilt für veränderliche bzw. variable Daten, für V a r i a b l e n , wie auch für feste bzw. konstante Daten, also für K o n s t a n t e n.

Das Einrichten von Daten-Schachteln bezeichnet man als Deklaration oder als V e r e i n b a r u n g . Für eine Variable müssen wir vereinbaren, welchen Namen sie haben soll (so z.B. den Namen BETRAG) und welchen Datentyp (z.B. Dezimalzahl bzw. Real). Mit dem Datentyp wird der W e r t e b e r e i c h angegeben. Den Inhalt als den W e r t der Variablen können wir dann später im Rahmen des jeweiligen Wertebereichs (z.B. der Dezimalzahlen) beliebig verändern. Jede Variable weist somit die drei Komponenten Name, Datentyp (=Wertebereich) und Inhalt bzw. Wert (= augenblicklicher Schachtelinhalt) auf. Schachteln

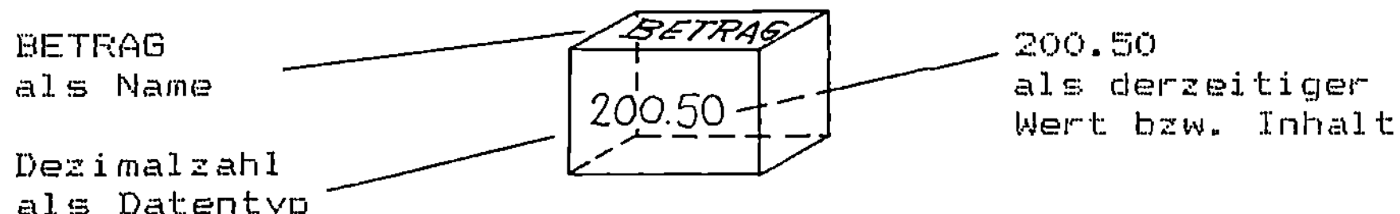

BETRAG   200.50
als Name   als derzeitiger
                                                   Wert bzw. Inhalt

Dezimalzahl
als Datentyp

Vereinbarung in Entwurfsprache: Variable namens BETRAG vom
                                  Datentyp 'Dezimalzahl' zur
BETRAG: Dezimalzahl bzw. REAL   späteren Aufnahme von de-
                                  zimaligen Werten vereinbart

        Name, Datentyp und Wert kennzeichnen eine Variable

können klein sein (wie die für den BETRAG) oder auch sehr umfangreich (wie z.B. ein String-Array mit 100 Zeilen und mit 5
Spalten für 100*5=500 Artikelmengen).

Für eine   K o n s t a n t e   müssen wir einen Namen vereinbaren (z.B. den Namen S1 für den Skontosatz) und einen konstanten Wert (z.B. 3 %).

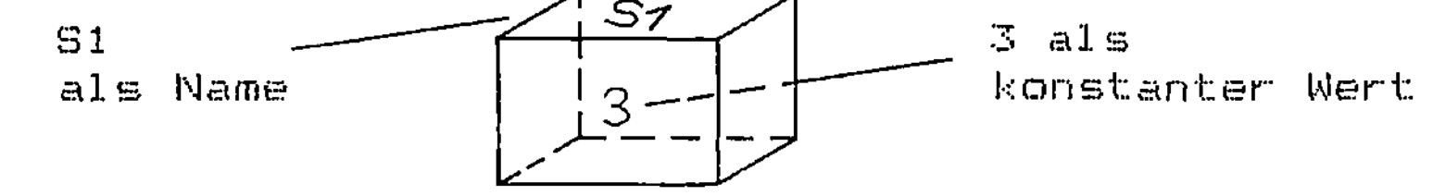

S1   3 als
als Name   konstanter Wert

Vereinbarung in Entwurfsprache: In Konstante namens S1
                                  wird die Zahl 3 fest ge-
S1 = 3   speichert als %-Satz

        Name und fester Wert kennzeichnen eine Konstante

Die Vereinbarungen von Variablen und von Konstanten werden vom
Programmierer im Rahmen der Programmerstellung getroffen; sie
stehen am Anfang: der Computer muß eine Daten-Schachtel ja zuerst einrichten, um dann mit ihr gemäß den im Programm weiter
angegebenen Anweisungen arbeiten zu können.

1.3.4.3 Programm mit Vereinbarungsteil und Anweisungsteil

Jedes Programm weist neben dem Programmnamen zwei weitere Bestandteile auf: den Vereinbarungsteil und den Anweisungsteil.

Der Programmname dient dem Aufrufen des Programms im RAM als
dem Internen Speicher wie auch auf Diskette bzw. Kassette als
Externen Speichereinheiten.
Im Vereinbarungsteil legt der Programmierer fest, welche Variablen und Konstanten einzurichten sind. In Abschnitt 3 werden
wir sehen, daß ggf. auch selbstdefinierte Datentypen sowie Unterprogramme (Prozeduren und Funktionen) vereinbar sind.

Der   A n w e i s u n g s t e i l   enthält das eigentliche Programm als Folge von Anweisungen an den Computer. Auf die einzelnen Anweisungsarten zur Eingabe, Ausgabe, Wertzuweisung und
Ablaufsteuerung gehen wir in Abschnitt 3.1 an Beispielen ein.

```
Programm ......

Vereinbarungsteil
   - von Konstanten
   - von selbstdefinierten Typen
   - von Variablen
   - von Funktionen
   - von Prozeduren

Anweisungsteil
   - zur Eingabe
   - zur Ausgabe (z.B. Drucker)
   - zur Wertzuweisung
   - zur Ablaufsteuerung (z.B. IF)

End.
```

1. Programmname
   ____

2. Vereinbarungsteil:
   ____

   Bedeutung aller Namen
   festlegen
   (w a s   wird später
   verarbeitet?)

3. Anweisungsteil:
   ____

   Anweisungen festlegen
   (w i e ist zu
   verarbeiten?)

Name, Vereinbarungsteil und Anweisungsteil als Bestandteile
jedes Programms

1.3.5 Datei und Datenbank

Die Datei stellt die typische Datenstruktur zur langfristigen Speicherung von Massendaten in der kommerziellen DV dar. Am Beispiel der in Abschnitt 1.3.2.2 bereits angesprochenen Kundendatei wollen wir auf die D a t e i v e r a r b e i t u n g eingehen. Diese Datei ist bewußt stark vereinfacht aufgebaut: Zu jedem der derzeit 1580 Kunden einer Handelsfirma werden die drei Angaben NUMMER, NAME und UMSATZ als Kundendatei auf einem Externspeicher abgelegt. Man sagt auch: Die Kundendatei umfaßt derzeit 1580 Datensätze (auch: Kundensätze oder Sätze), wobei jeder Satz aus drei Datenfeldern als Komponenten besteht, für die wiederum Variablen unterschiedlicher Datentypen vereinbart wurden: Variable namens NUMMER für die Kundennummer ganzzahlig, Variable NAME als Text und Variable UMSATZ für den vom Kunden getätigten DM-Umsatz vom Datentyp Dezimalzahl. Die Datensätze stellen jeweils Verbunde (Records) dar. Der Daten-

```
4 Datensätze ausgedruckt:        Datensatz als Verbund vereinbart:

(1)  101  FREI          6500.00   KUNDSATZ: Verbund bzw. Record
(2)  104  MAUCHER        295.60             NUMMER: Ganzzahl
(3)  109  HILDEBRANDT   4590.05             NAME:   Text
(4)  110  AMANN         1018.75             UMSATZ: Dezimalzahl
...  ...  ...            ...                Ende-Verbund
```

Inhalt (links) und Aufbau (rechts) der KUNDDATEI

satz hat den Namen KUNDSATZ und die Datei den Namen KUNDDATEI. Wie die ersten 4 Sätze zeigen, sollen die Kunden nach Kundennummern aufsteigend sortiert gespeichert sein. Mit (1),(2),... werden die Datensatznummern innerhalb der Datei angegeben.

1.3.5.1 Zugriffsart, Speicherungsform und Verarbeitungsweise

Auf eine Datei wird stets datensatzweise zugegriffen, sei es
in den RAM hin e i n (Lesen = E i n gabe) oder aus dem RAM
hin a u s (Schreiben = A u s gabe). Entsprechend spricht man
vom lesenden Zugriff (vom Externspeicher in den RAM) sowie vom
schreibenden Zugriff (vom RAM auf den Externspeicher). Ist ohne weiteren Zusatz vom Z u g r i f f die Rede, so meint man
damit das Lesen von Sätzen. Zwei Z u g r i f f s a r t e n
sind zu unterscheiden: der direkte und der indirekte Zugriff.

Der d i r e k t e Z u g r i f f läßt sich vergleichen mit
der Schallplatte: Will man das 7. Musikstück hören, dann kann
der Tonarm direkt bei diesem gewünschten Stück aufgesetzt werden. Entsprechend kann bei der Platte (Magnetplatte, Diskette)
in der DV ein bestimmter Datensatz direkt durch Angabe seiner
Datensatznummer als Adresse bzw. 'Hausnummer' in den RAM gelesen werden.
Der i n d i r e k t e Z u g r i f f ist —wie beim Tonband—
umständlicher: das Tonband muß bis zum 7. Musikstück gespult
werden; wir können nur in der Reihenfolge zugreifen, in der
früher einmal aufgenommen wurde. Dementsprechend muß in der DV
Datensatz für Datensatz gelesen werden, bis z.B. der 7. Kunde
gefunden ist.
Wir halten fest: Beim Band (Magnetband, Kassette) kann nur indirekt auf den Datensatz einer Datei zugegriffen werden, während bei der Platte (Magnetplatte, Winchesterplatte, Diskette)
auch direkt zugegriffen werden kann. Die Platte wird deshalb
auch D i r e k t z u g r i f f – S p e i c h e r genannt,
im Gegensatz zum Band als s e q u e n t i e l l e m Speicher
(Sequenz = Reihenfolge).

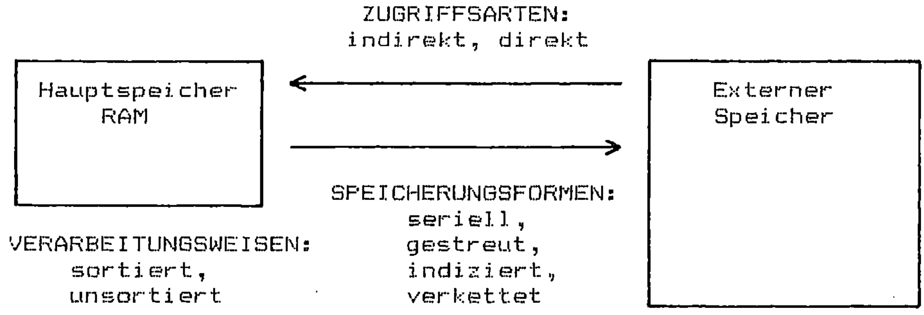

Zugriff, Speicherung und Verarbeitung der Datei

Der Begriff der S p e i c h e r u n g s f o r m bezieht sich
auf das Abspeichern bzw. Schreiben von Sätzen aus dem RAM auf
die Datei.
S e r i e l l speichern heißt starr fortlaufend speichern:
der nächste Neu-Kunde wird als nächster Kunde hinter den zuvor
gerade geschriebenen Datensatz gespeichert.
G e s t r e u t speichern heißt, daß die Sätze zufällig über
die Plattenoberfläche hinweg streuend abgelegt werden. Zur Erklärung folgendes Beispiel: In einem Betrieb seien die Kunden-

nummern 101,104,109,110,...,50000 vergeben. Würde man nach dem
Verfahren "Kundennummer ergibt Datensatznummer" verfahren, so
würde man auf der Platte 50000 Speicherorte für die nur 1580
Kundensätze zu reservieren haben   - wahrlich verschwenderisch.
Was tun? Man versucht, die Anzahl der Speicherorte zu verdichten durch die Wahl eines geeigneten Adreßrechnungsverfahrens
wie z.B. das Divisions-Rest-Verfahren. Das führt dann dazu,daß
Kunde 48236 als 237. Satz und Kunde 3973 als 1831. Satz abgelegt ist, daß also gestreut gespeichert ist. Der Nachteil solcher Verfahren: Für mehrere Kundennummern kann sich ein und
dieselbe Datensatznummer ergeben (näheres in Abschnitt 3.11).

Nach der seriellen Speicherung und der gestreuten Speicherung
nun zur i n d i z i e r t e n Speicherung als dritter Form.
Zur Erklärung folgendes Beispiel: Zusätzlich zu unserer Kundendatei wird in einer I n d e x d a t e i zu jedem Namen
die Datensatznummer gespeichert, unter der dieser Name in der
Kundendatei zu finden ist: Kunde MAUCHER so z.B. als 2. Satz.
Wie die Kundendatei (zur Unterscheidung Haupt- oder Datendatei
genannt) 4 Kundensätze hat, so hat auch die Indexdatei 4 In-
dexsätze. Dann wird diese Indexdatei nach Namen sortiert abgespeichert. Möchte man sich nun später alle Kunden nach Namen
sortiert ausdrucken lassen, dann geht man so vor:
    1. Indirekter Zugriff auf den jeweils nächsten Indexsatz der
       sortierten Indexdatei.
    2. Direkter Zugriff auf den Kundensatz, dessen Datensatznum-
       mer gerade zuvor aus der Indexdatei gelesen wurde.
    3. Mit 1. fortfahren, bis Ende der Indexdatei erreicht ist.
Eine Indexdatei kann aufgefaßt werden als Inhaltsverzeichnis,
das - ähnlich den Seitenangaben in einem Buchinhaltsverzeich-
nis - Datensatznummern der zugehörigen Datendatei anzeigt (in-
dizieren bedeutet anzeigen). Zu unserer Kundendatei sind zumindest drei Indexdateien möglich: je eine für die NUMMER, für
den NAMEn und für den UMSATZ.

Kundendatei mit den   Indexdatei für   Indexdatei für
ersten 4 Datensätzen: NAME unsortiert: NAME sortiert:

101 FREI   6500.00   FREI   1   AMANN   4
104 MAUCHER   295.60   MAUCHER   2   FREI   1
109 HILDEBRANDT 4590.05   HILDEBRANDT 3   HILDEBRANDT   3
110 AMANN   1018.75   AMANN   4   MAUCHER   2

        Kundendatei als Datendatei mit zwei Indexdateien

Warum legt man Indexdateien an?
Zum einen aus Gründen der Geschwindigkeit: In der Praxis ist
ein Kundensatz mit z.B. 300 Zeichen viel länger als unser Bei-
spielsatz, der Indexsatz hingegen unverändert kurz, da er ja
nur die beiden Komponenten NAME als Schlüsselfeld und SATZNR
als Adreßfeld umfaßt. Das Durchsuchen oder Sortieren einer Indexdatei geht somit schneller vonstatten als das der zugehörigen Datendatei. Zumal die Indexdatei aufgrund ihres geringen
Umfanges dabei komplett im Hauptspeicher gehalten werden kann,
während die Datendatei aufgrund ihrer Größe ggf. extern sortiert werden muß.
Ein zweiter Vorteil besteht in der Vielseitigkeit: Hat man zu

den Schlüsseln NAME, UMSATZ, PLZ, WOHNORT, VERTRETER, RABATT,
KUNDESEIT, OFFENERPOSTEN je eine Indexdatei sortiert angelegt,
so können die Kunden jederzeit nach diesen 8 Ordnungsbegriffen
sortiert als Übersichtstabelle ausgedruckt werden. Ebenso kann
e i n bestimmter Kunde über schnelle Suchverfahren wie etwa
über das 'binäre Suchen' (hierzu Abschnitt 3.12) am Bildschirm
gezeigt werden.

Als vierte Speicherungsform wurde oben die v e r k e t t e t e
Speicherung genannt. Dazu folgendes Beispiel: Der Kundensatz
wird um 2 Datenfelder erweitert, in denen Zeiger bzw. Pointer
gespeichert sind, die auf den jeweils nächsten Kundensatz zei-

	Kunden- nummer:	Kunden- name:	Kunden- umsatz:	Zeiger für Name:	Zeiger für Umsatz:
(1)	101	FREI	6500.00	3	0
(2)	104	MAUCHER	295.60 A	0	4
(3)	109	HILDEBRANDT	4590.05	2	1
(4)	110	AMANN A	1018.75	1	3

Kundendatei mit Verkettung über zwei Zeigerfelder

gen. Das erste Zeigerfeld verkettet die Sätze nach Namen aufsteigend sortiert: Nach dem Lesen von AMANN (A für Ankeradres-
se) verweist Zeigerfeldinhalt 1 auf FREI, der dann eingelesen
wird; dann zeigt Zeiger 3 auf HILDEBRANDT als 3. Satz, worauf
mit Zeiger 2 auf MAUCHER zugegriffen wird, dessen Zeiger 0 das
Ende der Kette signalisiert. Über diese Kette 3-0-2-1 können
die Kunden rasch alphabetisch geordnet aufgelistet werden. Die
zweite Kette 0-4-1-3 verkettet Kunden nach deren Umsatz geordnet.
Das Beispiel zeigt, daß über die verkettete Speicherung beliebig viele l o g i s c h e Ordnungen gebildet werden können,
ohne die Datensätze dazu p h y s i s c h auf dem Externspeicher umspeichern zu müssen.

Nach den zwei Zugriffsarten und den vier Speicherungsformen
nun zu den zwei V e r a r b e i t u n g s w e i s e n , zur
sortierten und der unsortierten Verarbeitung:
Eine Datei s o r t i e r t verarbeiten heißt, daß eine physisch oder logisch zusammenhängende Folge von Datensätzen verarbeitet wird wie z.B. beim Auflisten des gesamten Dateiinhal-
tes oder bei der Gehaltsabrechnung für alle Angestellten eines
Betriebs. Wenn die Bewegungsdatei (Lagerzugänge und -abgänge)
genauso sortiert vorliegt wie die Bestandsdatei (Artikel insgesamt), dann wird von sortierter Verarbeitung gesprochen.
Bei der u n s o r t i e r t e n Verarbeitung werden einzelne
Sätze einer Datei ggf. mehrmals direkt angesprochen wie z.B.
beim Verarbeiten einzelner Kundenaufträge oder beim Auskunfts-
erteilen über den derzeitigen Kontostand.

1.3.5.2 Vier Organisationsformen von Dateien

Je nach Kombination von Zugriffsart (Eingabe eines Datensatzes

vom Externspeicher in den Hauptspeicher RAM), Speicherungsform
(Ausgabe vom RAM auf den Externspeicher) und Verarbeitungswei-
se (Verarbeitung intern im Hauptspeicher) kann eine Vielzahl
von Datei - Organisationsformen unterschieden werden. Folgende
vier Organisationsformen werden heute be-
grifflich am häufigsten genannt - wenn auch kaum einheitlich
ausgelegt:
   Sequentielle Datei:
   Indirekter Zugriff, serielle Speicherung und sortierte
   Verarbeitung bei (zumeist) sortierter Speicherungsfolge.
   Typische Band-Datei (Magnetband, Kassette).

   Direktzugriff - Datei:
   Direkter Zugriff, oft gestreute Speicherung und unsortierte
   wie ggf. sortierte Verarbeitung.
   Typische Platten-Datei (Magnetplatte, Diskette).
   Bezeichnungen: Random-Datei, Relative Datei.

   Index - sequentielle Datei:
   Kombination von sequentieller und Direktzugriff-Datei.
   Alle Zugriffsarten, Speicherungsformen und Verarbeitungs-
   weisen; kennzeichnend ist die indizierte Speicherung.

   Verkettete Datei:
   Indirekter Zugriff, verkettete Speicherung und sortierte
   Verarbeitung.

Die rein sequentiell organisierte Datei wird mit der zunehmenden Verbreitung von Wechselplatte, Festplatte und Diskette immer mehr durch die Direktzugriff-Datei und die index-sequentielle Datei verdrängt.

1.3.5.3 Grundlegende Abläufe auf Dateien

Die Dateiverarbeitung umfaßt viele Abläufe: So müssen Daten
zunächst einmal erfaßt bzw. computerlesbar gemacht werden, um
sie dann auf einem Externspeicher abzulegen, später wieder zu
suchen, abzuändern, auszudrucken, zu löschen usw. Zusammenfas-
send können wir hierzu 11 grundlegende Abläufe zum Einrichten,
Verwalten und Auswerten von Dateien unterscheiden. Jedes kommerzielle Datei-System mit dem Anspruch auf eine universelle
Verwendbarkeit muß diese Abläufe bereitstellen.

In Abschnitt 1.3.1.1 wurden Bestands- und Bewegungsdaten sowie
Stamm- und Änderungsdaten unterschieden. Entsprechend gibt es
dem Inhalt nach vier Dateiarten: die Bestandsdatei (z.B. Arti-
kelbestandsdatei), die Bewegungsdatei (z.B. Zu-/Abgänge von
Artikellagerbeständen), die Stammdatei (z.B. Kundenstammdatei)
und die Änderungsdatei (z.B. Anschriftsänderung von Kunden).
Die elf grundlegenden Abläufe beziehen sich auf diese vier Dateiarten gleichermaßen. Man spricht auch von den grundlegenden
Datei - Algorithmen (ein Algorithmus ist eine
Folge von Anweisungen, die in einer endlichen Schritt-Anzahl
zur Lösung eines Problems führt).
Zum Ablauf 'Bewegen': Bewegungen werden in der Regel gesammelt
(gestapelt), als Bewegungsdatei gespeichert und dann z.B. zum

1. **A n l e g e n :**
   Datei auf einem Externspeicher leer einrichten.

2. **N e u   s c h r e i b e n :**
   Datensätze erfassen und neu in die Datei hinzufügen.

3. **L e s e n :**
   Einen oder mehrere Datensätze in den Hauptspeicher
   lesen und am Bildschirm anzeigen oder am Drucker
   auflisten.

4. **B e w e g e n :**
   Zu- und Abgänge mengenmäßig (Lagerbestandsfortschrei-
   bung) oder wertmäßig (Kontoführung) aktualisieren.

5. **Ä n d e r n :**
   Sätze löschen (entfernen) oder inhaltlich abändern.

6. **S o r t i e r e n :**
   Sätze in auf- oder absteigende Sortierfolge bringen.

7. **M i s c h e n :**
   Dateien zu einer Datei sortiert zusammenfügen.

8. **K o p i e r e n :**
   Datei abbildgetreu (Back-Up) oder verändert kopieren.

9. **A u s w ä h l e n :**
   Sätze, die bestimmten Bedingungen genügen, heraussuchen
   bzw. selektieren.

10. **K l a s s i f i z i e r e n :**
    Datei nach bestimmten Größenklassen auswerten.

11. **V e r d i c h t e n :**
    Sätze nach Merkmalen gruppieren und Gruppensummen
    bilden (Gruppenwechsel).

Grundlegende Abläufe (Algorithmen) auf Dateien

Wochenende in einem Arbeitsgang verarbeitet.
Zum Ablauf 'Ändern': Sätze können tatsächlich (=physisch) oder
nur durch eine bestimmte Markierung wie BESTAND=-99 (=logisch)
gelöscht werden; die Inhaltsänderung kann einen oder mehrere
Datenfelder betreffen.
Zum Ablauf 'Sortieren': Es kann intern im RAM und/oder extern
auf Band bzw. Platte sortiert werden. Dabei werden die Datensätze selbst oder aber nur deren Adressen (Speicherplätze) in
eine neue Reihenfolge gebracht.
Zum Ablauf 'Kopieren': Beim Back-Up duplizieren wir eine Datei
unverändert. Ebenso läßt sich eine Datei als Kopie von einer
anderen Datei erstellen mit gleichzeitiger Änderung (wie Verkürzen, Erweitern oder Modifizieren).
Zum Ablauf 'Auswählen': Hat die Datei n Sätze, so kann man genau einen Kunden (110), mehrere vorgegebene Sätze (Kunden 101,
104 und 110) oder eine unbestimmte Satzanzahl (alle Kunden unter 10.000 DM Umsatz).

Zum Ablauf 'Klassifizieren': Hier wird z.B. eine Artikeldatei
nach Lagerorten und Umschlagshäufigkeit tabellarisch ausgewer-
tet.
Zum Ablauf 'Verdichten': Gruppenwechsel kann einstufig (Absatz
je Vertreter) oder zweistufig (Absatz je Vertreter u. Artikel)
vorgenommen werden.

1.3.5.4 Datei öffnen, verarbeiten und schließen

Ob eine Datei gelesen, geschrieben oder geändert wird - stets
wird in drei Schritten vorgegangen:

1. Datei ö f f n e n :
   Verbindung herstellen zwischen Datei und Programm
   (Dateiname, Zugriffsart, Verbindungskanal usw.).
2. Datei v e r a r b e i t e n :
   Lesen (eingeben), schreiben (ausgeben) und/oder
   ändern (ein-/ausgeben bzw. überschreiben).
3. Datei s c h l i e ß e n :
   Verbindung ordnungsgemäß beenden
   (Dateiende EOF (End of File) kennzeichnen, Directory
   (Inhaltsverzeichnis) auf Datei rückübertragen).

Bei komplexen Datei-Algorithmen sind für diese drei Schritte
jeweils gesonderte Unterprogramme vorgesehen, die Programm-
vorlauf, Programmtreiber und Programmabschluß genannt werden.

Zum Schritt 2 eine Anmerkung: Ist eine Datei auf Kassette gespeichert, so liest man nach dem Eröffnen häufig die Datei in
einem Arbeitsgang k o m p l e t t in den Hauptspeicher, um
sie dort z.B. als Array (Feld, Bereich, Tabelle) verarbeiten
zu können. Erst unmittelbar vor dem Schließen wird die aktua-
lisierte Datei dann - wiederum komplett - auf die Kassette zurückgeschrieben.
Ist die Datei größer als der im RAM intern verfügbare Speicherplatz, dann ist dieses Vorgehen nicht möglich. Als Gegenstück kann man mit Schritt 2 je einen Datensatz e i n z e l n
in den RAM übertragen und umgekehrt.
Zwischen diesen beiden Extremen - Datei komplett oder einzeln
im internen Speicher verarbeiten - gibt es natürlich zahlreich
praktizierte Abstufungen.

1.3.5.5 Eine oder mehrere Dateien verarbeiten

In der kaufmännischen Praxis wird man nur selten e i n e Datei einzeln verarbeiten. Vielmehr sind zumeist m e h r e r e
Dateien in ein System eingebunden; man spricht dann häufig von
einer D a t e i v e r k e t t u n g . Dazu ein Beispiel: In
einer Lagerverwaltung sind die 'Artikelstammdatei', 'Bestandsdatei', 'Bestelldatei (Einkauf)' und 'Auftragsdatei (Verkauf)'
verkettet, um von einem Programm(-paket) verwaltet zu werden;
D a t e n v e r w a l t u n g s - S y s t e m ist die oft
verwendete Bezeichnung hierfür.
Wird nicht nur die Aufgabe der Lagerverwaltung gelöst, sondern
sämtliche betrieblichen Aufgaben in einem solchen Datei-System
eingebunden, dann spricht man oft von i n t e g r i e r t e r
Datenverarbeitung (vgl. Abschnitt 1.3.8.4).

1.3.5.6 Datenbank

Bei isolierter Verarbeitung einzelner Dateien wie auch bei der
Dateiverkettung ist nicht zu vermeiden, daß ein Datum mehrfach
in verschiedenen Dateien gespeichert ist; man spricht von der
D a t e n r e d u n d a n z . So kann z.B. ein Kunde samt Kun-
denanschrift in der Kundenstammdatei, der Offene-Posten-Datei
und der Weihnachtsgeschenkedatei dreifach gespeichert sein. Um
dies zu vermeiden, faßt man sämtliche Daten in e i n e r ge-
meinsamen Datenbasis zusammen, die D a t e n b a n k genannt
wird. Eine solche Datenbank kann - für sich alleine genommen -
ebenfalls als Verkettung von Dateien angesehen werden. Daß wesentlich neue dabei ist, daß auf alle Elemente der Datenbank
über ein D a t e n b a n k m a n a g e m e n t s y s t e m
(DBMS) zentral zugegriffen wird. Dieses DBMS besteht aus mehreren Systemprogrammen zur Durchführung von Aufgaben wie dem
Ändern von Daten der Datenbank,dem gleichzeitigen Zugriff mehrerer Benutzer, dem Abfragen von Daten, dem Überprüfen der Zu-
griffsberechtigung usw.

Datenbank-System (DBS)

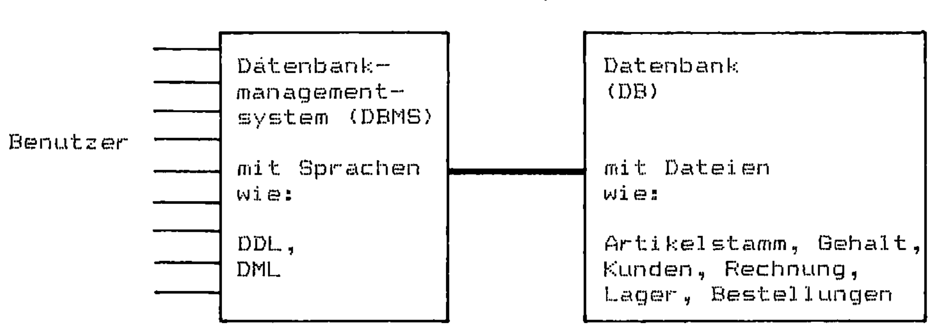

Das Datenbank-System besteht aus Datenbank und DBMS

Mit dem DBMS werden dem Benutzer unter anderem zwei sprachli-
che Hilfsmittel zur Verfügung gestellt:
Zum einen eine Daten-Definitions-Sprache DDL (Data Definition
Language) zum Aufbau und zur Pflege der Datenbank. Mit der DDL
werden z.B. die Datensätze definiert (Name, Anzahl, Datentyp,
Länge der Satzkomponenten). Sie richtet sich mehr an den Programmierer bzw. an den Datenbankverwalter.
Zum anderen eine Daten-Manipulations-Sprache DML (Data Manipu-
lation Language) zur eigentlichen Behandlung der Daten. Diese
DML richtet sich mehr an den Sachbearbeiter, der ein Abfrage
wie 'Drucke eine Übersicht aller Kunden aus, die offene Rechnungen über DM 5000.- zu begleichen haben'. Eine DML wird auch
als Abfragesprache bzw. Query-Language bezeichnet.
Datenbank-Sprachen weisen wie Programmiersprachen zumeist eng-
lische Anweisungsworte auf wie etwa FIND zur Suchanfrage, READ
zum Lesen, WRITE zum Schreiben, DELETE zum Entfernen, INSERT
zum Einfügen von Datensätzen.

Das herkömmliche D a t e i - S y s t e m unterscheidet sich in zumindest 3 Punkten vom D a t e n b a n k - S y s t e m :

- R e d u n d a n z f r e i h e i t :
  In der Datenbank werden die Daten möglichst redundanzfrei
  abgelegt, d.h. nicht mehrfach gespeichert.
- V i e l f a c h e V e r w e n d b a r k e i t :
  In der Datenbank werden die Daten vielfach verwendbar abge-
  legt, um vielen Benutzern einen möglichst einfachen Direkt-
  zugriff zu gestatten.
- D a t e n u n a b h ä n g i g k e i t :
  Die Programme bzw. Zugriffspfade arbeiten datenunabhängig in
  dem Sinne, daß bei der Änderung der Daten keine Änderung des
  Programme notwendig wird.

Zwei grundlegende Datenbank-Systeme sind zu unterscheiden: das
strukturierte und das unstrukturierte Datenbank-System. Strukturiert bedeutet, daß in der Datenbank selbst Information zum
Verweisen auf weitere Information abgespeichert ist; damit muß
bei Anfragen stets entlang der vorgegebenen Pfade geschritten
werden. Im Gegensatz dazu gibt es bei der unstrukturierten Datenbank keine vordefinierten Zugriffspfade; damit verlangsamt
sich der Zugriff, gleichzeitig jedoch hat man unbegrenzte Möglichkeiten, Daten nach bestimmten Suchkriterien abzufragen.

Datenbank - System (DBS)

strukturiert:	unstrukturiert:
Suchbegriffe, Zugriffspfade	Verknüpfung der Information
festgelegt und gespeichert.	erst im Moment der Abfrage.
- Hierarchisches DBS: Daten	- Invertierte Dateien: Zugriff
baumartig verkettet.	über Index-Listen.
- Netzwerk-Modell (CODASYL):	- Relationen-Modell: Anordnung
Netz von Zugriffspfaden.	der Daten in Tabellenform.

Strukturiertes und unstrukturiertes Datenbank-System

Beim Netzwerk-Modell gemäß dem CODASYL-Ausschuß (COnference of
DAta SYstem Language in den USA im Jahre 1971) sind die in der
Datenbank abgelegten Daten in Datentypen (Item Types) sowie in
Datensatztypen (Record Types) zu gliedern, wobei zwischen den
verschiedenen Datensatz-Typen sogenannte Beziehungstypen (Set
Types) definiert werden.
Bei der r e l a t i o n a l e n D a t e n b a n k als Gegenstück zum Netzwerk-Modell werden nur Datensätze im herkömmlichen Sinne unterschieden, wobei die einzelnen Datensatzkom-
ponenten bzw. Datenfelder in Beziehung zueinander stehen wie
die Zeilen und Spalten einer Matrix als 2-dimensionalem Array
bzw. Tabelle.
Das Relationen-Modell ist weit anschaulicher als das Netzwerk-
Modell. Komplexe Datenstrukturen allerdings lassen sich in einer "flachen Matrix" nur schwer darstellen.

Ursprünglich lag die Aufgabe eines Datenbank-Systems in der
Informationswiedergewinnung (= Information Retrieval) bzw. in

der Auskunftserteilung. Zunehmend werden kommerzielle Datenbank-Systeme angeboten, die darüberhinaus weitere Aufgaben ü-
bernehmen wie das Rechnen (sog. rechnende Datenbanken) oder
die Textverarbeitung.

"... eine dedizierte D a t e n b a n k - M a s c h i n e ,
die mit einem Host-Computer günstiges Datenmanagement bietet".
Was beinhaltet eine solche Anzeige?
Eine Datenbank-Maschine ist kein Allzweck-Computer, sondern
ein Automat, dessen Hardware auf den alleinigen Zweck der Verwaltung einer Datenbank ausgerichtet bzw. dediziert ist. Ebenso gibt es kein 'normales' Betriebssystem, sondern nur ein immer im Speicher der Maschine residentes Softwarepaket, das alle Funktionen einer relationalen Datenbank verwirklicht. Damit
sind wir bei der Begründung: Relationale Datenbanken benötigen
viel Speicherplatz sowie CPU-Zeit, der Personalcomputer wird
allzuleicht überlastet. Deshalb die Hinwendung von der Soft-
ware-Datenbank zur Hardware-Datenbank-Maschine, die an einen
Personalcomputer als Host bzw. Wirt und Gastgeber (vgl. auch
Abschnitt 1.3.6.5) angeschlossen wird. Eine solche Lösung hat
diese Vorteile: Der Host wird durch die Datenbank nicht belas-
tet; der Umfang der Datenbank ist unabhängig von der Größe des
Personalcomputers als Host.

1.3.6 System-Software (Betriebssystem)

Das Betriebssystem mit seinen Steuer-, Dienst- und Übersetzerprogrammen (vgl. Abschnitt 1.3.1.2) dient als Mittler zwischen
dem Anwender(-programm) und dem Computerkern (Hardware).

1.3.6.1 Betriebssystem als Firmware (ROM) oder als Software

Im Hinblick auf die Speicherung des Betriebssystems gibt es 2
extreme Möglichkeiten, die gerade für Personalcomputer von Interesse sind:
Auf der einen Seite ist das Betriebssystem fest in ROMs untergebracht (ROM als Festspeicher enthält die Systemprogramme als
Firmware) und steht beim Einschalten des Computers unmittelbar
zur Verfügung. Diese Möglichkeit ist vorteilhaft, wenn man nur
mit einer einzigen Programmiersprache arbeiten möchte. 'Reine
BASIC-Maschinen' z.B. sind oft so aufgebaut und sehr einfach
zu bedienen.
Auf der anderen Seite ist das Betriebssystem als Software auf
einem Externspeicher wie einer Diskette gespeichert und muß
beim Einschalten des Computers vom Benutzer in den Internspeicher geladen werden. Diese umständlichere Art der Bedienung
(Handling) hat für den Benutzer jedoch den Vorteil, daß leicht
z.B. auf eine andere Programmiersprache wie COBOL, PASCAL oder
FORTH umgerüstet werden kann: er muß nur das zugehörige Übersetzerprogramm für COBOL, PASCAL bzw. FORTH von einer Diskette
in den RAM laden.
Personalcomputer mit mehreren Betriebssystemen (z.B. MS-DOS,
CP/M und UCSD) sehen diese in jedem Fall softwaremäßig vor.

Zwischen der reinen Firmware-Lösung (Betriebssystem im ROM)
und der reinen Software-Lösung (Betriebssystem auf Diskette)
als Extremen gibt es natürlich Zwischenlösungen. So kann z.B.
beim Einschalten eine einfache Sprache wie BASIC aus dem ROM
automatisch bereitgestellt werden, wobei der Benutzer dann die
Möglichkeit zum späteren 'Auszusteigen' hat, um in ein anderes
softwaremäßig bereitgestelltes Betriebssystem bzw. Sprachmittel zu wechseln.

1.3.6.2 Beispiel: Betriebssystem unterstützt Computer-Start

Die Funktion des Betriebssystems läßt sich veranschaulichen am
Beispiel des Startens eines Personalcomputers in drei Schritten.
S c h r i t t (1) : Gerät anschalten. Aus einem ROM als Nur-
Lese-Speicher wird automatisch ein Startprogramm zur Ureingabe
in den Hauptspeicher gebracht, welches die Datei-Directory als
Verzeichnis der auf Diskette gespeicherten Dateien sowie Pro-
gramme ebenfalls in den RAM lädt sowie das Betriebssystem mit
seinen Programmen. Das Betriebssystem zeigt dem Benutzer über
Bildschirm durch ein Zeichen an, daß der Computer betriebsbe-
reit ist. Der Benutzer befindet sich in der Betriebssystem-
Ebene (System Mode).

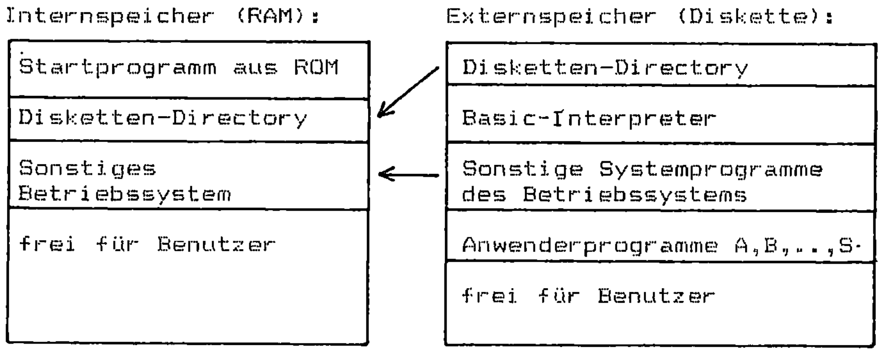

   Schritt (1): 'Computer einschalten' und Betriebssystem

S c h r i t t (2) : Der Benutzer hat sich entschieden, BASIC
zu laden und tippt den entsprechenden Betriebssystem – Befehl
ein. Das Betriebssystem prüft in der Disketten-Directory nach,
ob in der betr. Diskette das BASIC-Übersetzerprogramm vorhanden ist und lädt es zusätzlich in den RAM. Dies entspricht der
oben angesprochenen Software-Lösung; bei der Firmware-Lösung
würde Schritt (2) automatisch als Teil einer starren Befehls-
folge nach dem Einschalten ablaufen.

S c h r i t t (3) : Der Benutzer kann sich jetzt ein auf der
Diskette enthaltenes Anwenderprogramm in den RAM laden wie im
Beispiel das Programm A. Das Übersetzerprogramm (ein Interpe-
ter, wie im folgenden Abschnitt zu zeigen) ruft zum Laden das
Betriebssystem auf, welches nach dem Ladevorgang wiederum die

Internspeicher (RAM):   Internspeicher (RAM):

| Startprogramm aus ROM |
| Disketten-Directory |
| Sonstiges Betriebssystem |
| BASIC-Interpreter |
| frei für Benutzer |

| Startprogramm aus ROM |
| Disketten-Directory |
| Sonstige Betriebssystem |
| BASIC-Interpreter |
| Anwenderprogramm A |
| frei für Benutzer |

(2) 'BASIC laden' (links) und (3) 'Prog. A laden' (rechts)

Kontrolle an das Übersetzerprogramm zurückgibt.
Anschließend kann der Benutzer in einem Schritt (4) das Anwenderprogramm A ausführen lassen.

1.3.6.3 Übersetzerprogramme

Ein Computer versteht soviele Programmiersprachen (=Fremdsprachen), wie Übersetzerprogramme vorhanden sind zum Umwandeln in die Maschinensprache (=Muttersprache des Computers).
Es gibt maschinenorientierte Programmiersprachen, bei denen als sog. 1-zu-1-Sprachen zumeist 1 Fremdsprachenanweisung zu 1 Maschinenbefehl führt; sie heißen auch Assembler(-sprachen). Als Gegenstück hierzu sind zu nennen die problemorientierten Programmiersprachen als 1-zu-mehr-Sprachen, wobei 1 Fremdsprachenanweisung in mehrere Maschinensprachenbefehle übersetzt wird. Die zugehörigen Übersetzerprogramme sind entweder Compiler oder aber Interpreter.


```
            Programmiersprachen als Fremdsprachen für Computer
        ┌───────────────────────────┴───────────────────────────┐
  maschinenorientierte              problemorientierte
  1-zu-1-Sprachen                   1-zu-mehr-Sprachen
                                 ┌──────────────────────┴──────────┐
  Quellenprogramm           Quellenprogramm          Quellenprogramm

      ASSEMBLER                 COMPILER                INTERPRETER
      übersetzt                 übersetzt               übersetzt
   programmweise             programmweise           anweisungsweise

  Maschinenprogramm         Maschinenprogramm        Maschinenbefehl
  als Objekt                als Objekt               als Objekt
```

Maschinen- und problemorientierte Programmiersprachen

Jeder Computer hat seine eigene m a s c h i n e n o r i e n -
t i e r t e Programmiersprache, die - obwohl von Computer zu
Computer z.T. verschieden aufgebaut - stets A s s e m b l e r
heißt. Das im Assembler geschriebene Programm (auch Quellenprogramm, Quellcode oder Source-Listing genannt) kann der Computer noch nicht verstehen. Ein Übersetzerprogramm, das (verwirrend?) ebenfalls Assembler genannt wird, übersetzt nun das
Quellenprogramm in die für die CPU verständliche Maschinensprache als Objektprogramm. Das eigentliche Maschinenprogramm
steht als Abfolge hexadezimaler Bytes computerverständlich im
Internspeicher; da es für uns nur schwer lesbar ist, wird es
vom Assembler zur Kontrolle als Assembler-Listing ausgegeben.

Ein C o m p i l e r als zweite Art von Übersetzerprogrammen
übersetzt das problemorientiert in einer sogenannten Hochsprache geschriebene Programm in einem extra Compilierungslauf in
ein ablauffähiges Maschinenprogramm. Ein I n t e r p r e t e r
hingegen übersetzt eine Anweisung, um sie dann sogleich auszuführen.
Ein Interpreter (to interprete = auslegen) arbeitet wie ein
Simultan-Dolmetscher: er übersetzt Satz für Satz (Mensch) bzw.
Anweisung für Anweisung (Computer), um das Ergebnis sogleich
mitzuteilen (Mensch) bzw. auszuführen (Computer). Ein Compiler
(to compile = zusammensetzen) hingegen übersetzt das gesamte
Fremdsprachenschriftstück zu einem bestimmten Termin (Mensch)
bzw. das gesamte Anwenderprogramm komplett in einem Arbeitsgang.
Die Vorteile eines compilierenden Systems (z.B. Objektprogramm
in O/1-Form ablauffähig auf Externspeicher abgelegt, Programmausführung sehr schnell) und seine Nachteile (z.B. nur eine
Fehlerkorrektur erfordert komplette Neuübersetzung, Speicherbedarf für Quelle, Übersetzer und Objekt sehr groß) sind stets
abzuwägen. Günstig wäre: Programmentwicklung und -test mit einem Interpreter und abschließende Compilierung des Programms.

Gerade bei Personalcomputern lassen sich Interpreter und Compiler kaum mehr streng trennen. So gibt es compilierende Interpreter und interpretierende Compiler.
Zum 'compilierenden Interpreter' ein Beispiel:
Die große Softwarefirma Microsoft hat solche Zwischenlösungen
als BASIC-Interpreter z.B. für Apple, CBM und TRS-80 geschrieben. Dabei werden die BASIC-Zeilen beim Eintippen -für den Benutzer unbemerkt- in einen sog. Zwischencode übersetzt (PRINT
wird z.B. als hexadezimal BA bzw. dezimal 186 zwischengespei-
chert, nicht aber in fünf ASCII-Zeichen bzw. Bytes als PRINT).

Zum 'interpretierenden Compiler' ebenfalls ein Beispiel:
Der unter dem Betriebssystem UCSD arbeitende PASCAL-Compiler
übersetzt den Quellcode in e i n e m getrennten Übersetungs-
lauf in einen Zwischencode (P-Code genannt für Pseudo-Code),
der dann zur Ausführungszeit durch einen Interpreter weiter
übersetzt wird.

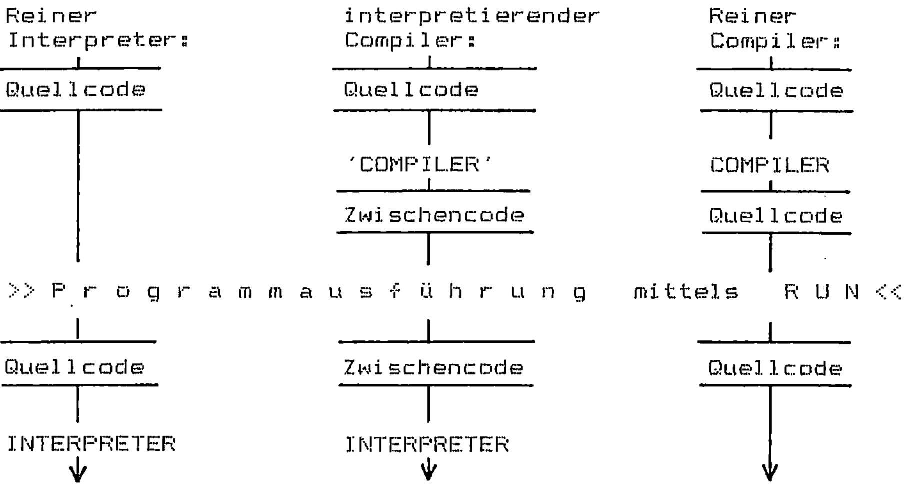

Interpreter und Compiler mit Zwischenlösungen

1.3.6.4 Programmiersprachen

Es gibt mehrere Hundert Programmiersprachen. Hier einige wichtige dieser Sprachen in Stichworten:

ADA: Diese nach Lady Ada Augusta benannte Sprache wurde 1980
vom US - Verteidigungsministerium herausgebracht (wie früher
COBOL) und wird als Universalsprache eine vielleicht ebenso
große Verbreitung finden wie COBOL. ADA-Subsets laufen bereits
auf Personalcomputern.

ALGOL 60: Diese 'ALGOrithmic Language' gibt es seit 1960. Sie
wird vornehmlich im Hochschulbereich eingesetzt.

APL: 'A Programming Language' gilt als eines der mächtigsten
und knappsten Sprachmittel. Berühmt sind die APL-Einzeiler mit
ihren Kurz-Operatoren (griechische Symbolik). Auf Personalcomputern mit 16-Bit-Prozessoren läuft APL stets als Interpreter.

ASSEMBLER: Die maschinenorientierten Assembler-Sprachen (vgl.
Abschnitt 1.3.6.3) gehören eigentlich nicht in diese Übersicht
von Hochsprachen bzw. 1-zu-Mehr-Sprachen. Makros als Gruppen
von Einzelbefehlen jedoch machen das maschinennahe Arbeiten im
Assembler etwas weniger mühsam.

BASIC: Für diese auf Personalcomputern am weitesten verbreitete Sprache (Beginners All Purpose Instruction Code) gibt es
leider fast so viele Dialekte wie Computertypen. Auch das sehr
weit verbreitete "Microsoft-BASIC" ist nicht ganz einheitlich
gestaltet (Grafikzusätze abweichend). BASIC ist unstrukturiert
und wird mehr und mehr mit strukturierenden Zusätzen angeboten
(z.B. Kontrollstrukturen, Parameterübergabe für Unterablauf)

C: In der Sprache C ist das Betriebssystem UNIX geschrieben. Es kann PASCAL-ähnlich strukturiert programmiert werden, dabei werden aber weniger Datentypen und mehr Operatoren (etwa wie in APL) bereitgestellt. Gut in C: Zeiger (Pointer) zur Adreß-verkettung. Die C-Compiler sind leider nicht standardisiert.

COBOL: Die 'Common Business Oriented Language' gibt es bereits seit 1959. COBOL ist d i e kommerzielle Programmiersprache, genormt, äußerst umfangreich. Ungefähr 50% aller US-Software ist in COBOL geschrieben. Zitat: "COBOL ist nicht gut, aber es gibt viele Programmierer, die diese Sprache gut beherrschen".

ELAN: Diese Ende der 70er Jahre in Berlin entwickelte Sprache unterstützt das strukturierte Programmieren und wird im Schul-bereich in Konkurrenz zu PASCAL eingesetzt.

FORTH: Dies ist eine interpretierende Sprache, die jedoch zu-nächst den FORTH-Text in einen Zwischencode übersetzt (siehe Abschnitt 1.3.6.3). FORTH gibt es auch für kleinere Computer.

FORTRAN: Der 'FORmula TRANslator' entstand 1950 und gilt als die wichtigste Hochsprache zur Lösung math/naturwissenschaft-licher Probleme. Wie COBOL ist FORTRAN eine typische Großcom-putersprache. BASIC ist ein FORTRAN-Abkömmling.

LISP: Der LISP-Interpreter wird insbesonders von Wissenschaft-lern verwendet, die sich mit der 'Künstlichen Intelligenz' be-schäftigen (Nachahmung des menschl. Gehirns durch die CPU, Ab-schnitt 1.1.3). Eine LISP-Variable hat als 'Atom' neben Namen und Wert vom Programmierer frei zu vereinbarende Merkmale, die als Liste geführt werden (deshalb: LISP für LISt Processor).

LOGO: "Anders als die anderen Sprachen". Diese Aussage trifft für APL zu (im Hinblick auf die komprimierte Problembeschrei-bung über mächtige Operatoren) sowie für LOGO (im Hinblick auf kindgerechte Schildkrötengrafik). Bei den Turtle Graphics kann eine am Bildschirm 'kriechende' Schildkröte zum Zeichnen von Bildern gesteuert werden. LOGO-Interpreter kommen mit wenig Platz aus und sind zunehmend für Personalcomputer erhältlich.

MODULA 2: Diese Sprache wurde von Niklaus Wirth als Nachfol-gesprache zu PASCAL entwickelt. Besondere Merkmale: Typische 'Hochsprachen-Anwendungen' sind ebenso möglich wie maschinen-nahe Programmierung; ausgereifte Modularisierung (Module als Bausteine -anders als in PASCAL- separat speicherbar in Modul-Bibliothek); Compiler kann Maschinencode erzeugen zwecks Ein-brennen in PROMs (damit Nutzung als Entwicklungssprache für Mikrocomputerprodukte). Es wird erwartet, daß sich MODULA auf-grund ihrer Kompaktheit als Alternative zu ADA behaupten wird.

PASCAL: "PASCAL erzieht zum klaren Programmieren" - aus diesem Grunde halten gerade die Lehrer so viel von dieser von Niklaus Wirth in 1972 erstmalig beschriebenen Sprache. PASCAL ist nach dem Mathematiker und Philosophen Blaise Pascal (1623-1662) be-nannt und gilt als d i e Sprache für das strukturierte Pro-grammieren. Leider ist nur das ursprüngliche Wirth'sche PASCAL standardisiert, nicht aber die später notwendig gewordenen Er-weiterungen (wie Grafik-, Text- und Dateiverarbeitung; Wirth beschrieb so z.B. nur die sequentielle Banddatei). So sind die sehr zahlreichen auch für Personalcomputer verfügbaren PASCAL-Compiler oft nicht kompatibel: etwa ALCOR-PASCAL, JRT-PASCAL, PASCAL/MZ+, PASCAL/Z, ProPASCAL, TCL-PASCAL, SCHTAC-PASCAL und UCSD-PASCAL, wobei sich letzteres fast zum Ersatz-Standard entwickelt hat.

PILOT: Diese 'Programmed Inquiry Learning or Teaching' ist für kleinere Personalcomputer als BASIC-Ersatz für Lernzwecke entwickelt worden. PILOT arbeitet ausschließlich interpretierend.

PL/1: Die 'Programming Language 1' wurde von der IBM für Groß-computer entwickelt und umfaßt die Sprachelemente von COBOL und FORTRAN zusammen – aber modern strukturiert. Wertmäßig dürfte die in PL/1 geschriebene Software nach der COBOL-Software den weltweit zweiten Platz einnehmen. Für Personalcomputer gibt es PL/1 (noch?) nicht.

Diese Auswahl kann keinesfalls vollständig sein. Die Liste von Programmiersprachen ließe sich fortsetzen: BCPL, COMAL, CORAL, DIBOL, EUCLID, MUMPS, PEARL, PL/M, PROLOG, RPG II, SIMULA 67, SMALLTALK, SNOBOL, STOIC, ...
Abschließend: Vermutlich werden in 10 Jahren Programmiersprachen überwiegen, die heute noch nicht einmal entworfen sind.

1.3.6.5 Herstellerabhängige und unabhängige Betriebssysteme

Das DOS für den Apple und das Betriebssystem der TRS-80-Model-le von Tandy – dies sind Beispiele für Betriebssysteme, die vom Personalcomputer-Hersteller speziell auf das eigene Gerät hin zugeschnitten sind. H e r s t e l l e r a b h ä n g i g e Systeme findet man vornehmlich bei kleineren Personalcomputern mit 8-Bit-Mikroprozessoren.

Personalcomputer der 16-Bit-Klasse und 32-Bit-Klasse arbeiten überwiegend mit h e r s t e l l e r u n a b h ä n g i g e n Betriebssystemen, die von Software-Produzenten übernommen wur-den. So mit CP/M und MS-DOS der beiden Software-Giganten Digi-tal Research und Microsoft, mit UCSD der Universität von San Diego in Californien, mit UNIX, XENIX, OASIS, ...
Wie kam es hierzu? Früher baute jeder Hersteller sein eigenes Betriebssystem, um es mit dem Computer als Einheit anzubieten. Um das Betriebssystem herum wurde ein großer Schleier gelegt – ein Übernehmen oder Anpassen an einen anderen Computer war so-mit unmöglich. Dies änderte sich erst, als die Software-Firma Digital Research ihr 'Control Program for Microcomputers', ge-nannt CP/M, als herstellerunabhängiges Software-Produkt anbot mit einer exakten Beschreibung der Verbindung (Schnittstellen) des Betriebssystems zur Computerhardware. Nun begannen immer mehr Hersteller, CP/M-fähige Computer zu produzieren. Mit der zunehmenden Verbreitung nahmen auch solche Programme zu, die CP/M-verträglich sind. Ursprünglich wurde CP/M für den Mikro-prozessortyp 8080 und später für den Z-80-Prozessor eingesetzt, deshalb die Bezeichnung CP/M-80. CP/M-86 wurde für den 8086-Prozessor angelegt.
Über das BIOS (Basic Input Output System) als dem adaptierba-ren Teil des CP/M läßt sich dieses prozessorabhängige System an Computer anpassen, die eine CPU haben, welche z.B. den Code des Intel 8080 verarbeiten.

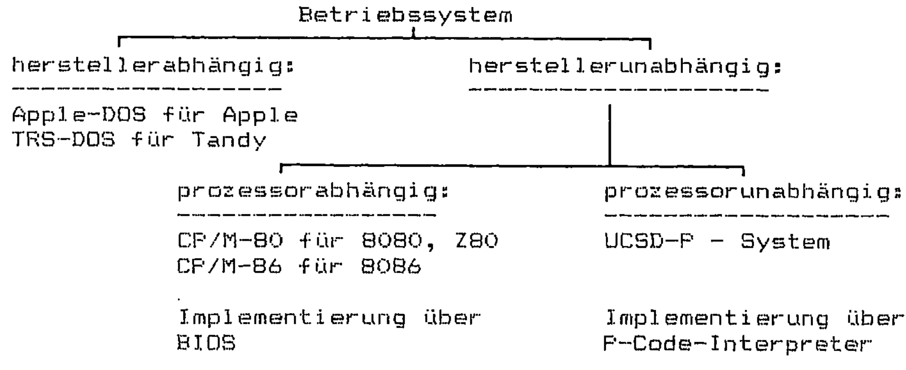

Herstellerabhängige und -unabhängige Betriebssysteme

Zum UCSD-Betriebssystem:
Früher stand UCSD für das Programmiersprachsystem UCSD-Pascal, während es heute als umfassendes Betriebssystem mehrere Übersetzer anbietet wie BASIC-Compiler, FORTRAN 77-Compiler, LISP-Interpreter, MODULA-2-Compiler und natürlich PASCAL-Compiler. UCSD (auch als UCSD-P oder UOS für Universal Operating System bezeichnet) unterscheidet sich von CP/M und MS-DOS durch drei Merkmale:
- Konsequente Menüsteuerung anstelle Kommandosteuerung und damit enge Benutzerführung.
- Bereitstellung einer komfortablen und abgeschlossenen Programmentwicklungsumgebung (mit Editor, Filer, Compiler, ...) anstelle einer reinen Laufzeitumgebung.
- Hervorragende Portabilität durch die Mitnahme der Computerarchitektur.
Das UCSD-Betriebssystem ist prozessorunabhängig derart, daß es für Personalcomputer jeglichen Prozessortyps einsetzbar ist. Wie ist dies möglich? UCSD benutzt den jeweiligen Personalcomputer als Host-Computer im Sinne eines Wirtes bzw. Gastgebers. Es arbeitet also nicht direkt mit diesem Personalcomputer, sondern mit einem Pseudo-Computer. Gibt der Benutzer z.B. ein Quellenproggramm in PASCAL ein, so übersetzt der Compiler dieses Textfile in einen Zwischencode (vgl. Abschnitt 1.3.6.3), der P-Code genannt wird, um das resultierende P-Code-File dann ebenfalls abzuspeichern. Soll dieses Programm nun ausgeführt werden, so wird es von einem P-Code-Interpreter vom P-Code in die Maschinensprache des jeweiligen Personalcomputers als Host übersetzt. Der Compiler ist fester Bestandteil des Betriebssystems und selbst in PASCAL geschrieben. Der P-Code-Interpreter dagegen ist in der Maschinensprache des Host geschrieben. Soll UCSD auf einem Personalcomputer implementiert werden, so ist u.a. nur ein P-Code-Interpreter für die entsprechende CPU zu schreiben. Da UCSD auf einem P-Computer als abstraktem Computer läuft, der allein softwaremäßig auf dem Personalcomputer als Host nachgebildet wird, ist eine rasche Verfügbarkeit dieses Betriebssystems auf neuen Personalcomputern zu erwarten.

Der Trend geht eindeutig dahin, m e h r e r e Betriebssysteme für einen Computer bereitzustellen. So sind für den IBM Personalcomputer die drei Betriebssysteme MS-DOS von Microsoft,

```
Benutzer-              Pseudo-Computer         Personalcomputer
eingabe:               als P-Computer:         als Host-Computer:


Quellcode              Objektcode 1            Objektcode 2
als Textcode           als P-Code             als Maschinencode
   ──────────────────────────────────────────────────────────►
         Compiler                  P-Code-Interpreter
         übersetzt                 übersetzt
                                            (P=Pseudo)
```

UCSD behandelt den Personalcomputer als Host bzw. Gast

CF/M-86 und UCSD-P nutzbar. Da MS-DOS zum Lieferumfang des PCs
gehört   (jeder Käufer verfügt über   MS-DOS),   CF/M-86 dagegen
extra   bezahlt werden muß, wurde Microsoft immer mehr zum Kon-
kurrenten von Digital Research.

1.3.7 Anwender-Software entwickeln

Die Programmentwicklung − im Rahmen   der DV-Systementwicklung
vorgenommen − vollzieht sich wie diese in Teilschritten. Mag
die Terminologie hierzu auch unterschiedlich sein, die Programmentwicklung wird stets in der Schrittfolge "PROBLEMSTEL-
LUNG −> PROGRAMMENTWURF −> PROGRAMMIERUNG −> ANWENDUNG" durch-
geführt werden. Am Beispiel der Rechnungsstellung bzw. Fakturierung wollen wir diese Teilschritte im Abriß kurz erläutern.

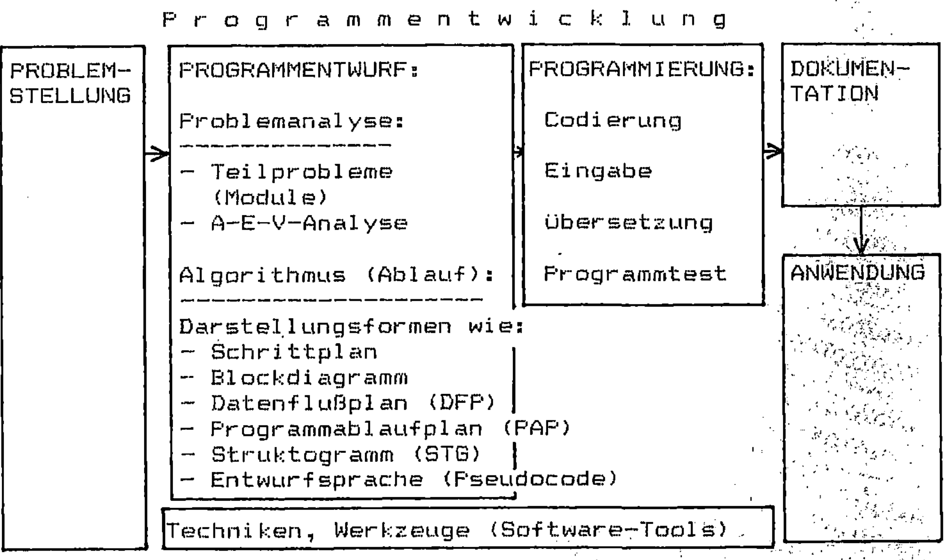

Programmentwicklung in Teilschritten

1.3.7.1. Problemanalyse

Ein Problem analysieren heißt, dieses in seine Bestandteile zu zerlegen. Bei der Problemanalyse geht man nach der Idee 'Vom Einfachen zum Schwierigen' von den Ausgabedaten aus, da diese ja mit der Problemstellung als erwartetem Resultat vorgegeben sind, um sich erst dann der Eingabe- und Verarbeitungsanalyse zuzuwenden.
Ausgabe-Analyse: Daten (z.B. Rechnungszeile mit Artikelnummer, Bezeichnung, Menge, Einheit, Einzel- und Gesamtpreis), Form (z.B. Drucker für Rechnung, Diskette für Offene-Posten-Datei), Listbilder zum Ausgabeformat, Zeitpunkt der Ausgabe.
Eingabe-Analyse: Daten (Kundennummer, Artikelnummer und Anzahl sowie Datum), Form (z.B. Tastatur, Diskette für Kundendatei u. Artikeldatei).
Verarbeitungs-Analyse: Die Verarbeitungsschritte ergeben sich aus den Ausgabe- und Eingabeanforderungen (z.B. Menge*Einzelpreis ergibt Gesamtpreis).
In einer Variablenliste werden sämtliche Namen mit Datentypen zusammengefaßt. In einem Datei-Verzeichnis werden die Dateien mit den entsprechenden Datensatz-Beschreibungen festgehalten.

1.3.7.2 Formen zur Darstellung des Lösungsablaufes

Für den dann zu entwickelnden Algorithmus bzw. Lösungsablauf stehen die unterschiedlichen Darstellungsformen zur Verfügung.

Ein S c h r i t t p l a n kann verkürzt so aussehen:
 1. Rechnungs- und Kundennummer mit Datum eintippen.
 2. Rechnungskopf drucken
 3. Rechnungszeile(n) aufbereiten und drucken
 4. Rechnungsabschluß drucken
 5. Kundendatei aktualisieren
 6. Eintrag Offene-Posten-Datei

Als B l o c k d i a g r a m m kann dieser Schrittplan schon weiter gegliedert bzw. strukturiert sein wie z.B. Schritt 1:

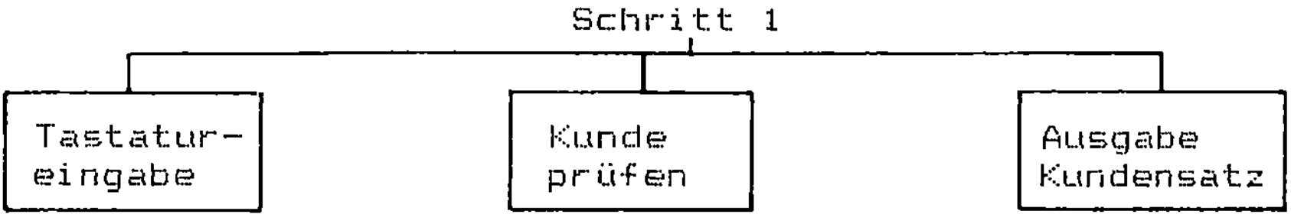

'Kunde prüfen': Ist ein Kunde mit der eingetippten Nummer gar nicht in der Kundendatei enthalten, so wird eine Meldung ausgegeben. 'Ausgabe Kundensatz': Zur Kontrolle wird der gesamte Inhalt des Kundensatzes am Bildschirm gezeigt.

Im D a t e n f l u ß p l a n werden die Datenträger bzw. Geräte, die Arten der Bearbeitung und der Datenfluß zwischen den Datenträgern zeichnerisch festgehalten.

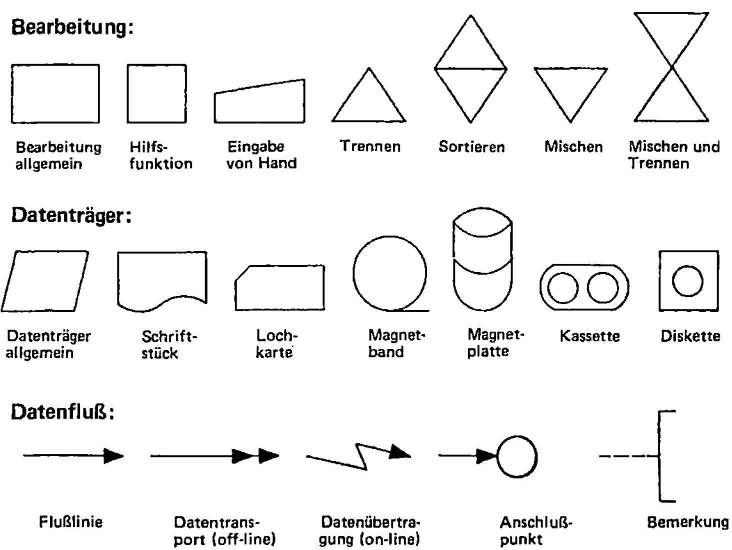

Sinnbilder für Datenflußpläne nach DIN 66001

Für die Rechnungsschreibung könnte der Datenflußplan in seiner knappsten Form etwa so aussehen:

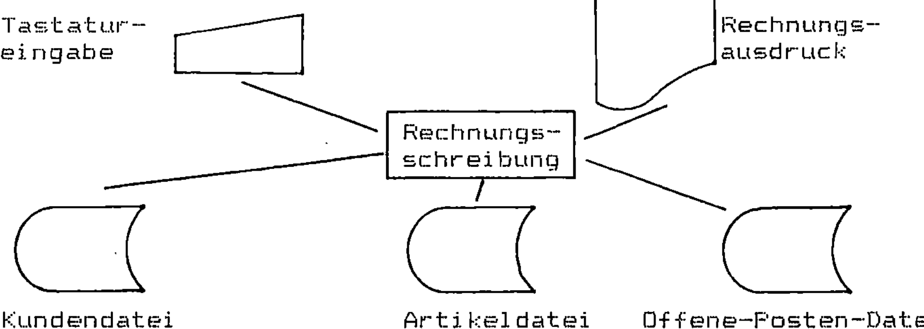

Der Datenflußplan bezieht sich mehr auf die Hardware, während der P r o g r a m m a b l a u f p l a n (PAP) mit der zeichnerischen Darstellung des geplanten Programmablaufes eindeutig softwarebezogen ist. Die Sinnbilder für den PAP sind ebenfalls nach DIN 66001 genormt. Vom Datenflußplan unverändert übernommen sind die Sinnbilder für den Anschlußpunkt und für die Bemerkung, eine im PAP etwas andere Bedeutung hat das Rechteck (Wertzuweisung) und das Parallelogramm (Eingabe , Ausgabe).
Neu im PAP sind die Sinnbilder für die Verzweigung und für den Aufruf eines Unterprogramms.

Die zum Teilschritt 'Kunde prüfen' (obiger Schrittplan) zugehörige Anweisungsfolge kann als PAP z.B. so aussehen:

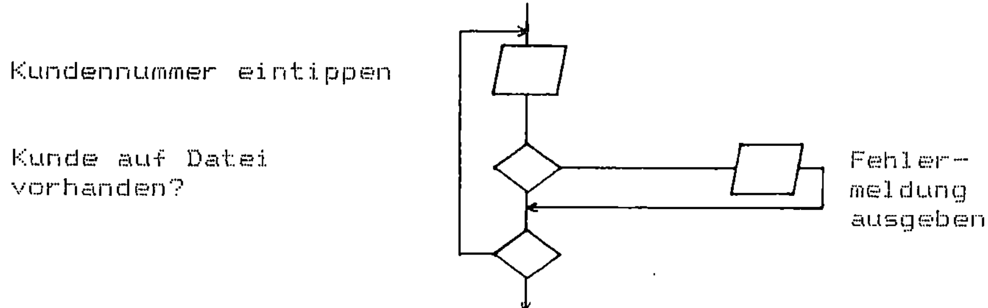

Neben dem PAP wird immer häufiger ein weiteres Hilfsmittel zur zeichnerischen Darstellung von Programmabläufen verwendet: das S t r u k t o g r a m m , auch Strukturdiagramm oder (nach dem Erfinder) Nassi-Shneiderman-Diagramm genannt. Struktogramme haben wir bereits in Abschnitt 1.3.3 verwendet zur Darstellung der grundlegenden Programmstrukturen.
Hier der Ablauf 'Kunde prüfen' als Struktogramm dargestellt:

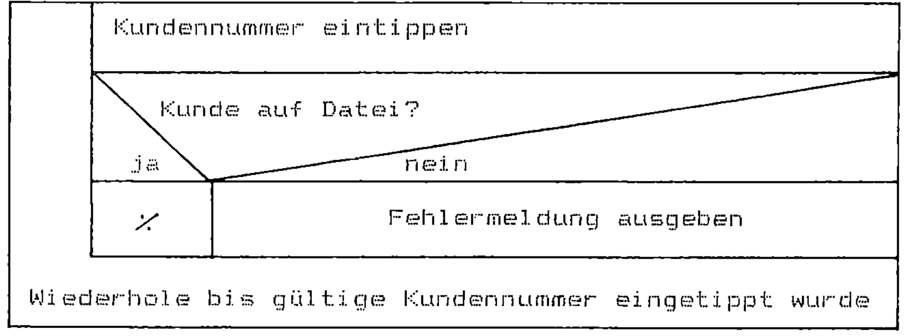

Beim Struktogramm sind die Programmstrukturen deutlich erkennbar: hier eine nicht-abweisende Schleife, die eine Einseitige Auswahl einschachtelt.

Neben diesen grafischen Darstellungsmöglichkeiten des Lösungsablaufes verwendet man oft eine E n t w u r f s p r a c h e als Pseudocode, um den Programmentwurf umgangssprachlich darzustellen (Abschnitt 1.3.3.1). Der oben als PAP sowie Struktogramm dargestellte Ablauf läßt sich in der Entwurfsprache wie folgt beschreiben:

    Wiederhole
        Tippe ein die Kundennummer
        wenn Kundennummer in Kundendatei gefunden
            dann tue nichts
            sonst zeige Fehlermeldung am Bildschirm
        Ende-wenn
    bis Kundennummer als gültig erkannt

Der algorithmische Entwurf stellt häufig die unmittelbare Vorstufe zur Programmierung dar.

1.3.7.3 Programmierung

Programmieren heißt, den zeichnerisch und/oder verbal dargestellten Algorithmus in eine Programmiersprache umzusetzen und
auszutesten. Dabei werden die Schritte 'Codierung', 'Eingabe',
'Übersetzung' und 'Testen' zumeist wiederholt durchlaufen. Der
Übersetzungslauf als gesonderter Schritt ist bei Sprachen mit
Compiler erforderlich, nicht aber bei solchen mit Interpreter
(vgl. Abschnitt 1.3.6.3). Das Austesten erfolgt als Computer-
test sowie Schreibtischtest.

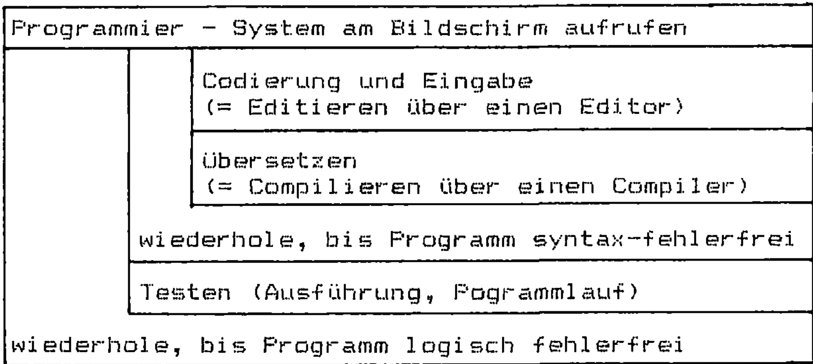

Programmieren im engeren Sinne als Struktogramm

Abschließend faßt man mit der D o k u m e n t a t i o n   alle
Programmunterlagen als Gebrauchsanleitung zusammen: sei es als
Anleitung für den Operator, um den Computer bei den späteren
Programmläufen auch richtig bedienen zu können (Operator-Hand-
buch), oder aber als Anleitung für den Benutzer zur Programm-
pflege und Programmkorrektur (Benutzer-Handbuch). Zusätzlich
zum Benutzer-Handbuch sollte eine Kurzanleitung vorliegen, die
nur die wichtigsten für den Umgang mit dem Programm notwendi-
gen Schritte und Anweisungen für den Interessenten bereithält.

Zentraler Teil der Programmentwicklung ist der Programmentwurf
und nicht -wie es manchem DV-Einsteiger scheinen mag- die Programmierung bzw. Codierung in einer Programmiersprache. Es ist
vorstellbar, die Codierung eines Tages automatisiert durchzu-
führen.
Angesichts der steigenden Software - Kosten (Abschnitt 1.1.2)
geht man immer mehr dazu über, die Programmentwicklung und dabei besonders den Programmentwurf industriell und ingenieur-
mäßig vorzunehmen: S o f t w a r e - E n g i n e e r i n g
lautet die darauf verweisende Begriffsbildung. Auf einige der
im Rahmen des Software-Engineering eingesetzten Programmiertechniken sowie Entwurfsprinzipien gehen wir nachfolgend ein.

1.3.7.4 Programmiertechniken und Entwurfprinzipien

Die M o d u l a r i s i e r u n g von Software berücksich-
tigt, daß ein in kleine Teile bzw. Moduln gegliedertes Problem
bzw. Programm einfacher zu bearbeiten ist. 'Klein' heißt, daß
ein Modul maximal 200 Anweisungen umfassen darf. Ein Modul ist
ein Programmteil mit einem Eingang und einem Ausgang und kann
selbständig übersetzt und ausgeführt werden. Moduln verkehren
nur über Schnittstellen miteinander, über die Werte (Parameter
genannt) vom rufenden an das aufgerufene Modul übergeben werden; ein Modul darf als Black Box nichts vom Innenleben eines
anderen Moduls wissen.

Die N o r m i e r u n g von Programmabläufen als Vereinheit-
lichung durch eine standardisierte Ablaufsteuerung wird bei
der Entwicklung komplexer kommerzieller Software-Pakete vorgenommen, an der zumeist mehrere Mitarbeiter beteiligt sind. Jedes Softwarehaus hat so seine eigenen Normen.

Die J a c k s o n - M e t h o d e geht bei der Pogramment-
wicklung von der exakten Analyse der Datenstrukturen aus, um
dann die entsprechenden Pogramm- bzw. Ablaufstrukturen zu entwerfen. Warum? In der kommerziellen DV sind die Daten meistens
bis in die Details vorgegeben, während die Abläufe den Daten
gemäß formuliert werden müssen. Anders ausgedrückt: die Datenstruktur prägt die Programmstruktur.

Dem T o p - D o w n - E n t w u r f als Von-oben-nach-
unten-Entwurf entspricht die Technik der schrittweisen Verfeinerung: vom Gesamtproblem ausgehend bildet man Teilprobleme,
um diese dann schrittweise weiter zu unterteilen und zu ver-
feinern bis hin zum lauffähigen Programm. Der Top-Down-Entwurf
führt immer zu einem hierarchisch gegliederten Programmaufbau.

Der B o t t o m - U p - E n t w u r f als Gegenstück zum
Top-Down-Entwurf geht als Von-unten-nach-oben-Entwurf von den
oft verwendeten Teilproblemen der untersten Ebene aus, um suk-
zessive solche Teilprobleme zu integrieren. Beide Entwurfsprinzipien werden in der Praxis zumeist kombiniert angewendet.

Die U n t e r p r o g r a m m t e c h n i k wird genutzt in
diesen drei Fällen: Ein Ablauf wird mehrfach benötigt; mehrere
Personen kooperieren und liefern ihre Teilproblemlösungen als
Unterprogramme ab; menügesteuerter Dialog (Menütechnik). Der
Begriff des Unterprogramms bzw. der Prozedur entspricht dabei
dem des Moduls. Die bekannteste Schnittstelle ist der Unterprogrammaufruf mit Parameterübergabe.

Die M e n ü t e c h n i k erleichtert den benutzergesteuer-
ten Dialog. Das Menü als Auswahlübersicht kann dabei in Tabel-
lenform oder als Zeile ausgegeben werden, die z.B. als Prompt-
Zeile ständig am oberen Bildschirmrand stehen bleibt.
Die Menütechnik kann sich auf das Arbeiten i n n e r h a l b
eines Programms beziehen wie auch auf das Verbinden mehrerer
Programme. Im letzteren Fall wird beim Einschalten des Computers bzw. beim Beenden eines Programms automatisch ein Menüprogramm geladen, das am Monitor alle verfügbaren Pogramme anzeigt; der Benutzer kann durch Tippen z.B. eines Buchstabens

dann das gewünschte Programm laden, ohne sich um den Speicherort auf Diskette kümmern zu müssen. H i e r a r c h i s c h e
Menüs teilen eine Aufgabe in übergeordnete Menü-Ebenen auf.

Bei der O v e r l a y t e c h n i k werden Moduln überlagert
(=overlay) - z.B. wenn der Hauptspeicherplatz nicht ausreicht,
um alle Moduln gleichzeitig aufzunehmen. Das im Hauptspeicher
stehende Modul ruft ein anderes Modul auf, das dann von einem
Externspeicher geladen und dem rufenden Modul überlagert wird.

Der s t r u k t u r i e r t e E n t w u r f bedeutet, daß
ein Programm unabhängig von seiner Größe nur aus den vier (in
Abschnitt 1.3.3 erklärten) grundlegenden Programmstrukturen
aufgebaut sein darf: aus Folge-, Auswahl-, Wiederholungs- und
aus Unterprogrammstrukturen. Dabei soll auf unbedingtes Verzweigen mittels GOTO verzichtet werden. Jede Programmstruktur
bildet einen Strukturblock. Blöcke sind entweder hintereinander angeordnet oder vollständig geschachtelt - die teilweise
Einschachtelung (Überlappung) ist nicht zulässig.
Sogenannte 'blockorientierten Sprachen' wie PASCAL, MODULA-2,
ELAN und ADA unterstützen das Prinzip des strukturierten Ent-
wurfs weit mehr als die 'unstrukturierten Sprachen' wie BASIC
und APL.

Diese nur stichwortartig dargestellten Prinzipien dürfen nicht
getrennt betrachtet werden; unter dem Informatik-Sammelbegriff
s t r u k t u r i e r t e P r o g r a m m i e r u n g faßt
man sie zu einem heute allgemein anerkannten Vorgehen zusammen. Die tragenden Prinzipien sind dabei der Top-Down-Entwurf
mit der schrittweisen Verfeinerung einerseits und der strukturierte Entwurf mit der Blockbildung andererseits.

1.3.7.5 Programmgeneratoren

Ein P r o g r a m m g e n e r a t o r hat als Zwischenlösung
seinen Standort zwischen der Programmierung in einer höheren
Programmiersprache (BASIC, PASCAL) einerseits und dem Anpassen
eines gekauften Anwenderprogramms durch Änderung der dafür angegebenen Parameter andererseits.
So können im Dialog Benutzer-Computer Masken (Formulare) sowie
Programmbeschreibungen erstellt werden, aus denen später z.B.
BASIC-Anweisungen generiert, d.h. erzeugt werden. Die so er-
zeugten BASIC-Programme sind über einen Interpreter lauffähig,
können ggf. aber auch noch compiliert werden.

Entsprechend spezialisiert werden Programmgeneratoren als Maskengenerator, Listengenerator, Grafikgenerator usw. bezeichnet
und vor allem im Rahmen von Standard-Software bereitgestellt.
Zum Maskengenerator ein Beispiel: Soll eine Maske für die Kundendatei erstellt werden, so erfährt der Bildschirm nach Aufruf des Generators zunächst eine Grundeinteilung. Dann fährt
der Benutzer mit dem Cursor zu der Stelle, an der ein Daten-
feld angelegt werden soll, gibt die Bezeichnung ein (NAME) sowie die Feldlänge (mit Cursor 20 Stellen nach rechts fahren).
Auf diese Weise wird die Bildschirmmaske aufgebaut. Der Gene-
rator kann dann eine der Maske (als Blankoformular vorzustel-
len) entsprechende Datei erzeugen bzw. einrichten.

1.3.8 Anwender-Software einsetzen

Der Anwender hat drei Möglichkeiten, seinen Personalcomputer
mit Software zu versorgen: Er kann selbst Programme entwickeln
und den Computer als frei programmierbares Gerät nutzen - darauf sind wir im vorangehenden Abschnitt 1.3.7 eingegangen. Er
kann aber auch fremde Software-Produkte kaufen, sei es in Form
von i n d i v i d u e l l e r   S o f t w a r e   , die (entsprechend teuer) genau nach seinen Vorgaben entwickelt wird,
sei es in Form von S t a n d a r d - S o f t w a r e , die
preisgünstiger ist mit der Gefahr, die eigenen Organisations-
und Datenstrkturen ggf. anpassen zu müssen. Als Kompromiß zwischen der kompletten Individuallösung und der standardisierten
Allgemeinlösung versucht man, individuelle Software auf Stan-
dardbasis zu entwickeln; dabei wird entweder über Programmgeneratoren bzw. Kommandosprachen programmiert oder über zwei
logische Variablenebenen (Beispiel in Abschnitt 3.2.2).

1.3.8.1 Menügesteuerter oder kommandogesteuerter Dialog

Beim Einsatz fremder Software muß der Benutzer sicher und komfortabel durchs Programm geführt werden, es kommt also auf die
B e n u t z e r f ü h r u n g an. Dabei bieten sich menü- und
kommandogesteuerte Anwendungen an.

Der Anfänger wird die M e n ü s t e u e r u n g schätzen; er
wird über die ihm gerade zur Verfügung stehenden Eingabemög-
lichkeiten - zum Menü zusammengefaßt - am Bildschirm jederzeit
informiert, mehr noch: diese Möglichkeiten sind eingegrenzt,
um den Benutzer relativ eng zu führen. Der Anfänger kann sich
so ohne langes Handbuch-Studium an den Programmeinsatz wagen.
Kennt er sich einmal im Programm aus, so wird der Weg durch
Menüs und Menü-Ebenen allerdings auch als Hemmnis empfunden.

Dann bietet sich die K o m m a n d o s t e u e r u n g   über
Kommandos an, die in einem Handbuch aufgelistet sind und vom
Benutzer wahlfrei eingetippt werden können - mit dem Risiko
entsprechender Fehlermeldungen natürlich.

Gute Anwenderprogramme sehen beide Arten der Benutzerführung
vor: arbeitet der Benutzer fehlerlos, dann läuft das Programm
kommandogesteuert ab, um bei häufiger auftretenden Eingabefeh-
lern in eine menügesteuerten Ablauf zu wechseln.
Oft werden auch zwei Bildschirm s e i t e n vorgesehen: eine
Hauptseite mit dem eigentlichen Dialog sowie eine zusätzliche
Hilfsseite mit Kommentaren und Texthilfen, zwischen denen der
Benutzer jederzeit hin und her springen kann.

Die Dialogsteuerung über Menü und Kommando ist bei der System-
Software natürlich ebenso zu finden wie bei der Anwender-Software. So ist z.B. das Betriebssystem UCSD rein menügesteuert
im Gegensatz zu CP/M mit dem mehr kommandogesteuerten Dialog.

1.3.8.2 Einige Programm-Qualitätsmerkmale

Es soll hier kein Merkmalskatalog formuliert werden (dies auch
im Hinblick darauf, daß solche Merkmale für Software äußerst
schwer meßbar sind), sondern einige praktikable Einzeltips:

Wird Anwendersoftware zu einem T u r n - K e y - P a k e t
geschnürt verkauft, so startet das (Menü-)Programm automatisch
sofort nach dem Einschalten des Computers (Programmladen sowie
Betriebssystem-Kenntnisse sind dann nicht erforderlich).

Beim S c r o l l i n g rutscht der Bildschirminhalt um eine
Zeile hoch, wenn der Cursor unten den Bildrand erreicht hat.
Dieses Durchrollen der Information ist nicht gerade übersichtlich. Vorzuziehen ist, den Bildschirm abschnittsweise total zu
löschen und oben neu zu beginnen. Zum schnellen Durchblättern
zusammenhängender Texte hingegen kann Scrolling nützlich sein.

Beim S c r e e n E d i t i n g kann der Benutzer den Cursor an jede beliebige Position des Bildschirm bewegen, um dort
etwas zu korrigieren oder neu einzugeben. Der Bildschirm dient
als Arbeitsblatt, -seite bzw. Formular. Sehr häufig bleibt am
Bildschirmrand eine Menüzeile (auch Prompt- oder Systemzeile
genannt) permanent stehen, um den Benutzer über Steuerungsmög-
lichkeiten (Kommandos) und aktuelle Parameter (wie Zeilenlänge
oder freien Speicherplatz) zu informieren.

Die Zeichendarstellung darf nicht zu verwirrend sein. Häufige
I n v e r s - F e l d e r (dunklere Schrift auf hellem Hin-
tergrund) führen z.B. zu erhöhter Augenbelastung und sollten
sparsam verwendet werden.

Eine benutzerfreundliche F e h l e r b e h a n d l u n g mo-
niert nicht jede Eingabeunstimmigkeit des Benutzers, sondern
fängt Fehler durch Plausibilitätskontrollen möglichst ab.

Zur S i c h e r h e i t müssen Tasten, die zum Absturz führen (z.B. ESC-Taste), gesperrt sein. Keine Eingabe, auch nicht
die 'berühmte' Division durch Null, darf dabei zum Aussteigen
führen (Deadlock-Situation), die ein Abschalten und Neustarten
erforderlich macht. Zur Sicherheit zählt auch die Datenschutz-
fähigkeit eines Programms.

Die Z u v e r l ä s s i g k e i t nimmt den sicher höchsten
Rang ein: das raffinierteste Programm ist wertlos, wenn es die
Aufgaben nicht zuverlässig löst.

Der Software-Qualitätssicherung wird heute im Rahmen des Software-Engineering mehr und mehr Beachtung geschenkt.

1.3.8.3 Vier kaufmännische Standard-Programmpakete

Tabellenkalulation, Textverarbeitung, Datei/Datenbank und auch
Grafik, diese vier Programme sind fast auf jedem Personalcomputer Standard - voneinander isoliert oder auch integriert.

Tabellenkalkulationsprogramme als 'Spread Sheets' bzw. 'Ausgebreitete Papierbogen' übertragen alles das, was bislang mit Bleistift, Papier und Taschenrechner vorgenommen wurde, in den Hauptspeicher (abgelegt) und auf den Bildschirm (gezeigt). Der Benutzer baut jedes Arbeitsblatt als Tabelle auf, kann in die Tabellenzeilen und -spalten numerische oder auch Textwerte eintragen und durch eine Vielzahl von Formeln verknüpfen. Bei 'Visicalc' als dem ersten größeren Kalkulationsprogramm werden die Tabellenelemente ähnlich dem Schachbrett (Namen A1,A2,A3,...) angesprochen; 'Multiplan' als jüngeres Konkurrenzprogramm von Microsoft ermöglicht dies mittels einfacher Cursor-Positionierung am Bildschirm. Arbeitsblätter können auf einem externen Speicher aufbewahrt werden. Tabellenkalkulationsprogramme lassen sich 'zweckentfremdet' nutzen: Trägt man Text anstelle von Zahlen in die Tabelle ein, so kann eine kleines Informationssystem realisiert werden. Genauso sind Anwendungen zur Fakturierung, zum Bestellwesen, zur Bilanzierung usw. denkbar. Das Beiwort 'Kalkulation' verweist also eher auf die Ursprünge der Tabellenkalkulationsprogramme als auf deren heutige universellen Nutzungsmöglichkeiten.

Textverarbeitungsprogramme für Personalcomputer sind aus den Editoren entstanden, also aus den Programmhilfen zum Eingeben und Aufbereiten von Programmen am Bildschirm. Man hat sie weiterentwickelt zur Verarbeitung auch anderer Dokumente wie Briefen, Rechnungen, Manuskripten, Formularen usw. Damit treten sie in Konkurrenz zur Schreibmaschine, zum Text-Automaten sowie zur Großrechner-Textverarbeitung. Die Textverarbeitung umfaßt drei Teilprogramme: Editor, Ausgabeformatierer und Verarbeitung, die getrennt oder in einem Paket integriert sein können.
- Editor als Eingabe- und Bearbeitungsprogramm:
   Der Bildschirm wird ähnlich wie eine Lupe über den Text bewegt bis zu einem Bildschirmausschnitt, der cursorgesteuert zu bearbeiten ist (verschieben, einfügen, kopieren, Rand ausgleichen usw.).
- Formatierer zur Aufbereitung der Druckausgabe:
   Bei der ersten Art erscheint der Text am Bildschirm so, wie er später ausgedruckt wird. Bei der zweiten Art sind in den Bildschirmtext Befehle zur Steuerung des Druckformates eingefügt. Die erste Art 'gedruckt wie gezeigt' klingt sicher gut, ist aber exakt kaum einzuhalten (so 120 Zeichen/Zeile am Drucker, Bildschirm mit nur 80 Zeichen; Druck-Text kommt aus mehreren Dateien).
- Eigentliches Verarbeitungsprogramm:
   Dieses richtet sich nach den Anforderungen der unterschiedlichen Benutzer wie Sekretärin, Abteilungsleiter, Schriftsteller, Schriftsetzer: Textbausteine als häufig vorkommende Textteile speichern, Serien- sowie Ganzbriefe erstellen, Formulare erstellen, Textdateien anlegen usw.

Nach den Programmen zur Tabellenkalkulation und Textverarbeitung nun zur D a t e i / D a t e n b a n k , deren Grundlagen bereits in Abschnitt 1.3.5 dargestellt wurden.
Die kommerziellen Programm-Pakete hierzu werden unter den unterschiedlichsten Bezeichnungen angeboten, so als Dateiverwaltung, Datenmanager, Datenbankmeister, Datenbank-System oder

schlicht als Datei-System. Da solche Begriffe kaum etwas aussagen, ist es sinnvoll, einzelne Eigenschaften dieser oft als "Wir-können-alles-Programme" angepriesenen Software-Produkte zu überprüfen, wie zum Beispiel:
- Dateiaufbau:
  Anzahl der gleichzeitig geöffneten Dateien? Satzanzahl einer Datei? Anzahl der Datenfelder je Satz? Feste Satzlänge? Datentypen? Maximale Feldlänge? Maximale Dateigröße? Eine Datei auf mehreren Disketten?
- Systemverwaltung:
  Schnittstelle zu höheren Programmiersprachen? In Mehrplatz-Umgebung einsetzbar? Abfragesprachen, Listen- bzw. Programmgeneratoren? Dynamische Dateiverwaltung? Kompatibilität zu anderen Dateien (z.B. aus Textverarbeitung)? Datensatzaufbau nachträglich änderbar? Implementierungen für welche Mikros? Datei-Sicherheitskopien leicht erstellbar? Daten nach Löschen wiederherstellbar? Datenschutz durch Datei- bzw. Satzpaßwort? Realisierung als Datenbankmaschine?
- Speicherung:
  Aufwand zum Neueinrichten der Datenbank? Cursorsteuerung? Datenprüfung bei Eingabe? Daten aus anderen Dateien kopierbar? Speicherung satz-, block- oder dateiweise? Eingabefehlerkorrektur möglich? Ablegen als Binärdatei oder Textdatei?
- Zugriff:
  Zugriffsmodus direkt/indirekt wie? Anzahl der Suchbegriffe? Schlüssel aus einem oder mehreren Datenfeldern bestehend? Sortierbegriffe für wieviele Datenfelder? Sort-Utilities? Index intern als Tabelle? Möglichkeiten zur Datenausgabe? Ausgabeeinheiten für Listen? Zwischensummenbildung in Listen möglich?

Zum G r a f i k p r o g r a m m als viertem Standard-Paket: Programme dieser Kategorie erlauben es, Kuchen-, Säulen- sowie Liniengrafiken menügesteuert über einen hochauflösenden Bildschirm und z.B. einen Matrixdrucker mit Einzelpunktansteuerung zu erstellen und auszugeben. Die Skalierung der Bilder kann im Dialog festgelegt werden. Oft können dreidimensionale Grafiken bzw. räumliche Formen erzeugt werden. Gerade für kommerzielle Veranschaulichungen sind Grafikprogramme mit den statistischen Grundfunktionen von Vorteil.
Ein Grafikprogramm kann sinnvoll nur genutzt werden, wenn man Daten aus anderen Programmen übergeben kann. Damit kommen wir zur Frage der Verbindung bzw. Kompatibilität dieser Programme.

Sollen Tabellenkalkulation, Textverarbeitung, Datenbank sowie Grafik nicht isoliert, sondern als Einheit genutzt werden, so müssen entsprechende Schnittstellen zu den Programmen gegeben sein. Zur Verbindung dieser Programme ein Beispiel:
In einem Tabellenkalkulationsprogramm verknüpft man Zahlen, um diese dann an ein Grafikprogramm zu übergeben zwecks Diagrammdarstellung. Anschließend wird über das Textverarbeitungsprogramm ein Bericht verfaßt, in den diese Zahlen als Tabelle wie auch als Diagramm bildlich eingebunden sind. Schließlich kann man die Teile dieser Arbeit über das Dateiprogramm extern und langfristig speichern.
Wie können die vier Programme nun verbunden werden? Zum Beispiel über Textdateien (alle Zeichen als Text im ASCII-Code dargestellt) als gemeinsamer Schnittstelle. Die Steuerung kann

über ein übergeordnetes Menüprogramm erfolgen, das die einzelnen Programme aufruft und den Datenaustausch überwacht.

1.3.8.4 Teillösung und Gesamtlösung im Betrieb

Wird ein Personalcomputer im kleineren Betrieb als Allzweck-
System eingesetzt, dann sicher mit dem (Fern-)Ziel, sämtliche
betrieblichen Funktionen wie Materialwirtschaft, Betriebsab-
rechnung, Finanzbuchhaltung, Personalwesen sowie Auftragsbearbeitung über e i n Software-Paket zu bearbeiten: man spricht
dabei von 'integrierter DV' (vgl. Abschnitt 1.3.5.5). Auf dem
weiten Weg zu einer solchen G e s a m t l ö s u n g wird man
zunächst als T e i l l ö s u n g einzelne Funktionen auf die
DV übernehmen: So die Fakturierung der Ausgangsrechnungen mit
Kunden-, Artikelstamm- und Offene-Posten-Datei, die später in
die Auftragsbearbeitung integriert werden kann. Oder als weitere Teillösung das Personalwesen mit Lohn- und Gehaltsabrechnung mit der späteren Anbindung zur Finanzbuchhaltung mit Kre-
ditoren-, Debitoren- und Sachbuchhaltung.

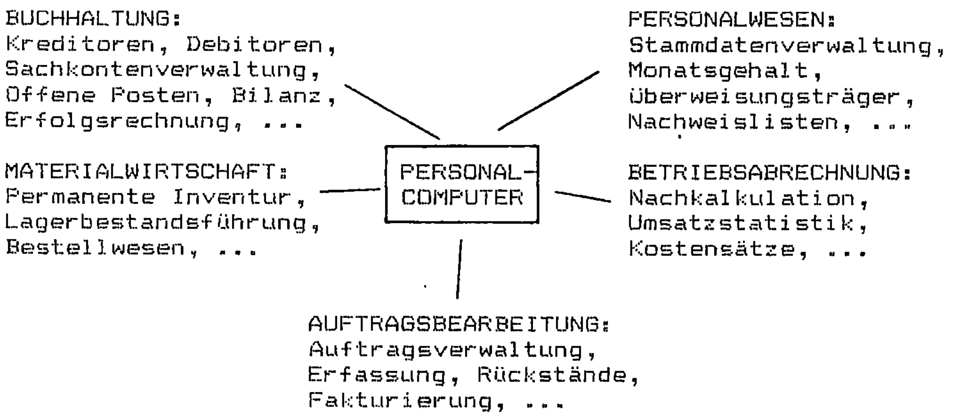

Integrierte Datenverarbeitung als Ziel

Anwender-Software, die eine integrierte Bearbeitung aller in-
nerbetrieblichen Vorgänge ermöglichen soll, wird zunehmend als
B r a n c h e n l ö s u n g angeboten, d.h. speziell auf die
Anforderungen einer bestimmten Branche wie Handwerksbetrieb,
Rechtsanwaltskanzlei, Immobilienfirma, Großhandel, Versicher-
ung, Zahnarztpraxis, Einzelhandel oder Vertreter ausgerichtet.

1.3.8.5 Nicht nur am Rande: Spielprogramme

"Immerhin noch besser als das n u r passive Fernsehen" - so
wird das Vordringen der 'Arcade-Games' genannten, computerge-
steuerten Spiele von der Spielhalle ins Wohnzimmer sehr häufig
kommentiert.
Gespielt wird mit reinen Spielautomaten ('rein', weil sie aus-

schließlich zum Spielen da sind; 'Automat', da sie nicht frei
programmierbar sind und deswegen strenggenommen auch nicht als
Computer bezeichnet werden dürfen) oder mit Personalcomputern,
die auch hardwaremäßig durch Steuerknüppel (Joystick), Auslö-
setaste, Lichtgriffel usw. entsprechend ausgestattet sind. Den
Markt teilen sich Gerätehersteller sowie spezialisierte Soft-
wareproduzenten. Angeboten werden die Spielprogramme dabei auf
Einsteckmoduln (Firmware) und auf Kassette wie Diskette (Software). Die vom Hersteller programmierten ROM-Moduln sind sehr
einfach zu bedienen (Modul in den Schacht stecken und Programm
starten) und vom Benutzer nicht zu kopieren. Da immer häufiger
kommerziell genutzte Personalcomputer zum Spielen benutzt werden, wird das Spielangebot auf Kassette und Diskette bestimmt
nicht abnehmen.

Mit und gegen den Computer kann verschiedenartig gespielt wer-
den:
- Geschicklichkeitsspiele:
  Übernahme altbekannter Spiele auf den Computer.
- Neue Spielarten:
  Spiele wie Pac Man und Pillenfresser sind erst durch den
  Computer möglich geworden (Bewegung, hochauflösende Grafik).
- Abenteuerspiele:
  Von der Wirklichkeit in die Phantasiewelt am Bildschirm.
- Simulations- und Rollenspiele:
  Modellbildung der Wirklichkeit; Planspieltechnik.
- Spezielle Kinderspiele:
  ... auch Mickey Mouse und Sesamstrasse.
- Schachspielprogramme:
  Schon weniger als 'Spielzeug' abzutun.
- Lehr- und Lernspiele:
  Sprachenlernen, naturwissenschaftliche Experimente, ...

Ob die Unterhaltungsspiele, die weder die Kreativität noch das
Denkvermögen fordern, weiter d i e Verkaufsschlager bleiben?
Ob auch die Lernspiele nachgefragt werden? Ob der Computer als
perfekter Gespiele den Menschen als menschlich nicht-perfekten
Spielpartner noch mehr verdrängen kann?
In jedem Falle positiv: ganz im Gegensatz zum Konsumieren ist
das Entwerfen und Programmieren neuer Spielprogramme ein sehr
anregendes und kreatives Unterfangen.

1.4 Firmware = halb Hardware + halb Software

Als F i r m w a r e (feste Ware) hatten wir alle Information
bezeichnet, die an der Nahtstelle zwischen Hardware und Software in computerverständlicher Form gespeichert vorliegt (vgl.
Abschnitt 1.1.1). Speichermedium für Firmware ist der ROM als
Festwert-Speicher. Für den ROM-Hersteller, der Information in
den ROM speichert, handelt es sich dabei um Software; für den
Benutzer dagegen, der den ROM z.B. als Steck-Modul kauft, sind
die Daten und Programme wie Hardware, da er sie nur anwenden
(=lesen), nicht aber verändern (=beschreiben) kann.

1.4.1 IC als Integrierter Schaltkreis

Beim Öffnen des Gehäuses eines Personalcomputers entdeckt man
in jedem Fall vier Teile:

- Ein Netzteil bzw. Transformator als großes Teil zur Strom-
  versorgung.
- Platinen als Leiterplatten, auf denen Schaltkreise (Chips)
  montiert sind.
- Verbindungsleitungen
- Stecker als Schnittstellen zum Kontakt mit der 'Außenwelt'

Wichtig sind die Chips. Ein C h i p ist ein kleines Plätt-
chen aus Silizium, auf das im Zuge der Herstellung bestimmte
Schaltelemente zu einer untrennbaren Einheit eingeschmolzen
bzw. integriert werden – deshalb bezeichnet man das Chip auch
als I n t e g r i e r t e n   S c h a l t k r e i s mit der
Abkürzung IC für 'Integrated Circuit' (genaugenommen schmelzt
man auf ein Chip mehrere Schichten aus jeweils verschiedenen
Stoffen ein, deren Strukturen dann ein Verhalten ergeben, das
einem Transistor, Kondensator, Widerstand usw. entspricht).

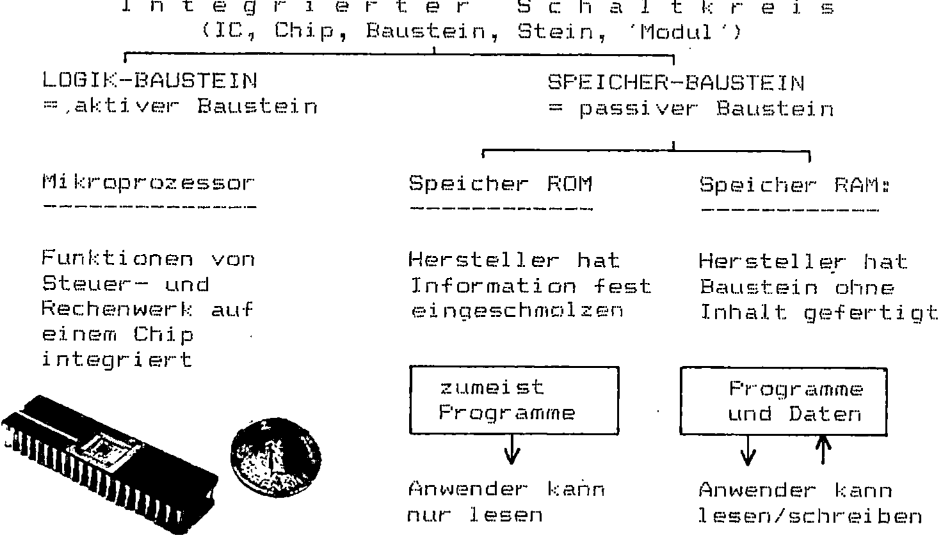

Zwei grundsätzliche Verwendungsmöglichkeiten von ICs

Das Siliziumplättchen als Trägerkristall ist stets in ein Ge-
häuse eingebaut mit z.B. 16 Füßen (Pins) als Anschlüsse.
Je nach Anordnung der Bauelemente kann man ein Chip als akti-
ven Baustein zur Überwachung und Ausführung von Befehlen verwenden: man spricht vom Chip als L o g i k b a u s t e i n ,
weil nach einer bestimmten Ablauflogik vorgegangen wird, oder
kurz vom M i k r o p r o z e s s o r . Der erste Mikroprozessor wurde 1970 auf den Markt gebracht. Das Chip als passiver
S p e i c h e r b a u s t e i n zur Aufbewahrung von Information (Daten und Programmen) wurde erst später entwickelt. Zwei

Speicherarten sind zu unterscheiden: Bei dem mehrfach erwähnten
Speicher ROM (Read Only Memory) als Nur-Lese-Speicher kann nur
von uns nur gelesen werden, da die Programme fest als Firmware
gespeichert sind. Im Gegensatz dazu ist der Speicher RAM (Ran-
dom-Access-Memory) ein Schreib-Lese-Speicher und somit Direkt-
Zugriff-Speicher. Hauptspeicher von Personalcomputern sind als
RAM-Speicher ausgebildet und nehmen das Anwenderprogramm sowie
die zu verarbeitenden Daten auf.

1.4.2 Prinzipieller Aufbau eines Mikrocomputers

Ein Mikro- bzw. Personalcomputer ist im Prinzip genauso aufgebaut wie jeder andere Computer (vgl. Abschnitt 1.2.2.1), nur
sind die Internspeicher als Speicher RAM bzw. ROM ausgebildet
und die CPU als Mikroprozessor. Zudem regelt ein I/O-Baustein
den Datenaustausch mit den angeschlossenen Ein-/Ausgabegeräten
und ein sog. BUS den Transport von Daten und Befehlen (Datenbus) sowie den Transport von Speicherplatzadressen (Adreßbus).

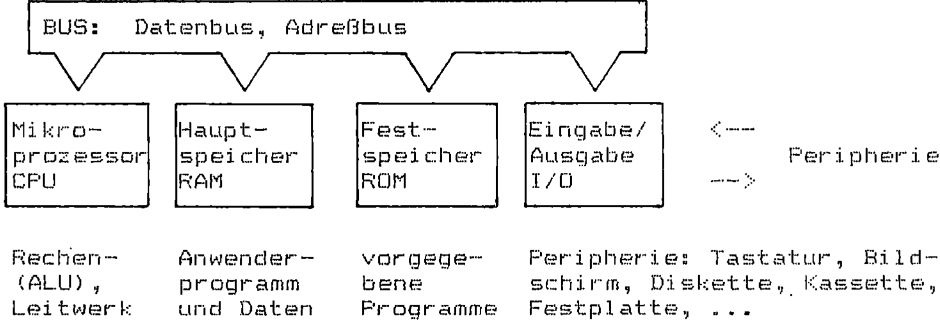

Aufbaumodell eines Mikro- bzw. Personalcomputers

Wie läuft nun ein Programm ab? Nach dem Start schickt der Mikroprozessor über den Adreßbus die Adresse des 1. Programmbefehls an den Speicher, in dem sich das Programm befindet. Dann
transportiert der Speicher den unter dieser Adresse gefundenen
Befehl über den Datenbus an den Mikroprozessor. Nach der Ausführung des Befehls schickt dieser wiederum die Adresse des 2.
Programmbefehls an den Speicher usw.

1.4.3 8-Bit-Computer und 16-Bit-Computer

"Das ist ein 8 - Bit - Computer". Damit ist ein
Computer mit einem 8-Bit-Mikroprozessor bzw. einer 8-Bit-CPU
gemeint. Die 8 Bit als Wortbreite des Prozessors kann als ele-
mentarer Denkinhalt des Computers aufgefaßt werden. Warum? Der
Datenbus transportiert Daten und Befehle und besteht aus 8 pa-
rallelen Leitungen. Transportiert wird zeichenweise: der Buchstabe K wird (ASCII-Code) z.B. als 01001011 (1. Leitung 1, 2.
Leitung 1, 3. Leitung 0, ...) durch den Datenbus gesendet. Mit
den 8 Bits bzw. den 8 Leitungen des 8-Bit-Datenbus können also
genau 256 (gleich 2 hoch 8) Zeichen vom Computer unterschieden

werden. Für die Verarbeitung im ASCII-Code ist diese Zahl von
256 gerade passend.

Beim Adreßbus sieht dies anders aus: Durch diesen Bus gelangen
nicht die Daten selbst, sondern deren Hausnummern bzw. Adressen, unter denen sie im Speicher abgelegt sind (jeder Speicher
ist fortlaufend durchnumeriert). Damit bestimmt die Anzahl der
Adreßbus-Leitungen die Anzahl der Speicherplätze, die der Computer unterscheiden bzw. adressieren kann. Ein 8-Bit-Adreßbus
könnte nur 256 Speicherplätze direkt adressieren. Da dies viel
zu wenig ist, verwenden die gängigen 8-Bit-Mikroprozessoren in
der Regel einen 16-Bit-Adreßbus, mit dem sie dann genau 65536
(2 hoch 16) Zeichen bzw. Bytes anwählen und adressieren können
(65536 Bytes = 64 mal 2 hoch 10 = 64 KBytes = kurz 64 K). Dies
gilt für die beiden weitverbreiteten 8-Bit-CPUs Z80 und 6502.

Die Wortbreite des Datenbus bestimmt also, ob man einen 8-Bit-
Mikroprozessor oder einen 16-Bit-Mikroprozessor vor sich hat,
nicht aber die interne Länge von Registern, die Wortbreite des
Rechenwerks oder die Befehlslänge. Danach verfügt ein 'echter'
16 — B i t — C o m p u t e r über einen 16-Bit-Datenbus.
Wenn Personalcomputer wie Sirius 1 oder IBM-PC häufig als 16-
Bit-Computer bezeichnet werden, dann muß man sich darüber im
klaren sein, daß die dabei verwendete CPU 8088 zwar 16-Bit-Re-
gister und Operationen zur Verarbeitung von 16-Bit-Worten auf-
weist, jedoch nur einen 8-Bit-Datenbus. Dies bedeutet: die 16
Bits der Register müssen zum Ausgeben wie zum Laden durch den
Datenbus stets halbiert bzw. zusammengefügt werden.

Die bislang angeführten Mikroprozessor-Kürzel Z80, 6502 sowie
8088 können leicht in eine etwas übersichtlichere Ordnung gebracht werden, da es im Grunde nur zwei "Familien" von Mikroprozessoren gibt: die 80-Familie und die 65xx- bzw. 68xx-Fami-
lie. 1970 erfand Dr. Ted Hoff bei Intel mit dem 4004 den 4-Bit
Mikroprozessor, 1973 folgte der 8080 als 8-Bit-CPU. Seit 1976
gelten der Z80 von Zilog und der 6502 von Motorola als haupt-
sächliche Vertreter der nach ihnen benannten Familien. Bereits
1979 war der 6502 der weltweit meistverkaufte Mikroprozessor.
Sein Nachfolger 68000 weist als echter 16-Bit-Mikroprozessor
einen 16-Bit-Datenbus auf bei intern 32-Bit-breiten Registern.

Generation: Hersteller:	1 ab 1970	2 ab 1973	3 ab 1976	4 ab	
Intel	4004	8080	8085	8086	8088
Motorola		6800	6502	6809	68000
National		8080		18016	16032
Zilog			Z80	Z8000	

Vier Generationen und zwei Familien von Mikroprozessoren

Es gibt Personalcomputer, die zwei Mikroprozessoren aufweisen,
um sowohl auf 8-Bit-Software als auch auf 16-Bit-Software zu-

greifen zu können. Ein Beispiel: ein Z80 als 8-Bit-CPU führt
Programme für das Betriebssystem CP/M-80 aus und ein 8088 als
16-Bit-CPU verarbeitet Programme unter CP/M-86.

1.4.4 EPROM als löschbarer Speicher

Benutzer von Mikrocomputern werden zuweilen in 'Löter' und in
'Tipper' eingeteilt: Bauen sich die 'Löter' ihr DV-System aus
elektronischen Bausteinen hardwaremäßig individuell zusammen,
so erwerben sich die 'Tipper' einen Computer, um diesen selbst
zu programmieren (Programm-Tipper) oder gekaufte Software auf
die eigenen Daten anzuwenden (Daten-Tipper). Die zwei folgenden Entwicklungen verwischen diese Einteilung immer mehr:

Zum einen werden EPROMs als löschbare Speicher immer einfacher
in der Handhabung. Ein EPROM (Erasable Programmable ROM) als
löschbarer und sodann wieder programmierbarer Festwertspeicher
ist zwischen den RAM und den ROM einzuordnen. Legt man ihn unter UV-Licht und bestrahlt den unter einem kleinen Fenster an-
gebrachten IC, so wird die gespeicherte Information gelöscht.
Aus diesem Grunde muß ein EPROM stets mit einem undurchsichti-
gen Fensteraufkleber versehen sein. Umgekehrt können über ein
Programmiergerät neue Daten und Programme in den EPROM gespeichert werden. Da EPROMs direkt bus-kompatibel sind, d.h. die
Ausgänge sich direkt an den Datenbus legen lassen, ist dieses
Vorhaben nicht nur für die 'Löter' interessant. Auch der 'Tipper' kann so seine eigenen Programmentwicklungen leicht in einen Festwertspeicher laden.

Zum anderen können kommerzielle Programme wie folgt ebenfalls
über ein EPROM kopiert werden: Der 'Tipper' geht mit seiner
Romox-EPROM-Kartusche in einen Software-Laden, sucht sich ein
Programm aus, läßt sich eine Kopie dieses Programms über ein
im Software-Laden befindliches Gerät in seine EPROM-Kartusche
laden (Gebühr 5-10 DM), geht nach Hause, steckt die Kartusche
in seinen Computer und läßt das Programm laufen. Später kann
er bei Bedarf ein anderes Programm in den EPROM hineinkopieren
usw.

2

Arbeitsweise und Aufbau des Apple II/IIe

2.1 Erstellen eines Anwenderprogramms in Applesoft-Basic

2.1.1 Schritt 1: System starten

Was wir brauchen: Einen Apple IIe oder Apple II mit einem Diskettenlaufwerk und natürlich einem angeschlossenen Bildschirm.
Zunächst legen wir eine Startdiskette ein (z.B. DOS 3.3 SAMPLE
PROGRAMS oder DOS 3.3 SYSTEM MASTER) und schalten den Apple u.
den Bildschirm ein. Nach Beendigung des entsprechenden Ablaufs
steht der C u r s o r als blinkendes Zeichen irgendwo auf
dem Bildschirm. Der Cursor markiert die Stelle, an der unsere
Eingabe erwartet wird. Wir tippen NEW ein und drücken dann die
RETURN-Taste: das im Hauptspeicher befindliche Programm haben
wir gelöscht. Dann tippen wir HOME gefolgt von der RETURN-Taste: der Bildschirm ist gelöscht und der Cursor blinkt links o-
ben. Wir sitzen nun vor einem leeren Hauptspeicher (NEW-Befehl
hat dies bewirkt) wie auch vor einem leeren Bildschirm (HOME-
Befehl).
Falls das Eintippen von NEW und HOME nicht klappen will: Zuvor
die RESET-Taste drücken (ggf. dabei gleichzeitig mit der linken Hand die CONTROL-Taste bzw. CTRL-Taste gedrückt halten).
Falls ein Apple IIe benutzt wird und links oben nicht das Zeichen] (eckige Klammer nach links offen) steht, sondern das
Zeichen ü : An der Tastenunterseite vorne rechts den Schalter
umstellen; aus dem ü wird nun das] ; bei den Tasten mit Mehr-
fachaufschrift gilt nun die hellere Schrift (das Gänsefüßchen
" schreibt also die Taste neben der RETURN-Taste, nicht jedoch
die Taste mit der 2 -dabei jeweils natürlich SHIFT-Taste drük-
ken-). Da wir zunächst nur Großbuchstaben schreiben, wird die
CAPS LOCK-Taste unten links gedrückt und eingerastet belassen.

Wenn im folgenden vom 'Apple' gesprochen wird, dann sind damit
die Mikrocomputer Apple IIe und Apple II gemeint.

2.1.2 Schritt 2: Programm Zeile für Zeile eintippen

Das Cursorzeichen] ist das Hinweiszeichen (auch Prompt-Zeichen
genannt) für die Programmiersprache Applesoft-Basic. Der Apple
erwartet von uns nun ein in dieser Sprache codiertes Programm.
Wir wollen das in Abschnitt 3.1.1.1 wiedergegene Programm mit
dem Namen VERBRAUCH1 eintippen: Zeile für Zeile, wobei am Ende
jeder Zeile die RETURN-Taste gedrückt wird (von jetzt an steht
<RET> für "RETURN-Taste einmal kurz drücken").
Wir tippen ein:
    10 LET T = 60 <RET>
    20 PRINT "EINGABE: GEFAHRENE KM" <RET>
    30 INPUT K <RET>
Dann tippen wir ein:
    LIST <RET>
Der Apple LISTet die 3 eingegebenen Programmzeilen 10-30 auf,
wie er sie im Hauptspeicher abgespeichert hat. Der LIST-Befehl
dient uns somit der Kontrolle. Sind die 3 Programmanweisungen
wie gewünscht abgespeichert? Falls nein: bitte nochmals tippen
10 LET T = ... usw. Falls ja: Wir tippen die restlichen 4 Pro-

grammzeilen 40-70 ein:
```
   40 LET D = 100 * T / K <RET>
   50 PRINT "AUSGABE: LITER/100 KM" <RET>
   60 PRINT D <RET>
   70 END <RET>
```
Wenn wir nun erneut den Befehl
```
   LIST <RET>
```
eintippen, so müsste die komplette Anweisungsfolge Zeile 10-70
am Bildschirm erscheinen. Tippen wir die beiden Befehle
```
   HOME <RET>
   LIST <RET>
```
ein, dann wird der Bildschirm durch HOME gelöscht und die komplette Codierung erscheint oben links am Bildschirm. Nur keine
Angst: HOME löscht den Bildschirm, nicht aber den Inhalt des
Hauptspeichers; umgekehrt ist nicht alles, was gerade auf dem
Bildschirm steht, auch im Hauptspeicher abgelegt, sondern nur
das mittels LIST gezeigte Listing.

2.1.3 Schritt 3: Programm ausführen lassen

Zur Ausführung des nun im Hauptspeicher RAM befindlichen Programms tippen wir den Befehl
```
   RUN <RET>
```
ein. Das Programm wird jetzt so ausgeführt, wie es dem Computer durch die 7 Anweisungen in den Zeilen 10-70 befohlen wird.
Tippen wir z.B. 600 km ein, so zeigt sich uns folgender Dialog
(auch Ausführungsdialog, Dialogprotokoll Programmlauf genannt):

```
   RUN <RET>                      (=Eingabe von uns)
   EINGABE: GEFAHRENE KM          (=Ausgabe des Computers)
   600                            (=Eingabe von uns)
   AUSGABE: LITER/100 KM          (=Ausgabe des Computers)
   10                             (=Ausgabe des Computers)
```

Die Gegenüberstellung von Codierung und Ausführung zu unserem
Programm zeigt, daß die Zeilennummern 10 - 70, die Anweisungsworte LET (berechne), PRINT (gib aus), INPUT (gib ein) u. END,
die Gänsefüßchen und die gesamten LET-Anweisungen beim folgenden Ausführungsprotokoll nicht am Bildschirm erscheinen.
Wir können das im RAM gespeicherte Programm jetzt wiederholt
mittels RUN <RET> laufen lassen: mit jeweils anderen Zahlen,
aber stets in der gleichen Anweisungsfolge Zeile 10,20,30, ...
Ein Hinweis: Der exakte Programmablauf wird in Abschnitt 3.1.1
erklärt.

Im RAM befinden sich e i n Programm namens VERBRAUCH1 sowie
die drei Variablen namens T, K und D. Das Programm stellen wir
uns vor als große Schachtel mit einer Anweisungsfolge als Wert
bzw. Inhalt (hier 7 Anweisungen), die Variablen als Schachteln
mit Zahlen als Inhalt. Die Abbildung zeigt die drei Speicher-
zustände, in die wir den RAM nach und nach versetzt haben. Dabei ist festzuhalten: in den RAM können wir jeweils nur e i n
Programm speichern, aber m e h r e r e Variablen.

RAM nach Eintippen   RAM nach Eintippen   RAM nach Ausführung
des NEW-Befehls: von VERBRAUCH1:   von VERBRAUCH1:

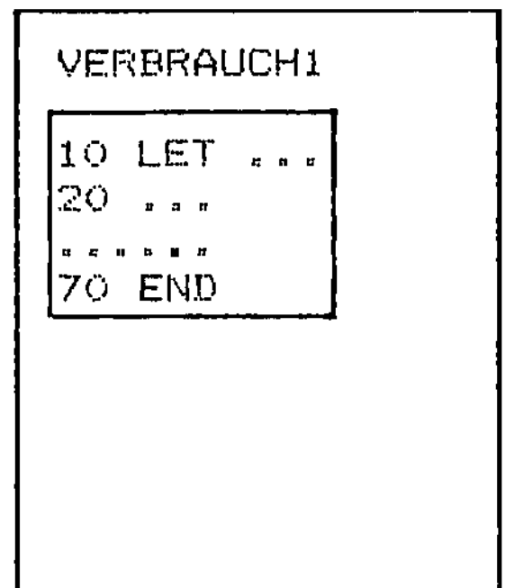

Weder (Anwender)-   Ein Programm   Ein Programm und
Programm noch Daten   drei Variablen

Speicherbelegung des Hauptspeichers (RAM) zu drei Zeitpunkten

2.1.4 Schritt 4: Programm vom RAM auf Diskette speichern

Bei Abschalten des Stromes (bitte nicht tun!) wäre unser Programm verloren. Wir speichern deshalb eine Kopie des Programms
auf Diskette ab. Auf welcher Diskette? Der Einfachheit halber
belassen wir im Laufwerk 1 die Startdiskette, um das Programm
zusätzlich auf diese Diskette zu speichern (Voraussetzung: die
Diskette ist nicht schreibgeschützt). Dazu tippen wir ein:
    SAVE VERBRAUCH1 <RET>
Nach Erlöschen der roten Lampe am Diskettenlaufwerk 1 ist eine
Kopie des im Internspeicher RAM befindlichen Programms unter
dem Namen VERBRAUCH1 auf der Diskette als Externspeicher dau-
erhaft gespeichert. Schalten wir nun den Strom ab, so geht nur
das im RAM befindliche Programmoriginal verloren, nicht jedoch
die Kopie auf der Diskette (die ja geSAVEd bzw. gerettet ist).
Achtung: Wenn wir anstelle von SAVE VERBRAUCH1 <RET> einfach
nur SAVE <RET> tippen, dann bricht unser System zusammen, da
der Apple zwar speichern will, aber den Programmnamen und deswegen auch den Speicherort auf der Diskette nicht kennt (falls
geschehen: <RESET> tippen).
Durch Eintippen des Befehls
    CATALOG (RET)

DISK VOLUME 254   Disketten-Nummer 254 (=Standard)

A 002 HELLO   4 Typen von Datenbeständen:
A 002 VERBRAUCH1   A=Applesoft-Basic-Programme,
I 013 RECHNUNG4   I=Integer-Basic-Programme,
*B 020 FID   B=Binär-Dateien , T=Text-Dateien.
T 030 ADRESSDATEI   *=schreibgeschützt mit LOCK-Befehl.
A 008 LESE-ADRESS1   ·002 = 2 Sektoren = 2*256=512 Spei-
                          cherplätze für VERBRAUCH1 auf Disk.

Beispiel für einen Diskettenkatalog mit 6 Datenbeständen

erhalten wir das Inhaltsverzeichnis der Diskette mit allen Namen. Den Programmnamen VERBRAUCH1 entdecken wir sicher dabei. Hinweis: Leertaste drücken, wenn das Diskettenverzeichnis anhalten sollte bei Ausfüllen des gesamten Bildschirms.

2.1.5 Schritt 5: Programm von Diskette in den RAM laden

Angenommen, wir wollen morgen wieder mit Programm VERBRAUCH1 arbeiten. Dazu tippen wir nach dem Starten unseres Apple jetzt
  LOAD VERBRAUCH1 <RET>
ein. Dieser Befehl sucht Programm VERBRAUCH1 auf der Diskette und lädt eine Kopie davon in den RAM. Befindet sich aber noch ein anderes Programm im RAM, so wird dieses überschrieben und somit zerstört. Ohne vorheriges SAVE wäre dieses Programm unwiederbringlich verloren – genau dies ist so 'gefährlich' beim LOAD-Befehl.
Wir müssen aufpassen: Der e i n e Befehl LOAD VERBRAUCH1 <RET> hat exakt diesselbe Wirkung wie die Befehle NEW <RET> gefolgt von LOAD VERBRAUCH1 <RET>.
Entsprechendes gilt für den SAVE-Befehl als dem Gegenstück des LOAD-Befehls: Der Befehl SAVE VERBRAUCH1 <RET> bewirkt dasselbe wie DELETE VERBRAUCH1 <RET> und dann SAVE VERBRAUCH1 <RET>. Ändern wir z.B. das Programm VERBRAUCH1 ab durch Eintippen der Ausgabeanweisung 15 PRINT "DURCHSCHNITTSVERBRAUCH ERMITTELN", so können wir diese verbesserte Programmversion durch den Befehl SAVE VERBRAUCH1 <RET> erneut auf Diskette retten. Was tut der SAVE-Befehl jetzt, da er auf Diskette bereits ein Programm namens VERBAUCH1 vorfindet? Er überschreibt es, d.h. er zerstört die 'alte' Programmversion und speichert das 'neue' VERBRAUCH1 dafür ab. Der DELETE-Befehl zum Zerstören eines auf Diskette abgelegten Programms will stets wohlüberlegt angewendet sein.

2.1.6 Eigentlich Schritt 0: Diskette initialisieren

Wir wollen nun eine fabrikneue 5.25"-Diskette als Externspeicher für den Apple einrichten. Dies geschieht in 7 Schritten:

```
1) NEW <RET> tippen, um den Inhalt des RAM zu löschen.
2) Ein Begrüßungsprogramm namens HELLO eintippen:
   10 PRINT "NUMMER: DISKETTE 1" <RET>
   20 PRINT "INHALT: PROGRAMME IN APPLESOFT-BASIC" <RET>
   30 PRINT "NAME:    ... Ihren Namen tippen ... " <RET>
   40 PRINT "DATUM:   31.12.1983" <RET>
   50 END <RET>
3) RUN <RET> tippen, um das Programm auszuführen zu lassen;
   falls fehlerhaft: entspr. Zeilen korrigiert eintippen.
4) Bisherige Diskette aus Laufwerk 1 entnehmen und die
   fabrikneue Diskette einlegen.
5) INIT HELLO <RET> tippen.
   Die rote Lampe von Laufwerk 1 leuchtet ca. 30 Sekunden
   auf. Während dieser Zeit wird die Diskette initialisiert.
6) Gesamtvorgang überprüfen: Apple ausschalten (Strom aus)
   und wieder anschalten. Am Bildschirm muß nun erscheinen:
```

```
                  NUMMER:  DISKETTE 1
                  INHALT:  PROGRAMME IN APPLESOFT-BASIC
                  NAME:    ... Ihr Name ...
                  DATUM:   31.12.1983
      7) Neue Diskette aus Laufwerk nehmen und obige vier Zeilen
         auf den Aufkleber der Diskette schreiben.
```

Was beinhaltet das I n i t i a l i s i e r e n (= beginnen)
nun eigentlich? Auf die bislang leere Diskette werden 35 Spuren (Kreise) eingetragen, geprüft, beschrieben und wieder gelöscht, wobei jede Spur in 16 S e k t o r e n (Datenblöcke)
mit je 256 Zeichen eingeteilt wird. Die Spuren tragen die Nummern 0 (außen) bis 34 (innen), die Sektoren die Nummern 0 bis
15.
Nicht alle 35 Spuren können wir als Anwender benutzen: Auf die
Spuren 0-2 speichert der INIT-Befehl ein Maschinenprogramm mit
dem Namen DOS (Disk Operating System), dem die Verwaltung des
gesamten Datenverkehrs mit der Diskette obliegt. DOS benötigt
37 Sektoren, d.h. mit 37*256=9472 ca. 10 KBytes Speicherplatz.
Außerdem reserviert der INIT-Befehl die Spur 17 fürs Inhaltsverzeichnis und trägt gleich den Programmnamen HELLO ein. Für
unsere Anwenderprogramme und -daten bleiben noch 31 Spuren, was
einem Speicherplatz von 124 KBytes entspricht. Unser Programm
HELLO wird in eine dieser Spuren abgespeichert.

Wir können nun etwas genauer beantworten, was beim Starten des
Systems (vgl. Abschnitt 2.1.1) abläuft:
Ein Autostart-Programm im ROM (Nur-Lese-Speicher) kopiert das
auf unserer Diskette abgelegte DOS automatisch in den RAM (genauer: in einen eigens hierfür vorgesehenen Teil des RAM). Anschließend wird das erste Programm namens HELLO gleichfalls in
den RAM geladen und ausgeführt: die obige Begrüßung erscheint
am Bildschirm. Tippen wir nun RUN <RET> ein, so wird HELLO
erneut ausgeführt. Das Begrüßungsprogramm kann klein oder groß
sein, es kann -wie hier- ein Extraprogramm oder z.B. ein Anwenderprogramm LOHNUNDGEHALT sein. In jedem Fall wird es nach
dem Einlesen des DOS ebenfalls automatisch in den RAM geladen.
Diesen Ablauf bezeichnet man auch als B o o t e n . Eine oben
in Abschnitt 2.1.1 genannte 'Startdiskette' muß also DOS enthalten, da sonst nicht gebootet werden kann. Ein Hinweis: Die
Abb. in Abschnitt 1.3.6.2 stellt den Vorgang des Bootens dar.

2.2 Benutzung der grundlegenden Systemprogramme

Für das Betriebssystem hatten wir 3 Arten von Systemprogrammen
unterschieden (vgl. Abschnitte 1.3.1.2 sowie 1.3.6): Steuer-,
Übersetzer- und Dienstprogramme. Für den Apple sind sehr viele
Systemprogramme erhältlich, die als Software auf Diskette oder
in Form von Firmware (ROM, Steckkarte) angeboten werden.
Folgende System-Software sehen wir als grundlegend an für das
Arbeiten mit Applesoft:
- Steuerprogramme: Monitor,
                          DOS (Disk Operating System).
- Übersetzerprogramme: Applesoft-Basic-Interpreter,
                          Integer-Basic-Interpreter,
                          6502-Assembler.
- Dienstprogramme: "Editor". Utilities wie FID, RENUMBER.

2.2.1 Monitor(-programm) zur Überwachung

Der Monitor ist ein Maschinenprogramm, das in einem PROM abgelegt ist und ganz elementare Aufgaben übernimmt wie die Ureingabe beim Systemstart oder das direkte Lesen und Schreiben von
Speicherinhalten vom RAM.
Beim Programmieren in einer höheren Programmiersprache wie in
Applesoft-Basic merkt man vom Monitorprogramm oft nur dann etwas, wenn dieses System "zusammengebrochen" ist und das * als
Bereitschaftszeichen des Monitors neben dem Cursor aufleuchtet
(der Programmierer stöhnt dann: "... schon wieder im Monitor
gelandet").


```
     *              Monitor (Steuer- bzw. Überwachungsprogramm)
  ü bzw. ]          Applesoft-Basic-Interpreter (Übersetzerprogramm)
     >              Integer-Basic-Interpreter (Übersetzerprogramm)
     !              Assembler wie z.B. Lisa (Übersetzerprogramm)
```

   Bereitschaftszeichen (Prompt-Zeichen) links neben Cursor

2.2.1.1 Monitor aufrufen

Recht bequem können wir über den Monitor in den RAM des Apple
hineinschauen. Dazu ein Beispiel:
Wir löschen den RAM mit   NEW <RET> und erfahren durch Eintippen von FRE(O) einen FREiraum von -29188+65536 = 36348 Zeichen
bzw. Bytes: im RAM sind für uns als Anwender genau 36348 Speicherplätze frei.
Nun laden wir mittels LOAD VERBRAUCH1 <RET> das 7-Zeilen-Pro-
gramm VERBRAUCH1 aus dem vorangehenden Abschnitt 2.1. Mittels
FRE(O) <RET> werden uns nun -29291+65536 = 36245 Bytes freier
Speicherplatz angegeben. Unser Programm VERBRAUCH1 nimmt somit
36348-36245 = 103 Bytes im RAM in Anspruch.

Wo und wie jedoch ist das 103 Bytes lange Programm VERBRAUCH1
im RAM gespeichert? Näheres erfahren wir durch den Monitor wie
folgt: Durch Eintippen von
   CALL -151 <RET>
gelangen wir in den Monitor und anstelle des Bereitschaftszei-
chens] leuchtet nun das * auf. CALL -151 verzweigt zum Speicherplatz mit der Adresse (Hausnummer) -151 bzw. 65385 dezimal
oder FF69 hexadezimal (auch als $FF69 geschrieben). Der Moni-
tor als Maschinenprogramm steht im Speicherplatz unter dieser
Adresse 65385 (=dezimal) bzw. $FF69 (=hexadezimal).
Man sagt auch: Durch Eintippen von CALL -151 wird der Monitor
a u f g e r u f e n .

2.2.1.2 Speicherinhalte direkt lesen

Lesen bedeutet soviel wie 'am Bildschirm zeigen'. Tippen wir
   800.86F <RET> ,
so gibt uns der Monitor den Inhalt der Speicherplätze von der
Anfangsadresse $800 bis zur Endadresse $86F aus (dezimal also
von 2048 bis 2159).

Tippen wir 805 <RET> ein, so gibt uns der Monitor mit 800- AA
den Inhalt von Speicherplatz $800 aus, nämlich $AA für die Codezahl 170 bzw. LET.
Tippen wir 80F <RET> ein, so zeigt die Monitorausgabe 80F- BA
an, d.h. 186 bzw. PRINT als Speicherinhalt.
Tippen wir nur die RETURN-Taste <RET>, so werden die 7 folgenden Speicherplatzinhalte vom Monitor gezeigt.

Unser Programm VERBRAUCH1 ist also als Abfolge von ASCII-Codezahlen im RAM gespeichert. Die Anweisung 10 LET T=60 finden
wir in den 7 Speicherplätzen $803 - $809 als hexadezimale Zahlenfolge OA 00 AA 54 DO 36 30 bzw. als dezimale Zahlenfolge
10 00 170 84 208 54 48. Gespeichert werden somit die 7 Zeichen
"10", "Blanc", "LET", "T", "=", "6" und "0".
Tippen wir außerhalb des Monitors den Basic-Befehl LIST <RET>
ein, dann wird OA 00 AA 54 DO 36 30 automatisch in die von
uns besser lesbare Basic-Schreibweise 10 LET T=60 zurücküber-
setzt.

2.2.1.3 Speicherinhalte direkt beschreiben

Den Monitor können wir auch benutzen, um Speicherinhalte direkt durch Angabe ihrer hexadezimalen Adressen neu zu belegen.
Durch Eintippen von
  808 <RET>
erhalten wir die Antwort 808- 36. In Adresse $808 ist $36 oder
dezimal 54 als Codezahl abgelegt, d.h. die Ziffer 6. Wir haben
die erste Ziffer 6 des Tankinhalts 60 g e l e s e n .
S c h r e i b e n wir nun die Ziffer 7 nach $36, um als neuen
Tankinhalt 70 Liter vorzusehen. Das geschieht durch Tippen von
  808:37 <RET>
mit der Angabe von Adresse, Doppelpunkt sowie abzuspeichernder
Codezahl ($37 gleich dezimal 55 gleich Ziffer 7).
Auf das Speichern über den Monitor gehen wir in Abschnitt 3.6
noch genauer ein.

2.2.1.4 Speicherinhalte in disassemblierter Form lesen

Es gibt noch eine Sprachebene zwischen   höheren Programmiersprachen wie etwa BASIC einerseits und der reinen Maschinensprache als Folge von Codezahlen (die weiter aufgelöst in Form
von Bitfolgen 11001101110 ... im RAM stehen) andererseits: die
A s s e m b l e r s p r a c h e . Als Assemblieren bezeichnet
man die Übersetzung von der Assembler- in die Maschinensprache
und als Disassemblieren den umgekehrten Vorgang.

Der Monitor übernimmt dieses Disassemblieren. Tippen wir ein
  800L <RET> ,
so gibt der Monitor die 20 folgenden Zeilen in der Schreibweise der Assemblersprache (kurz Assembler genannt) aus.
820L <RET> liefert die nächsten 20 Zeilen usw. L steht dabei
für List. In der 1. Rubrik des Listings finden wir die Adressen gefolgt von den Codezahlen sowie der Assembler-Codierung.
Zur Unterscheidung des Assemblers als Sprache sowie als Übersetzer sei auf Abschnitt 1.3.6.3 verwiesen. Auf die Maschinen-
programmierung im Zusammenhang mit Applesoft-Basic gehen wir
in Abschnitt 3.6 noch ein.

Dialogprotokoll zur Benutzung des Monitors:

```
ÜNEW                                 0800-   00            BRK
                                     0801-   0B            ???
ÜPRINT FRE(0)                        0802-   08            PHP
-29188                               0803-   0A            ASL
                                     0804-   00            BRK
                                     0805-   AA            TAX
ÜLOAD VERBRAUCH1                     0806-   54            ???
ÜPRINT FRE(0)                        0807-   D0 36         BNE     $083F
-29291                               0809-   30 00         BMI     $080B
                                     080B-   28            PLP
ÜLIST                                080C-   08            PHP
                                     080D-   14            ???
10   LET T = 60                      080E-   00            BRK
20   PRINT "EINGABE: GEFAHRENE KM"   080F-   BA            TSX
30   INPUT K                         0810-   22            ???
40   LET D = 100 * T / K             0811-   45 49         EOR     $49
50   PRINT "AUSGABE: LITER/100 KM"   0813-   4E 47 41      LSR     $4147
60   PRINT D                         0816-   42            ???
70   END                            0817-   45 3A         EOR     $3A
                                     0819-   20 47 45      JSR     $4547
                                     *820L
ÜCALL-151
                                     0820-   45 4E         EOR     $4E
*800.86F                             0822-   45 20         EOR     $20
                                     0824-   4B            ???
0800- 00 0B 08 0A 00 AA 54 D0        0825-   4D 22 00      EOR     $0022
0808- 36 30 00 28 08 14 00 BA        0828-   2F            ???
0810- 22 45 49 4E 47 41 42 45        0829-   08            PHP
0818- 3A 20 47 45 46 41 48 52        082A-   1E 00 84      ASL     $8400,X
0820- 45 4E 45 20 4B 4D 22 00        082D-   4B            ???
0828- 2F 08 1E 00 84 4B 00 3E        082E-   00            BRK
0830- 08 28 00 AA 44 D0 31 30        082F-   3E 08 28      ROL     $2808,X
0838- 30 CA 54 CB 4B 00 5B 08        0832-   00            BRK
0840- 32 00 BA 22 41 55 53 47        0833-   AA            TAX
0848- 41 42 45 3A 20 4C 49 54        0834-   44            ???
0850- 45 52 2F 31 30 30 20 4B        0835-   D0 31         BNE     $0868
0858- 4D 22 00 62 08 3C 00 BA        0837-   30 30         BMI     $0869
0860- 44 00 68 08 46 00 80 00        0839-   CA            DEX
0868- 00 00 09 54 00 86 70 00        083A-   54            ???
*800L                                083B-   CB            ???
                                     083C-   4B            ???
                                     083D-   00            BRK
           Assembleranweisung        *3D0G
*3D0L   JMP = Jump = Sprung!

03D0-   4C BF 9D     JMP    $9DBF
```

2.2.1.5 Monitor verlassen

Durch Eintippen von
   3D0G <RET>
verlassen wir den Monitor und anstelle seines Bereitschafts-
zeichens * erscheint das Zeichen Ü bzw.] des Applesoft-Basic-
Interpreters am Bildschirm. Warum? Mit Adresse $3D0 beginnend
findet der Monitor den Verzweigungsbefehl JMP $9DBF, und unter
Adresse $9DBF ist ein Maschinenprogramm untergebracht, welches
den Applesoft-Basic-Interpreter aktiviert. Das von uns eingetippte "G" in 3D0G befiehlt dem Monitor somit einen Sprung zur
angegebenen Adresse $3D0 (G wie go).

2.2.1.6 Adressenumrechnung über Tabelle

Arbeitet man mit dem Monitor und interessiert man sich für den
Speicherplatz 'im Klartext', so kann die Umrechnung Hex -> Dez
mit der wiedergebenen Tabelle (S. 194) so vorgenommen werden:

1. Beispiel: $FF69 -> dezimal 65385
    FF (Zeile unten, Spalte rechts) ergibt 65280 als unteren
       Tabellenwert, da FF das 1. Ziffernpaar ist.
    69 (Zeile 6 und Spalte 9) ergibt 105 als oberen Wert, da 69
       das 2. Paar ist.
    65280+105 ergibt 65385 dezimal für $FF69.

2. Beispiel: $800 -> dezimal 2048
    08 (obere Zeile 0 und Spalte 8) ergibt 2048 als unteren Ta-
       bellenwert, da 08 das 1. Paar ist.
    00 (obere Zeile und linke Spalte) ergibt 0.
       2048+0 ergibt 2048 dezimal für $800.

Ab Speicherplatz $800 hatte der Apple unser Anwenderprogramm
VERBRAUCH1 abgelegt, also vom Speicherplatz 2048 an.

Mit Speicherplatz $FF69 bzw. 65385 hat es folgendes auf sich:
An $FF69 bzw. 65385 befindet sich die Monitor-Startadresse und
da 65385 vom Computer mit -151 gleichgesetzt wird, könnten wir
als Monitor-Aufruf anstelle von CALL -151 <RET> ebensogut auch
CALL 65385 <RET> eintippen. Warum? Negative Adressen legt das
System als komplementäre Zahlen zu 65536 als der größten durch
2 Bytes darstellbaren Zahl aus (65536 gleich $FFFF; in der Ta-
belle erhalten wir 65535, da von 0,1,2,... gezählt wird). Über
65536-151=65385 kommen wir zur Gleichsetzung von CALL -151 mit
CALL 65385.

2.2.2 Disketten-Betriebssystem DOS

Das Disketten-Betriebssystem DOS stellt eine nachträgliche Ergänzung von Applesoft-BASIC dar. Wir merken das daran, daß Anweisungen an das DOS mit einem CTRL-D bzw. CHR$(4) als Unter-
scheidungssignal beginnen müssen. Doch gehen wir schrittweise
vor.
DOS ist ein Maschinenprogramm, das beim Booten von der Start-
Diskette (auch SETUP-Diskette genannt) in den RAM geladen wird
und hier ca. 10 KBytes beansprucht. Genau: DOS belegt die 8960
obersten Speicherstellen des RAM. Das DOS steuert alle Ein- u.
Ausgaben, an denen eine Diskette als Externspeicher beteiligt
ist.

2.2.2.1 DOS-Anweisungen zur Direktausführung

Anweisungen an das DOS (kurz DOS-Anweisungen genannt) können
von uns eingetippt werden zwecks direkter bzw. sofortiger Ausführung. Beispiele hierzu sind:

    INIT PROG1   Diskette initialisieren und Programm
                           PROG1 als Begrüßungsprogramm speichern.

```
SAVE PROG1              Anweisungsfolge im RAM unter dem Pro-
                        grammnamen PROG1 auf Diskette speichern.
LOAD PROG1              Programm PROG1 auf Diskette suchen und
                        eine Kopie davon in den RAM laden.
DELETE PROG1            Programm PROG1 auf Diskette löschen.
RENAME PROG1,PNEU       Programm PROG1 auf Diskette in PNEU
                        umbenennen.
LOCK PROG1              PROG1 gegen überschreiben schützen.
RUN PROG1               Wie LOAD PROG1 mit anschließendem RUN.
```

Auf die nicht immer ganz einfache Trennung von DOS-Anweisungen und Basic-Anweisungen gehen wir hier nicht ein.

2.2.2.2 DOS-Anweisungen zur späteren Programmausführung

DOS-Anweisungen können wir auch innerhalb eines Programms vorsehen, damit sie dann später beim Programmlauf ausgeführt werden. Man nennt diese B e t r i e b s a r t auch Programmausführung (oder Programmmodus, Programmanweisung), um sie von der Direktausführung (bzw. Direktmodus, Direktanweisung) als der anderen Betriebsart zu unterscheiden. Wie das Beispiel zur

```
                 ┌────────────── BETRIEBSART ──────────────┐
DIREKTAUSFÜHRUNG:                          PROGRAMMAUSFÜHRUNG:


DELETE BILANZ1                             270 LET D$=CHR$(4)
                                           280 PRINT D$;"DELETE BILANZ1"


BILANZ1 wir direkt nach                    BILANZ1 wir zerstört, wenn
Tippen der DELETE-Anweisung                das Programm läuft (RUN) und
zerstört                                   die Zeile 280 ausführt.


       Beispiel zur DOS-Anweisung DELETE in den beiden Betriebsarten
```

DELETE-Anweisung zeigt, muß bei der Programmausführung die Anweisung ans DOS immer als String-Argument einer PRINT-Anweisung angegeben werden, wobei als erstes Zeichen dieses Strings ein D O S – S i g n a l gesendet werden muß. Dieses Signal hat die ASCII-Codezahl 4 und kann als CHR$(4) oder als CTRL-D angegeben werden.
In einem Programm werden zumeist mehrere DOS-Anweisungen verwendet. Um nicht jedesmal erneut ... PRINT CHR$(4);"DELETE..." oder ... PRINT "DELETE..." (unmittelbar nach dem ersten " wird bei gedrückter CTRL-Taste kurz die D-Taste gedrückt, also als nicht druckbares Zeichen das Zeichen CTRL-D erzeugt und als erstes Zeichen in den String gepackt) tippen zu müssen, weisen wir beim Programmbeginn das DOS-Signal der Variablen D$ zu, um dann D$ mit dem jeweiligen Anweisungsstring zu verküpfen. Für 270 LET D$=CHR$(4) ist auch 270 LET D$="" : REM CTRL-D in "" als gleichbedeutende Schreibweise gebräuchlich.

2.2.2.3 Physische Anweisungsparameter S, D und V

Die Anweisung DELETE BILANZ1 kann auch geschrieben werden in der Form DELETE BILANZ1,S6,D1,V254 mit S6 für "Steckkarte 6"

bzw. "Slot 6", in dem sich das Interface für die Disketteneinheit befindet. D1 steht für "Diskettenlaufwerk 1" und V254 für
die Disketten-Kennzahl (Volume) 254. Diese drei Parameter können in beliebiger Reihenfolge angegeben werden.
Wird kein Parameter angegeben, so nimmt DOS als 'Default' die
Kennzahl 254 sowie das zuletzt bzw. beim Booten angesprochene
Diskettenlaufwerk (Normalfall: S6,D1,V254).

Die Parameter können wir auch als Variablen angeben, wie z.B.:
    10 INPUT "LAUFWERK (D1 oder D2): ";L$
    20 PRINT D$;"DELETE BILANZ1,S6,";L$;",V254
Vor dem Zerstören wird nach L$ die Laufwerkadresse zugewiesen.

2.2.2.4 DOS-Anweisungen zum Zugriff auf Text-Dateien

In Text-Dateien wird Information als Folge von ASCII-Codezahl-
en gespeichert. Mit Datei ohne weiteren Zusatz meinen wir eine
Text-Datei.
Eine grundlegende Bedeutung haben DOS-Anweisungen beim Zugriff
auf Dateien, um diese zu öffnen, verarbeiten und zu schließen
(vgl. Abschnitt 1.3.5.4). Zunächst zum Öffnen einer Datei:

    100 LET D$=CHR$(4)   Einmalig: DOS-Signal

    110 PRINT D$;"OPEN ADRESSDATEI"   ADRESSDATEI eröffnen
    oder:
    110 PRINT D$;"OPEN ADRESSDATEI,S6,D2,V10" Speicher benennen
    oder:
    110 PRINT D$;"OPEN ADRESSDATEI,D2"   Nur Laufwerk angeben
    oder:
    109 INPUT "DATEINAME, LAUFWERK?";F$,L$ Argumente als vari-
    110 PRINT D$;"OPEN ";F$;",";L$ able Größen

Ist die ADRESSDATEI auf der Diskette in dem genannten Laufwerk
noch nicht vorhanden, so trägt DOS den Namen in den Diskettenkatalog ein. Findet DOS die ADRESSDATEI auf der Diskette, dann
wird diese zum späteren Lesen oder Schreiben vorbereitet.

Nach Beendigung der Arbeit mit der Datei schließen wir sie mit
    670 PRINT D$;"CLOSE"
Die CLOSE-Anweisung setzt eine EOF-Marke (EOF=End Of File für
Ende der Datei) hinter den letzten Datensatz. Wichtig ist, daß
wir bei vorzeitigem Systemzusammenbruch PRINT D$;"CLOSE" in
Direktausführung eingetippen.
Wurde mit mehreren Dateien gearbeitet, dann schließt die obige
CLOSE-Anweisung alle Dateien. Ist nur eine bestimmte Datei zu
schließen, so muß ihr Name angegeben werden.

Zum Lesen von Datei in den RAM mit der DOS-Anweisung READ ein
Beispiel, bei dem als Adresse jeweils nur der Name und der Ort
abgespeichert wird (der Datensatz besteht also aus 2 Datenfeldern, die in NAME$ und ORT$ abgelegt werden):

    210 PRINT D$;"READ ADRESSDATEI" =DOS-Signal D$ (Einschalter)
    220 INPUT NAME$, ORT$ =Datenfelder lesen
    230 PRINT D$ =DOS-Signal D$ (Ausschalter)

In der ADRESSDATEI sind Adressen dabei wie folgt gespeichert:

BERGMANN'HEIDELBERG'WEBER'SCHWETZINGEN'HILDEBRANDT'FREIBURG'..

Anstelle des hier angeführten ' ist auf Datei als Trennungs-
zeichen jeweils der "Wagenrücklauf" bzw. CHR$(13) gespeichert.
Die Anweisung READ ADRESSDATEI bewirkt, daß sich alle folgenden
INPUT-Anweisungen auf die ADRESSDATEI bzw. Diskette als Ein-
gabeeinheit beziehen. Warum wird in Zeile 230 erneut ein DOS-
Signal abgesandt? Angenommen, mit der Anweisung 240 INPUT TAG
soll ein Wert über Tastatur nach TAG eingegeben werden. Ohne
230 PRINT D$ als vorübergehendem DOS-Ausschalter würde das DOS
versuchen, den nächsten Eintrag aus der ADRESSDATEI in die Variable TAG einzulesen.
Die Leseanweisung mittels READ besteht also aus einem Rahmen
mit zwei DOS-Signalen als Ein- und Ausschaltern sowie den da-
zwischenliegenden INPUT-Anweisungen.
Eine DOS-Anweisung wird aufgehoben durch eine weitere DOS-An-
sung oder durch einen Fehler.
READ in der obigen Form liest stets den nächsten Datensatz und
damit rein sequentiell.

Zur Ausgabe bzw. zum Schreiben von Einträgen in die Datei wird
die DOS-Anweisung WRITE verwendet.

```
    150 PRINT D$;"WRITE ADRESSDATEI"    =DOS-Signal (Einschalter)
    160 PRINT NAME$                     =Speichern von
    170 PRINT ORT$                       zwei Datenfeldern.
    180 PRINT D$                        =DOS-Signal (Ausschalter)
```

Wie beim Lesen mittels READ sehen wir auch beim Schreiben mittels WRITE einen Rahmen zum Abschicken von zwei DOS-Signalen
vor. Datenfelder werden auf Datei getrennt durch CHR$(13) bzw.
"Wagenrücklauf". Die PRINT-Anweisungen in 160 wie in 170 enden
jeweils mit CHR$(13). Ein Ersetzen etwa durch die Ausgabean-
weisung 160 PRINT NAME$,ORT$ oder 160 PRINT NAME$;ORT$ würde
nur e i n CHR$(13) am Ende speichern und somit beim späteren
Lesen zu Eingabefehlern führen.
Auch hier wird sequentiell geschrieben, d.h. hinter den zuvor
gespeicherten Datensatz.

Löschen läßt sich eine Diskettendatei durch die DOS-Anweisung
DELETE. Um eine Datei wieder neu von vorne beschreiben zu können, verwendet man DELETE in folgender Anweisungsfolge:
```
    50 PRINT D$;"OPEN ADRESSDATEI"
    60 PRINT D$;"DELETE ADRESSDATEI"
    70 PRINT D$;"OPEN ADRESSDATEI"
```
OPEN richtet eine Datei ein und öffnet sie (falls noch nicht
im Diskettenkatalog eingetragen) bzw. öffnet sie (falls eingetragen). DELETE löscht die Datei; ohne vorausgehendes OPEN erscheint eine Fehlermeldung.

Mit der DOS-Anweisung APPEND kann der D a t e i z e i g e r
auf das erste unbesetzte Zeichen hinter der letzten Eintragung
gesetzt werden.
```
    20 PRINT D$;"OPEN ADRESSDATEI"
    30 PRINT D$;"APPEND ADRESSDATEI"
```
Da APPEND für eine auf Diskette nicht vorhandene Datei einen

Fehler erzeugt, sollte diese Anweisung stets nach einem OPEN angegeben werden.

2.2.2.5 Logische Anweisungsparameter L, R und B

Die physischen Anweisungsparameter S, D und V (vgl. Abschnitt 2.2.2.3) legen Hardwareeigenschaften fest, die logischen Parameter hingegen beziehen sich auf die Software, d.h. auf die in der Datei gespeicherten Datensätze.
Mit seinen Anweisungen unterstützt DOS unmittelbar nur die Dateitypen "Sequential File" und "Random Access". Die Parameter L=Länge des Datensatzes bzw. Records, R=relative Datensatznummer (Record-Nr.) und B=Byte im Datensatz betreffen bis auf die POSITION-Anweisung die Datei vom Typ "Random Access".

Sequentielle Datei (Sequential File):
Keine Datensätze vorgesehen; Einträge in der Reihenfolge der Eingabe mit CHR$(13) bzw. RETURN getrennt abgelegt; hier ist das Hochkomma ' für RETURN vermerkt; Stelle 0 für 1. Stelle.

BERGMANN'HEIDELBERG'WEBER'SCHWETZINGEN'HILDEBRANDT'FREIBURG'
012345678901234567890123456789012345678901234567890123456789

Direktzugriff-Datei (Random Access File):
Feste Datensatzlänge (Record Length L), hier L=30; Auffüllen leerer Stellen mit Blancs; hier im Beispiel zwei Datenfelder je Satz.

BERGMANN'HEIDELBERG'   WEBER'SCHWETZINGEN'
012345678901234567890123456789012345678901234567890123456789

DOS kennt zwei Textfile-Typen: Sequential und Random Access

Die DOS-Anweisung POSITION verwendet den Parameter R, um den Dateizeiger mit der Angabe R5 z.B. um 5 Datenfelder weiter in Richtung Dateiende zu positionieren. Ein Datenfeld wird beendet durch das RETURN-Zeichen (CHR$(13)). POSITION muß vor READ bzw. WRITE stehen, da sonst der o.a. 'Rahmen' zerstört würde.

```
300 PRINT D$;"POSITION ADRESSDATEI, R5"
310 PRINT D$;"READ ADRESSDATEI"
```

Im Gegensatz zu POSITION bewirkt der Parameter R in den Anweisungen READ und WRITE zur Direktzugriff-Datei kein Weiterstellen des Dateizeigers, sondern ein Placieren dieses Zeigers auf den angegebenen Datensatz.

```
400 PRINT D$;"READ ADRESSDAT/L30,R23"      =Satz 23 lesen
450 PRINT D$;"WRITE ADRESSDAT/L30,R21"     =Satz 21 schreiben

399 INPUT "WELCHEN SATZ ?";S
400 PRINT D$;"READ ADRESSDAT/L30,R";S      =Satz S lesen
```

Wichtig dabei ist, daß mit R0 begonnen wird, also mit Satznummer null. Datensatz 0 wird häufig zur Speicherung beschreibender Dateiangaben verwendet (z.B. Satzanzahl).

Beim Eröffnen einer Direktzugriff-Datei (Random Access) muß stets mit dem Parameter "L" die für jeden Datensatz identische

Länge angegeben werden:
```
   100 PRINT D$;"OPEN ADRESSDAT/L30,D2,L30"   =Satzlänge 30
   200 PRINT D$;"OPEN KUNDENDATEI,L64"        =Satzlänge 64
```
Da die einmal beim Einrichten der Datei angegebene Satzlänge
für die späteren Dateizugriffe bindend ist, sieht man sie oft
als Bestandteil des Dateinamens vor wie hier bei der Datei namens ADRESSDAT/L30.

Mit dem Byte-Parameter B kann man über eine POSITION-, WRITE-
oder READ-Anweisung ein bestimmtes Zeichen im Datensatz angeben. Die Anweisung
```
   499 INPUT "DAS WIEVIELTE ZEICHEN? ";Z
   500 PRINT D$;"READ ADRESSDAT/L30,R34,B";Z-1
```
liest so z.B. das Z. Zeichen aus Datensatz 34 der Datei namens
ADRESSDAT/L30. Gezählt wird wiederum ab 0: B0 für das 1. Byte.

2.2.2.6 DOS-Anweisungen zum Zugriff auf Binär-Dateien

Text-Dateien können nur datensatzweise gelesen (READ) und beschrieben werden (WRITE); dies geschieht stets in Betriebsart
'Programmausführung'. Gespeichert werden Daten dabei als Folge
von ASCII-Codezahlen.
Binär-Dateien hingegen können -ähnlich wie Applesoft-Dateien-
in der Betriebsart 'Direktausführung' gelesen (BLOAD und BRUN)
sowie gespeichert werden (BSAVE).
In einer Binär-Datei werden Daten als Bitfolgen abgelegt. Man
kann Speicherteile unterschiedlichen Inhalts vom RAM als Kopie
in eine Binär-Datei ablegen wie z.B. eine hochauflösende Grafik oder ein ein Maschinenprogramm.
Abschnitt 3.6. gibt ein Beispiel hierzu wieder.

2.2.3 Übersetzerprogramme

Beschränkte sich das Sprachenangebot zunächst auf das Ende der
70er Jahre aus dem MBasic von Microsoft entwickelte Applesoft-
Basic sowie auf Integer-Basic, die beide unter DOS laufen, so
sind heute die meisten 'gängigen' Programmiersprachen auf dem
Apple IIe und dem Apple II verfügbar.

Der Applesoft-Basic-Interpreter ist zum einen in einem ROM als
Firmware gespeichert und so beim Einschalten sofort verfügbar.
Wird DOS von der DOS 3.3 SYSTEM MASTER-Diskette gebootet, so
wird automatisch der Integer-Basic-Interpreter mit im RAM bereitgestellt. Als Bestandteil dieses Integer-Basic verfügt der
Programmierer dann auch über einen sog. Mini-Assembler zwecks
maschinennaher Programmierung.
Applesoft-Basic unter DOS ist sicher die am weitesten verbreitete Programmiersprache auf Apple. Abschnitt 3 gibt eine Ein-
führung in den Einsatz dieser Sprache. Zur Orientierung wollen
wir ganz kurz auf drei besonders interessante Sprachen eingehen: auf MBasic unter CP/M, auf Pascal unter UCSD sowie auf
Logo unter DOS.

Zur Programmiersprache M B a s i c :
Das Betriebssystem CP/M (vgl. Abschnitt 1.3.6.5) ist auf den
Mikroprozessor Z80 ausgerichtet. Mit dem Einstecken einer sog.
Z80-Karte (wie z.B. der Microsoft-"Softcard" CP/M 2.20 B) wird
für den Apple das breite Feld der Software erschlossen, welche
mit der 80er-CPU-Familie (vgl. Abschnitt 1.4.3) arbeitet. Auch
M B a s i c läuft unter CP/M. Interessant für Basic-Program-
mierer ist MBasic aufgrund folgender Eigenschaften:
- Variablennamen bis zu 40 Stellen lang.
- Ausgabeformatierung mittels PRINT USING.
- Komfortabler EDIT-Befehl.
- Schleifensteuerung WHILE-WEND.
- Pascal-ähnliches Einrücken in der Codierung.
- Datei-Anweisungen als Teil von MBasic selbst.

Zur Programmiersprache P a s c a l :
Pascal unter dem Betriebssystem UCSD unterscheidet sich grundlegend von Applesoft-Basic unter DOS wie auch von MBasic unter
CP/M.   In Pascal arbeitet man in einer geschlossenen Programmentwicklungsumgebung mit Filer, Editor, Compiler.. als Einheit
bei strenger Menüsteuerung (anstelle Kommandosteuerung). Zudem
wird der Apple als Host-Computer (vgl. Abschnitt 1.3.6.5) genutzt, wodurch die in UCSD-Pascal geschriebenen Programme sehr
leicht übertragbar sind (Portabilität).
Nachteilig bei Pascal ist, daß Dateien stets zusammenhängend
hintereinander abgespeichert sein müssen und nicht dynamisch
verwaltet werden können wie in DOS (Dateisektoren können dabei
über die Diskette hinweg verstreut sein).

Zur Programmiersprache L o g o :
Gegenüber Pascal, dem als compilierende Sprache das mehr inge-
nieurmäßige Erstellen von Programmen anhaftet, steht bei Logo
als interpretierendem System das interaktive und experimentel-
le Vorgehen im Vordergrund. Logo unterstützt mit seinen Turtle
Graphics (vgl. Abschnitt 1.3.6.4) das spielerische Element. Im
Jahre 1979 wurde diese Sprache erstmals auf einem Apple II implementiert, seit 1983 ist sie auch mit deutschen Grundwörtern
und Fehlermeldungen erhältlich. Apple Logo unterscheidet sich
nur sehr wenig vom ursprünglichen MIT Logo (Massachussets In-
stitute of Technology). Auf Apple II läuft das Logo-System unter DOS insofern, als die als Argument der Anweisung DOS (...)
angegebenen Wörter als DOS-Kommandos gedeutet ausgeführt und
ausgeführt werden.

2.2.4 Dienstprogramme

Es kann hier nicht darum gehen, die für den Apple angebotenen
Dienstprogramme bzw. Utilities aufzulisten. Ihre Zahl ist unü-
berschaubar geworden. Wir wollen stattdessen die wichtigsten
T y p e n solcher Dienstprogramme kurz betrachten.

-   Dienstprogramme als Befehle realisiert:
    Als Beispiel die Testhilfe TRACE: Tippen wir diesen Befehl
    ein, so werden die Zeilennummern aller gerade ausgeführten
    Anweisungen angezeigt. NOTRACE beendet diesen Testzustand.

- Dienstprogramme über Funktionstasten realisiert:
  Wichtige Editor-Funktionen können über Funktionstasten ausgelöst werden (z.B. Cursorsteuerung), oft in Verbindung mit der CTRL-Taste. Ein gesondertes Editorprogramm zum Bearbeiten von Text über den Bildschirm, das softwaremäßig ladbar ist, läuft unter DOS nicht.

- Dienstprogramme als Binär-Dateien:
  Als Beispiel sei genannt das FID-Programm (FIle Developer) auf der DOS 3.3 SYSTEM MASTER-Diskette, welches wir durch
  BRUN FID <RET>
  zur Ausführung bringen, um anschließend menügesteuert -d.h. sicher- mit FID arbeiten zu können. Der wohl wichtigste Befehl von FID ist COPY FILE zum Kopieren von Disketten.

- Dienstprogramme als 'Unterprogramme' in Maschinensprache:
  Durch Eintippen des &-Zeichens rufen wir eine in Maschinensprache geschriebene Routine auf, die in Adresse 1013 bzw. $3F5 des RAM beginnt (Startadresse stets gleich). Die damit verbundene Möglichkeit, den Befehlssatz des Apple zu erweitern, wird von zahlreichen Dienstprogrammen genutzt. Hierzu als Beispiel das RENUMBER-Programm auf der MASTER-Diskette: Mittels RUN RENUMBER <RET> bringen wir dieses Programm zur Ausführung und es speichert die entsprechenden Abläufe 'irgendwo an einem sicheren Platz' im RAM ab (vgl. Abschnitt 3.6). Nun laden wir unser Anwenderprogramm mit LOAD, um es dann durch Eintippen z.B. des Befehls
  & FIRST100,INC5 <RET>
  mit den Zeilennummern 100,105,110,115,... neu zu numerieren. Was passiert? "&" verzweigt nach Adresse $3F5, von dort wird an den 'sicheren Platz' gesprungen, um die Anweisungen wie befohlen zu numerieren. Mit & FIRST10,START70,END140 werden so die bisherigen Zeilen 70-140 mit Zeilennummer 10 beginnend in 10er-Schritten neu durchnumeriert.

- Dienstprogramme als Dateien vom Typ R:
  Die Werkzeug-Sammlung DOS-TOOLKIT stellt Dienstleistungen bereit, die in Maschinensprache geschrieben sind und dafür verschiebbare bzw. relozierbare Dateien vorsehen. Im Diskettenkatalog (vgl. Abschnitt 2.1.1) erscheint dieser Typ als R-Datei.

2.3 Systeme Apple IIe und Apple II

Die Systeme Apple IIe und Apple II sind weitgehend kompatibel. Einige wichtige Unterschiede in der Hardware wollen wir im Abriß darstellen.

Weiterhin 8 Slots:
So ungewöhnlich vielseitig einsetzbar ist der Apple durch sein Slot-Prinzip: S l o t heißt Schlitz bzw. Steckplatz zum Einstecken einer Interface-Karte, auf der sich z.B. die gesamte Anschlußelektronik befindet, um ein Zusatzgerät wie etwa einen Drucker oder eine Disketteneinheit anzuschließen, oder um mit einem Zusatzspeicher die Kapazität des RAM zu erhöhen. Es gibt also zwei Typen von Steckkarten: Karten mit ICs als Logikbau-

steinen und Karten mit ICs als Speicherbausteinen. Beide Kartentypen sind häufig auf einer Platine kombiniert (siehe dazu Abschnitt 1.4.1).
Beim Apple II waren die Slots numeriert von 0 bis 7, wobei in Slot 0 die Language-Karte oder Zusatzspeicher-Platine gesteckt wurde (16KBytes Erweiterung). Slot 0 entfällt beim Apple IIe, da 64 KBytes zur Grundausstattung gehören. Dafür jedoch ist in der Mitte ein Zusatz-Slot angebracht für die 80-Zeichen-Karte.

Zwei Zeichensätze:
Beim Apple IIe befindet sich an der rechten Tastaturunterseite ein Schalter, mit dem man entweder auf den ASCII-Zeichensatz (Bereitschaftszeichen] am Bildschirm) oder auf den mit deutschen Sonderbuchstaben (ä, ü usw.) erweiterten ISO-Zeichensatz (Bereitschaftszeichen ü) umschalten kann. Braucht man wie z.B. beim Programmieren in Pascal die eckigen Klammern, so wird mit den ASCII-Zeichen gearbeitet; macht man Textverarbeitung, dann werden die Zeichen ISO-Germany verwendet.

Speichererweiterung auf 128 KBytes über Zusatz-Slot:
Für den Zusatz-Slot gibt es neben der 'normalen' 80-Zeichen-Karte eine weitere Karte, die den Hauptspeicherplatz um 64 KB auf dann insgesamt 128 KBytes vergrößert.

Höher integrierte Bausteine:
Der Apple IIe hat weniger ICs als der Apple II, die dafür aber wesentlich mehr Funktionen auf einem Chip integrieren.

3
Programmierung in Applesoft-BASIC

3.1 Grundlegende Programmstrukturen an Beispielen

Wie in Abschnitt 1.3.3 dargestellt, lassen sich aus den vier
g r u n d l e g e n d e n   Programmstrukturen
   Folgestrukturen   (linear, geradeaus)
   Auswahlstrukturen   (vorwärts verzweigend)
   Wiederholungsstrukturen   (rückwärts verzweigend, Schleife)
   Unterprogrammstrukturen   (unterteilend)
alle nur denkbaren Programmabläufe konstruieren. Im vorliegenden Abschnitt 3.1 wird zu jeder Programmstruktur ein in sich
abgeschlossenes Demonstrationsbeispiel angegeben und erklärt.

3.1.1 Lineare Programme

3.1.1.1 Codierung und Ausführungen zu einem Programm

Jedes Programm hat einen Namen. Ein Programm namens VERBRAUCH1
ermittelt den durchschnittlichen Benzinverbrauch für einen Pkw
mit einem Tankinhalt von 60 Litern.

   Codierung zu VERBRAUCH1:   Zwei Ausführungen zu VERBRAUCH1:

```
     LIST                          RUN
                                   EINGABE: GEFAHRENE KM
                                   ?600
     10   LET T = 60               AUSGABE: LITER/100 KM
     20   PRINT "EINGABE: GEFAHRENE KM"   10
     30   INPUT K
     40   LET D = 100 * T / K           RUN
     50   PRINT "AUSGABE: LITER/100 KM"  EINGABE: GEFAHRENE KM
     60   PRINT D                        ?542
     70   END                            AUSGABE: LITER/100 KM
                                         11.0701107
```

Tippt man den Befehl RUN ein, so wird das Programm ausgeführt:
Der Computer gibt den Text EINGABE: GEFAHRENE KM aus , der Benutzer gibt 600 ein, der Computer berechnet den Durchschnittsverbrauch von 10, um dann den Text AUSGABE: LITER/100 KM und
die Zahl 10 auszugeben. Bei der zweiten Ausführung entwickelt
sich ein ähnlicher Mensch-Computer-Dialog, nur wird dabei von
542 km ausgegangen. Beide Programmausführungen (auch Programmlauf oder Dialogprotokoll genannt) werden dem Computer durch
Anweisungen befohlen, die man sich durch Eintippen des Befehls
LIST zeigen lassen kann. Das in der Programmiersprache BASIC
codierte Programm VERBRAUCH1 umfaßt sieben Zeilen mit den Zeilennummern 10-70 sowie vier Anweisungsarten LET, PRINT, INPUT
und END. Das Programm wird Zeile für Zeile linear ausgeführt:

 - 10: Weise die Zahl 60 nach T (wie Tankfüllung) zu.
 - 20: Gib am Bildschirm den zwischen " " stehenden Text aus.
 - 30: Warte auf eine Tastatureingabe und weise diese Eingabe
       dann der Variablen K (für Kilometer) zu.
 - 40: Rechne 100 mal T durch K aus und weise das Ergebnis dann
       der Variablen D (für Durchschnittverbrauch) zu.

- 50: Gib am Bildschirm den zwischen " " stehenden Text aus.
- 60: Gib am Bildschirm den Inhalt der Variablen D aus.
- 70: Beende die Ausführung des Programms VERBRAUCH1.

Jede Programmzeile enthält hier die Zeilennummer (z.B. 30) mit Anweisungswort (z.B. INPUT) und Anweisungsargument (z.B. K). Die Codierung (auch Listing oder einfach Programm genannt) besteht aus einer Folge von computerverständlich in BASIC formulierten Anweisungen. Das e i n m a l c o d i e r t e Programm kann dabei m e h r m a l s a u s g e f ü h r t werden, wobei sich die Ausführungen je nach Eingabewerten unterscheiden können, die Codierung aber unverändert zugrundeliegt.

Dies wird ermöglicht durch die Verwendung von Variablen (vgl. Abschnitt 1.3.4.2), hier durch die numerischen Variablen K und D. Während K und D ihren Inhalt (Wert) ändern, bleibt dieser bei T mit 60 Litern fest bzw. konstant: T ist eine Konstante. Daten können als V a r i a b l e oder K o n s t a n t e im Programm vorgesehen sein; hier sind beides numerische Daten.

Zu den Anweisungsarten: Die LET-Anweisung berechnet den rechts von = angegebenen Ausdruck und weist das Ergebnis der links von = stehenden Variablen zu. Bei LET (engl. (zu)lassen) darf links vom Zuweisungszeichen = also immer nur e i n e Variable stehen. Die PRINT-Anweisung dient der Ausgabe von Text (alles, was zwischen Gänsefüßchen steht) wie in Zeilen 20 und 50 oder der Ausgabe des Inhaltes einer Variablen wie in Zeile 60. Die INPUT-Anweisung dient der Tastatureingabe von Werten und deren Zuweisung in eine Variable wie etwa K in Zeile 30. Die END-Anweisung hat kein Argument und beendet die Ausführung.

3.1.1.2 Anweisungsfolge Eingabe – Verarbeitung – Ausgabe

Jedes Programm läuft in der Folge Eingabe-Verarbeitung-Ausgabe ab, auch als EVA-Prinzip bezeichnet (vgl. Abschnitt 1.2.2.1). Im folgenden Programm PREISSENKUNG1 zeigt sich der 3er-Schritt in den Zeilen 20, 30 und 40.

Codierung zu PREISSENKUNG1:   Ausführungen zu PREISSENKUNG1:

```
10   REM  ======PROGRAMM PREISSENKUNG1
20   INPUT "ALTER PREIS: ";P
30   LET P = P - P * 15 / 100
40   PRINT "NEUER PREIS: ";P
50   END
```

ALTER PREIS: 200
NEUER PREIS: 170

ALTER PREIS: 4925.65
NEUER PREIS: 4186.8025

Die REM-Anweisung (engl. remark für Bemerkung) ermöglicht das Einfügen von Bemerkungen, die nur bei LIST erscheinen, nicht aber bei RUN. So erscheint der Programmname PREISSENKUNG1 hier bei den Ausführungen nicht.
Die Zeile 20 hätte man auch umständlicher codieren können als
   20 PRINT "ALTER PREIS: ";
   21 INPUT P
Da vor jedem INPUT ein PRINT stehen sollte –sonst weiß man ja

nicht, was überhaupt einzutippen ist-, kann man mit Anweisung
   20 INPUT "ALTER PREIS: ";P
die Eingabeanforderung mit der Eingabe zusammen in   e i n e r
INPUT-Anweisung programmieren.

Die LET-Anweisung in Zeile 30 verdeutlicht den Unterschied von
Zuweisungszeichen = (weise zu in Richtung <-) und Gleichheits-
zeichen = in der Mathematik (links gleich rechts):

```
   30 LET P = P - P*15/100
           |     |    |————1) 200*15/100 ergibt 30  -200 in P
           |     |————————2) 200-30 ergibt 170     -200 in P
           |——————————————3) Weise 170 nach P zu   -200 ersetzt
```

Entsprechend bewirkt 180 LET Z=Z+1 eine Werterhöhung von Z um
1 und 230 LET X1=X1/2 eine Halbierung von X1.

Die PRINT-Anweisung in Zeile 40 zeigt, wie man sich konstanten
Text und Variableninhalt nebeneinander ausgeben lassen kann:
Das ; trennt ohne Leerzeichen (auch Blanc genannt), aus diesem
Grunde wird ein Blanc als letztes Zeichen innerhalb des Textes
(zwischen den " ") angegeben. PRINT "P" würde den Buchstaben P
am Bildschirm ausgeben, PRINT P den Inhalt der Variablen P.

3.1.1.3 Übersichtliche Programmgliederung

Wie in Abschnitt 1.3.4.3 erläutert , gliedert man ein Programm
-unabhängig von der jeweiligen Programmiersprache- übersichtlich in drei Teile: Programmname, Vereinbarungsteil und Anweisungsteil. In BASIC ist diese explizite Dreiteilung nicht unbedingt erforderlich. Insbesondere beim umfangreichen Programm
sollte man die Dreiteilung mit REM-Anweisungen aber vorsehen.
Programm PREISSENKUNG2 sieht diese Dreiteilung vor, wobei die
Teile durch Leerzeilen mittels : getrennt werden. Im Vereinbarungsteil wird S als Ganzzahl-Konstante vereinbart (integer =
ganzzahlig) und P als Dezimalzahl-Variable (real=kommazahlig).
In Basic besteht die Möglichkeit, mehrere Anweisungen durch :
getrennt in e i n e Zeile zu schreiben. Lange Zeilen sind
unübersichtlich und schwer korrigierbar, das Zeichen : sollte
weitgehend vermieden werden. In der letzten Zeile von Programm
PREISSENKUNG2 werden mit : die Anweisungen PRINT und END in
einer Zeile programmiert.

Codierung zu
Programm PREISSENKUNG2:

```
100  REM   ======PROGRAMM PREISSENKUNG2
110  :
120  REM   ======VEREINBARUNGSTEIL
130  REM   S   INTEGER (PREISSENKUNG IN % KONSTANT)
140  LET S = 15
150  REM   P: REAL     (PREIS VARIABEL)
160  :
170  REM   ======ANWEISUNGSTEIL
171  PRINT "PREISSENKUNG UM 15% ERMITTELN."
180  INPUT "ALTER PREIS: ";P
190  LET P = P - P * S / 100
200  PRINT "NEUER PREIS: ";P
210  PRINT "ENDE.": END
```

Die Programme PREISSENKUNG2 und PREISSENKUNG1 lösen beide dasselbe Problem; ihre Codierungen unterscheiden sich wesentlich,
ihre Ausführungen hingegen kaum.

3.1.1.4 Programmeingabe und Programmspeicherung

Soll das Programm PREISSENKUNG2 erstmalig in den Computer eingegeben werden, so kann z.B. so vorgegangen werden:

1. Befehl NEW tippen. Ein ggf. im Hauptspeicher (HS) befindliches Programm wird gelöscht.
2. Programm Zeile für Zeile eintippen und am Ende jeder Zeile
   dabei die RETURN-Taste drücken.
3. Befehl RUN tippen, um das Programm auszuführen und so zu
   testen. Falls fehlerhaft: Korrektur, weiter mit 2.
4. Befehl LIST tippen und Codierung überprüfen.
5. Befehl SAVE PREISSENKUNG2 tippen: Das bislang namenlos im
   RAM stehende Programm wird unter dem Namen PREISSENKUNG2
   auf Diskette abgespeichert. Ein ggf. unter gleichem Namen
   auf Diskette vorhandenes Programm wird ü b e r schrieben.
   Programm PREISSENKUNG2 befindet sich auf Diskette wie auch
   im HS; beide Pogrammkopien stimmen vollkommen überein.
6. Zur Kontrolle:
   NEW tippen, RUN tippen: kein Programm mehr ausführbar.
   Befehl LOAD PREISSENKUNG2 tippen: Programm PREISSENKUNG2
   auf Diskette suchen und eine Kopie davon in den HS laden.
   Das Programm kann mit RUN nun ausgeführt werden.
7. Befehl CATALOG tippen: Alle derzeit auf Diskette gespeicherten Programme werden gezeigt, so auch PREISSENKUNG2.

Achtung: SAVE PROG1 überschreibt ein ggf. auf Diskette vorhandenes Programm mit demselben Namen PROG1. LOAD PROG1 überschreibt das gerade im HS befindliche Programm.
Im HS ist normalerweise nur   e i n einziges Programm gespeichert, auf der Diskette aber stets m e h r e r e Programme.

3.1.1.5 Arbeitsschritte zur Programmentwicklung

Je umfangreicher ein Programm, umso sinnvoller erscheint ein
geplantes und schrittweises Vorgehen zur Programmentwicklung.
In Abschnitt 1.3.7 nannten wir allgemein die Arbeitsschritte
PROBLEMSTELLUNG, PROGRAMMENTWURF, PROGRAMMIERUNG, DOKUMENTA-
TION und ANWENDUNG. 'Allgemein' heißt, daß diese Schrittfolge
auch zur Entwicklung komplexer Programm – Pakete geeignet ist.
Für die in diesem Buch angeführten kleinen Demonstrationspro-
gramme genügt diese vereinfachte Arbeitsschrittfolge: 1) Pro-
lemstellung, 2) Problemanalyse, 3) Darstellungen des Algorithmus, 4) Codierung in BASIC, 5) Anwendung/Ausführung und 6) Dokumentation.
Am Beispiel des wiederum linearen Programms KALKULATION1 werden die Arbeitsschritte 1), 2), 4) und 5) dargestellt.

Problemstellung zu Programm KALKULATION1:
Es ist ein Dialogprogramm zu erstellen, das ausgehend vom Ein-
standspreis den Nettoverkaufspreis und den Zuschlagsatz kalku-
liert.

Problemanalyse zu Programm KALKULATION1:
In der folgenden V a r i a b l e n l i s t e lassen sich die
im Programm zu verwendenden Variablen so zusammenfassen:
  Ausgabedaten (Resultate):
    NET   Nettoverkaufspreis in DM
    KALK   Kalkulationszuschlag in %
  Eingabedaten (von Tastatur):
    EINST   Einstandspreis in DM
    P1   Gemeinkostenzuschlag in % (von Hundert)
    P2   Gewinnzuschlag in % (von Hundert)
    P3   Skontosatz in % (im Hundert)
    P4:   Rabattsatz in % (im Hundert)
  Verarbeitung (Formeln):
    GEMEIN Gemeinkosten in DM (GEMEIN=EINST*P1/100)
    SELBST Selbstkosten in DM (SELBST=EINST+GEMEIN)
    SPANNE Gewinnspanne in DM (SPANNE=SELBST*P2/100)
    BAR   Barverkaufspreis in DM (BAR=SELBST+SPANNE)
    SKO   Skontobetrag in DM (SKO=BAR*P3/(100-P3)
    ZIEL   Zielverkaufspreis in DM (ZIEL=BAR+SKO)
    RAB   Rabattbetrag in DM (RAB=ZIEL*P4/(100-P4))
    NET   Nettoverkaufspreis in DM (NET=ZIEL+RAB)
    KALK   Kalkulationszuschlag (KALK=(NET-EINST)*100/EINST)
Hinweis: Applesoft-Basic erlaubt lange Variablennamen, wobei
jedoch nur die ersten drei Zeichen zur Unterscheidung dienen.
Dabei sind die reservierten Wörter zu beachten wie AT, IF und
FN (deshalb oben RAB anstelle RABATT, da darin AT enthalten).

Der folgende S c h r i t t p l a n zeigt eine grobe Darstellung des Lösungsablaufes von Programm KALKULATION1:
    Schritt 1: Vier Zuschlagsätze P1-P4 eintippen
    Schritt 2: Einstandspreis EINST eintippen
    Schritt 3: NET und KALK berechnen
    Schritt 4: NET und KALK als Resultat ausgeben

Codierung zu Programm KALKULATION1:

```
100   REM   ======PROGRAMM KALKULATION1
110   PRINT "WARENKALKULATION"
120   PRINT "EINSTANDSPREIS -> NETTOVERKAUFSPREIS.": PRINT
130   :
140   REM   ======VEREINBARUNGSTEIL
150   REM   P1,P2,P3,P4: REAL (ZUSCHLAGSAETZE IN %)
160   REM   EINST, GEMEIN, SELBST, GEWINN, BAR, SKO, ZIEL,
170   REM   RAB, NET:    REAL (EINZELBETRAEGE IN DM)
180   REM    KALK:          REAL (KALKULATIONSZUSCHLAG IN %)
190   :
200   REM   ======ANWEISUNGSTEIL
210   REM   ***EINGABETEIL (<-TASTATUR) ******************
220   INPUT "GEMEINKOSTEN IN % V.H.:    ";P1
230   INPUT "GEWINNZUSCHLAG IN % V.H.: ";P2
240   INPUT "SKONTO IN % I.H.:         ";P3
250   INPUT "RABATT IN % I.H.:         ";P4
260   INPUT "EINSTANDSPREIS IN DM:     ";EINST
270   REM   *** VERARBEITUNGSTEIL (WERTZUWEISUNGEN) *******
280   LET GEMEIN = EINST * P1 / 100
290   LET SELBST = EINST + GEMEIN
300   LET SPANNE = SELBST * P2 / 100
310   LET BAR = SELBST + SPANNE
```

```
320  LET SKO = BAR * P3 / (100 - P3)
330  LET ZIEL = BAR + SKO
340  LET RAB = ZIEL * P4 / (100 - P4)
350  LET NET = ZIEL + RAB
360  LET KALK = (NET - EINST) * 100 / EINST
370  REM  *** AUSGABETEIL (->BILDSCHIRM) ***************
380  PRINT : PRINT "VORWAERTSKALKULATION DURCHGEFUEHRT:"
390  PRINT "NETTOVERKAUFSPREIS IN DM : ";NET
400  PRINT "KALKULATIONSZUSCHLAG IN %: ";KALK
410  END
```

Anwendung bzw. Ausführung zu Programm KALKULATION1:

```
WARENKALKULATION
EINSTANDSPREIS -> NETTOVERKAUFSPREIS.


GEMEINKOSTEN IN % V.H.:    23
GEWINNZUSCHLAG IN % V.H.:  14
SKONTO IN % I.H.:          2
RABATT IN % I.H.:          25
EINSTANDSPREIS IN DM:      100


VORWAERTSKALKULATION DURCHGEFUEHRT:
NETTOVERKAUFSPREIS IN DM : 190.77551
KALKULATIONSZUSCHLAG IN %: 90.7755103
```

3.1.2 Verzweigende Programme

Programmabläufe, die nach vorwärts verzweigen, werden als Auswahlstrukturen bezeichnet. Je nach der Anzahl der ausgewählten
Fälle spricht man von der Zweiseitigen, Einseitigen oder Mehrseitigen Auswahl(-struktur). Diese in Abschnitt 1.3.3.2 allgemein beschriebenen Abläufe wollen jetzt in Applesoft beispiel-
haft an kleinen Programmen darstellen.

3.1.2.1 Zweiseitige Auswahl

Dem Programm SKONTOZWEISEITIG1 liegt folgende Problemstellung
zugrunde: "Erwarte Rechnungsbetrag R und Tage T als Tastatureingabe und ermittle den Skontobetrag S. Dabei gelten folgende
Zahlungsbedingungen: Bei Zahlung nach 8 Tagen (T>8) 1.5% Skonto, sonst (T<=8) jedoch 4% Skonto". Codierung, Ausführung und
PAP zeigen die Zweiseitige Auswahl: einerseits 1.5% (Bedingung
T>8 erfüllt, JA-Zweig Zeile 190) und andererseits 4% (Bedingung T>8 nicht erfüllt, NEIN-Zweig Zeile 150).

Ausführungen zu SKONTOZWEISEITIG1:

```
]RUN                             ]RUN
SKONTO ALS ZWEISEITIGE AUSWAHL.  SKONTO ALS ZWEISEITIGE AUSWAHL.
RECHNUNGSBETRAG IN DM: 200       RECHNUNGSBETRAG IN DM: 200
TAGE NACH ERHALT:    3           TAGE NACH ERHALT:      14
8 DM SKONTO UND 192 DM ZAHLUNG.  3 DM SKONTO UND 197 DM ZAHLUNG.
ENDE.                            ENDE.
```

Codierung zu SKONTOZWEISEITIG1:   PAP zu SKONTOZWEISEITIG1:

```
100   REM  ======PROGRAMM SKONTOZWEISEITIG1
110   PRINT "SKONTO ALS ZWEISEITIGE AUSWAHL."
120   INPUT "RECHNUNGSBETRAG IN DM: ";R
130   INPUT "TAGE NACH ERHALT:       ";T
140   IF T > 8 THEN 190
150   LET P = 4
160   LET S = R * P / 100: LET R = R - S
170   PRINT S;" DM SKONTO UND ";R;" DM ZAHLUNG."
180   PRINT "ENDE.": END
190   LET P = 1.5
200   GOTO 160
```

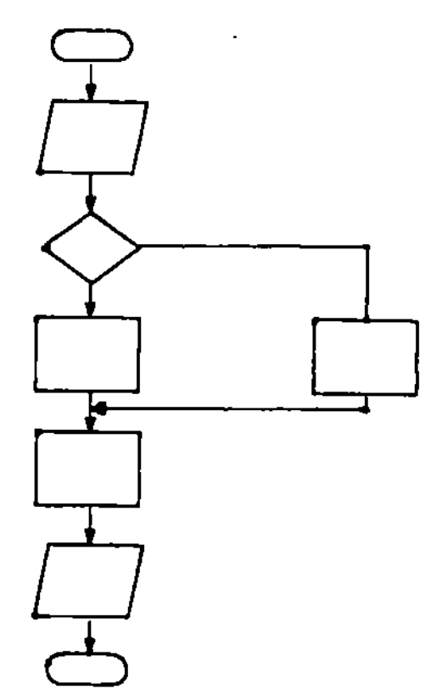

Zur b e d i n g t e n V e r z w e i g u n g wird dabei die
IF-Anweisung in ihrer einfachsten Form verwendet:

    140   IF T>8   THEN   190

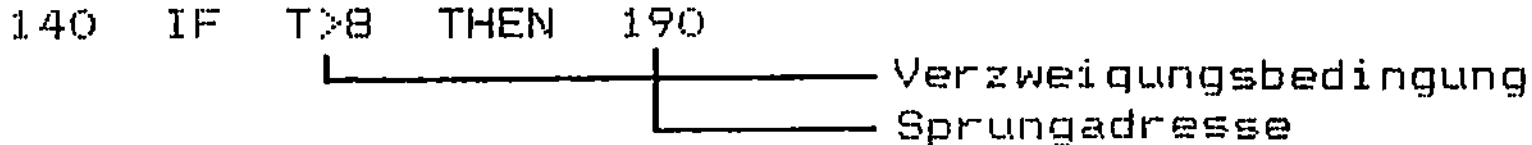

Wenn (IF) T größer als 8 ist (T>8), dann (THEN) verzweige nach
Zeile 190; wenn nicht (also wenn T kleiner oder auch gleich 8
ist (T<=8), dann fahre wie normal mit der Folgezeile 150 fort.
Anstelle von THEN kann man auch THEN GOTO oder GOTO schreiben.

Zur u n b e d i n g t e n V e r z w e i g u n g dient die
GOTO-Anweisung wie hier die Anweisung 200 GOTO 160: kommt die
Ausführung zu Zeile 200, so wird immer und bedingungslos nach
Zeile 160 verzweigt.

Programm SKONTOZWEISEITIG2 läuft so ab wie SKONTOZWEISEITIG1:
    140 IF T>8 THEN 152
    150 LET P=4   (Anweisungen 190 und 200 löschen,
    151 GOTO 160   Codierung sonst unverändert)
    152 LET P=1.5
    160 LET S=...
Die END-Anweisung steht zwar als letzte Anweisung im Programm,
aber das Zwischenspringen mit GOTO ist nicht gerade übersichtlich.

3.1.2.2 Einseitige Auswahl als Sonderfall

Die Einseitige Auswahl "Wenn .., dann tue dies, sonst aber tue
nichts" kann als Sonderfall der Zweiseitigen Auswahl "Wenn ..,
dann tue dies, sonst aber tue das" aufgefaßt werden. Programm
SKONTOEINSEITIG1 demonstriert dies: Die Ausführungen stimmen
mit denen des Programms SKONTOZWEISEITIG1 überein, die Codierung hingegen zeigt eine Einseitige Auswahlstruktur. Dies wurde
erreicht durch folgenden Trick: P wird auf 4% gesetzt und nur
im Falle von T>8 um 2.5 auf 1.5% vermindert (190 LET P=P-2.5).

Codierung zu SKONTOEINSEITIG1:   FAP zu SKONTOEINSEITIG1:

```
100  REM  ======PROGRAMM SKONTOEINSEITIG1
110  PRINT "SKONTO ALS EINSEITIGE AUSWAHL."
120  INPUT "RECHNUNGSBETRAG IN DM: ";R
130  INPUT "TAGE NACH ERHALT:       ";T
140  LET P = 4
150  IF T > 8 THEN 190
160  LET S = R * P / 100: LET R = R - S
170  PRINT S;" DM SKONTO UND ";R;" DM ZAHLUNG."
180  PRINT "ENDE.": END
190  LET P = P - 2.5
200  GOTO 160
```

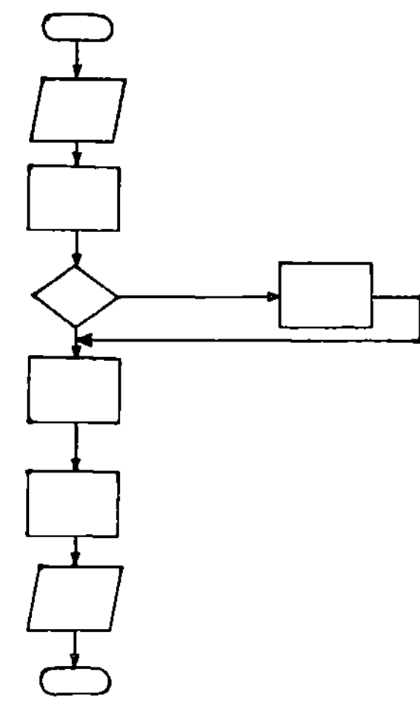

Ausführungen zu SKONTOEINSEITIG1:

```
üRUN
SKONTO ALS EINSEITIGE AUSWAHL.
RECHNUNGSBETRAG IN DM: 200
TAGE NACH ERHALT:        3
8 DM SKONTO UND 192 DM ZAHLUNG.
ENDE.

üRUN
SKONTO ALS EINSEITIGE AUSWAHL.
RECHNUNGSBETRAG IN DM: 200
TAGE NACH ERHALT:       14
3 DM SKONTO UND 197 DM ZAHLUNG.
ENDE.
```

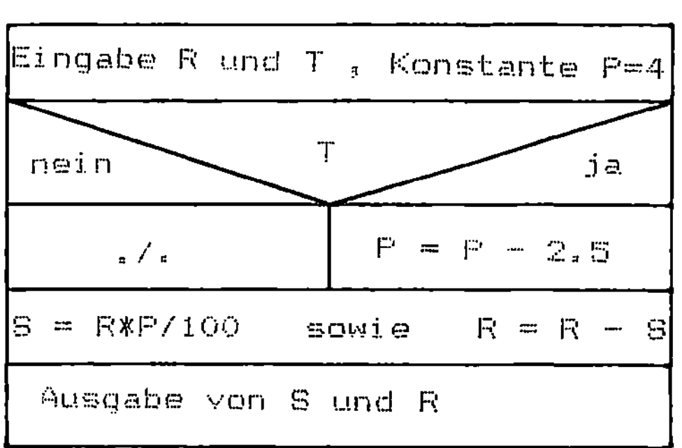

Programm SKONTOEINSEITIG2 weicht nur in der Codierung von Programm SKONTOEINSEITIG1 ab.   Anstelle der Verzweigungsanweisung
IF..THEN.. wird die Anweisung IF..THEN LET.. verwendet. Dabei
wird LET natürlich nur dann ausgeführt, wenn die Verzweigungsbedingung erfüllt ist. IF-Anweisungen wie IF..THEN PRINT.. und
IF..THEN INPUT.. sind entsprechend möglich. Soll in Abhängig-
ket der Verzeigungsbedingung aber eine Anweisungsfolge durchlaufen werden, so ist die einfache Form IF..THEN.. immer vorzuziehen, da sie eine besser lesbare Codierung gewährleistet.

Codierung zu SKONTOEINSEITIG2:

```
100  REM  ======PROGRAMM SKONTOEINSEITIG2
110  PRINT "SKONTO ALS EINSEITIGE AUSWAHL."
120  INPUT "RECHNUNGSBETRAG IN DM: ";R
130  INPUT "TAGE NACH ERHALT:       ";T
138  LET P = 4
140  IF T > 8 THEN  LET P = P - 2.5
160  LET S = R * P / 100: LET R = R - S
170  PRINT S;" DM SKONTO UND ";R;" DM ZAHLUNG."
180  PRINT "ENDE.": END
```

3.1.2.3 Mehrseitige Auswahl als Sonderfall

Bei der Mehrseitigen Auswahl werden mehrere Fälle unterschieden: im Programm DREIFAELLE1 sind es die drei Fälle 'gleich', 'vor' und 'nach'. PAP und insbesondere das Struktogramm zeigen uns die geschachtelte Anordnung zweier Zweiseitiger Auswahlen. Wie die Einseitige Auswahl kann also auch die Mehrseitige Auswahl als Sonderfall der Zweiseitigen Auswahl aufgefaßt werden.

Struktogramm zu DREIFAELLE1:   PAP zu DREIFAELLE1:

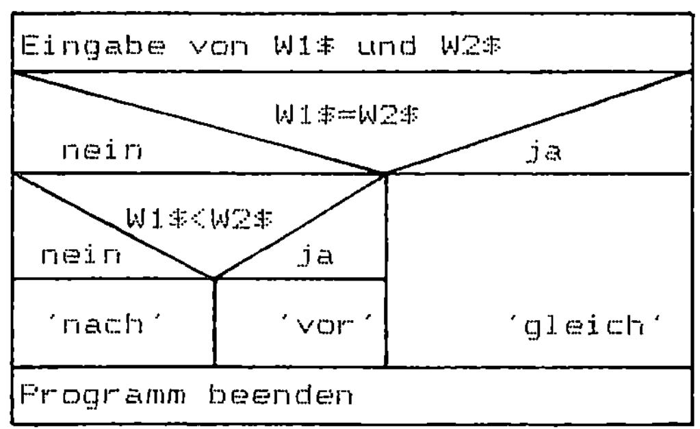

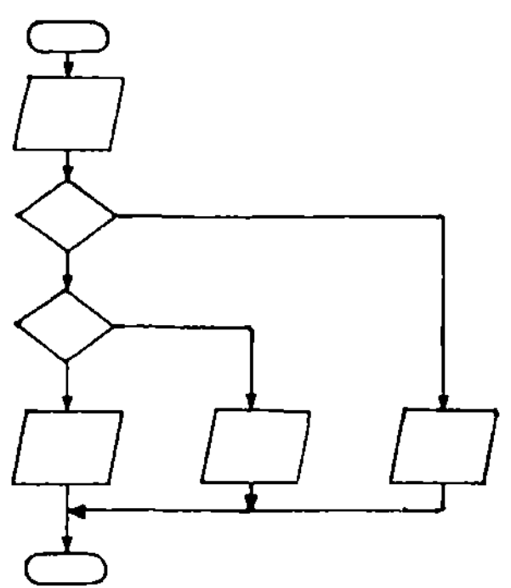

Codierung zu Programm DREIFAELLE1:

```
100   REM  ======PROGRAMM DREIFAELLE1
110   PRINT "TEXTVERGLEICH: 2 WOERTER, 3 FAELLE."
120   INPUT "ZWEI WOERTER: ";W1$,W2$
130   IF W1$ = W2$ THEN  PRINT W1$;" IST GLEICH ";W2$: GOTO 160
140   IF W1$ < W2$ THEN  PRINT W1$;" KOMMT VOR ";W2$: GOTO 160
150   PRINT W1$;" KOMMT NACH ";W2$
160   PRINT "ENDE.": END
```

Zwei Ausführungen zu DREIFAELLE1:

```
ÜRUN                                ÜRUN
TEXTVERGLEICH: 2 WOERTER, 3 FAELLE. TEXTVERGLEICH: 2 WOERTER, 3 FAELLE.
ZWEI WOERTER: 12% , HUNDERT          ZWEI WOERTER: PREIS , DM-BETRAG
12%  KOMMT VOR HUNDERT               PREIS  KOMMT NACH DM-BETRAG
ENDE.                                ENDE.
```

In den IF-Anweisungen dieses Programms findet kein numerischer Vergleich statt, sondern ein T e x t v e r g l e i c h : Die Verzweigungsbedingung W1$=W2$ (ist der Wert von Variable W1$ gleich dem von Variable W2$) vergleicht die derzeitigen Werte zweier Textvariablen. Deren Namen enden stets mit dem Dollarzeichen $ (z.B. A$, B$, C$, ..., A1$, A2$, ...). Wie kann der Computer feststellen, ob mit dem Textvergleich W1$<W2$ in Zeile 140 nun der Text "PREIS" kleiner ist (im Sinne von alphabetisch weiter vorne stehend) als der Text "DM-BETRAG"? Wie Ziffern werden auch Buchstaben und Sonderzeichen im ASCII intern dargestellt (Abschnitt 1.2.3.1). Sie erhalten so je eine Codenummer als Ordnungsnummer. Mit den ASCII-Codenummern 80 für P und 68 für D wird W1$<W2$ bzw. "PREIS"<"DM-BETRAG" bzw. 80<68 vom Computer als 'unwahr' erkannt; der Textvergleich führt somit nicht zur Programmverzweigung.
Text als alles das, 'was zwischen Gänsefüßchen steht'; andere Bezeichnungen sind String, Zeichenkette oder Zeichendaten. Mit

dem Textvergleich kann wie beim numerischen Vergleich mit den
Vergleichs-Operatoren =, <> (ungleich), >, <, >= (größer oder
gleich) und <= gearbeitet werden.

In der Zeilen 130, 140 und 160 von Programm DREIFAELLE1 dient
der Doppelpunkt : zum Schreiben mehrerer Anweisungen in einer
e i n z i g e n Zeile. Mit dem : soll sparsam umgegangen werden, weil die langen Programmzeilen schlecht zu lesen und auch
nicht so einfach zu korrigieren sind.

Einige Beispiele für IF-Anweisungen:
IF D<=1000 THEN, IF BETRAG=0 THEN, IF M<-45.55 THEN, IF M>=ME1
THEN, IF A$="NEIN" THEN, IF Z2$<>"JA" THEN, IF V$<VLSF4$ THEN.

3.1.2.4 Fallabfrage

Die Schachtelung von mehr als zwei Auswahlstrukturen wird allzuleicht unübersichtlich. Als vereinfachte Form der Mehrseitigen Auswahl wurde deshalb die F a l l a b f r a g e   mit der
Anweisung ON..GOTO eingeführt. Programm MWST1 zeigt, daß über
die e i n e Anweisung 240 ON WAHL GOTO 250,260,270 d r e i
Verzweigungen ausgeführt werden: Für 1 als Wert der Variablen
WAHL wird nach Zeile 250 verzweigt und für 2 bzw. 3 nach Zeile
260 bzw. 270.
Da die Anweisung ON..GOTO in WAHL ganzzahlige Werte erwartet,
müssen entsprechende Eingabefehler zuvor in den Zeilen 220 und
230 abgewiesen werden. INT(WAHL) liefert den ganzzahligen Teil
von WAHL; INT(3.45) ergibt 3; INT(2.9) ergibt 2).

Struktogramm zu MWST1:   Zwei Ausführungen zu MWST1:

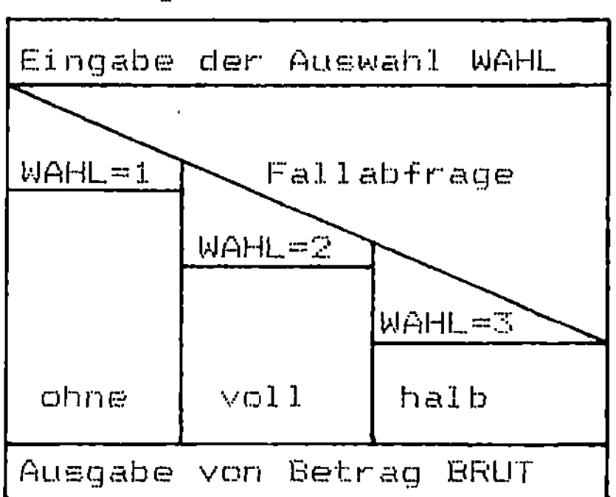


```
BRUTTO EINSCHL. MEHRWERTSTEUER.
NETTOBETRAG TIPPEN: 1500
OHNE  MWST     1
VOLLE MWST     2
HALBE MWST     3
WAHL 1 - 3 TIPPEN: 2
BRUTTOBETRAG: 1710 DM.

ÜRUN
BRUTTO EINSCHL. MEHRWERTSTEUER.
NETTOBETRAG TIPPEN: 1500
OHNE  MWST     1
VOLLE MWST     2
HALBE MWST     3
WAHL 1 - 3 TIPPEN: 3
BRUTTOBETRAG: 1605 DM.
```

Codierung zu Programm MWST1:

```
100  REM  ======PROGRAMM MWST1
110  PRINT "BRUTTO EINSCHL. MEHRWERTSTEUER."
120  REM  ======VEREINBARUNGSTEIL
130  REM  NET, MWST, BRUT:       REAL
140  REM  WAHL%:                 INTEGER
150  :
160  REM  ======ANWEISUNGSTEIL
170  INPUT "NETTOBETRAG TIPPEN: ";NET
180  PRINT "OHNE  MWST     1"
190  PRINT "VOLLE MWST     2"
```

```
200   PRINT "HALBE MWST     3"
210   INPUT "WAHL 1 - 3 TIPPEN: ";WAHL
220   IF WAHL < 1 OR WAHL > 3 THEN  PRINT "INTERVALL.": GOTO 180
230   IF WAHL <  >  INT (WAHL) THEN  PRINT "GANZZAHLIG.": GOTO 180
240   ON WAHL GOTO 250,260,270
250   LET MWST = 1: GOTO 280
260   LET MWST = 1.14: GOTO 280
270   LET MWST = 1.07
280   LET BRUT = NET * MWST
290   LET BRUT =  INT (BRUT * 100 + 0.5) / 100
300   PRINT "BRUTTOBETRAG: ";BRUT;" DM."
310   END
```

3.1.3 Programme mit Schleifen

Programme mit Schleifen enthalten Wiederholungsstrukturen, die
nach der allgemeinen Darstellung in Abschnitt 1.3.3.3 jetzt in
Applesoft an Programmbeispielen veranschaulicht werden sollen.

3.1.3.1 Abweisende Schleife

Programm KAPITAL1 ermittelt für ein Kapital K bei einem Zins-
satz P das verzinste Kapital zum Ende des 1., 2., 3. .. Jahres
und endet, sobald sich das Anfangskapital verdoppelt hat. Jede
Schleife besteht aus einem Vorbereitungsteil (einmal durchlaufen: Zeilen 180-200) und aus einem Wiederholungsteil (mehrmals
durchlaufen: Zeilen 220-250); im Ausführungsbeispiel wird dieser 9mal durchlaufen.
Die Schleife in Programm KAPITAL1 heißt   a b w e i s e n d, da
die Schleifenabfrage 220 IF K>=KE THEN 270 am Anfang des Wie-
holungsteils steht und damit die Wiederholung abweist.   Andere
Bezeichnungen für diesen Schleifentyp: WHILE-DO-Schleife,   So-
lange-tue-Schleife, Schleife mit vorheriger Abfrage.

Codierung zu KAPITAL1:   PAP zu KAPITAL1:

```
100   REM  =======KAPITAL1
110   PRINT "KAPITALIEN BIS ZUR VERDOPPLUNG."
120   REM  ======VEREINBARUNGSTEIL
130   REM  K:   REAL (KAPITAL IN DM)
140   REM  KE:  REAL (ENDKAPITAL IN DM)
150   REM  P:   REAL (ZINSSATZ IN %)
160   :
170   REM  ======ANWEISUNGSTEIL
180   INPUT "EINGESETZTES KAPITAL: ";K
190   INPUT "JAHRESZINSSATZ:       ";P
200   LET KE = 2 * K
210   REM  ***BEGINN DER ABWEISENDEN SCHLEIFE*
220   IF K > = KE THEN 270
230   LET K = K + K * P / 100
240   PRINT "   ";K
250   GOTO 220
260   REM  ***SCHLEIFENENDE******************
270   PRINT "ENDE NACH VERDOPPLUNG.": END
```

Struktogramm zu KAPITAL1:   Ausführung zu KAPITAL1:

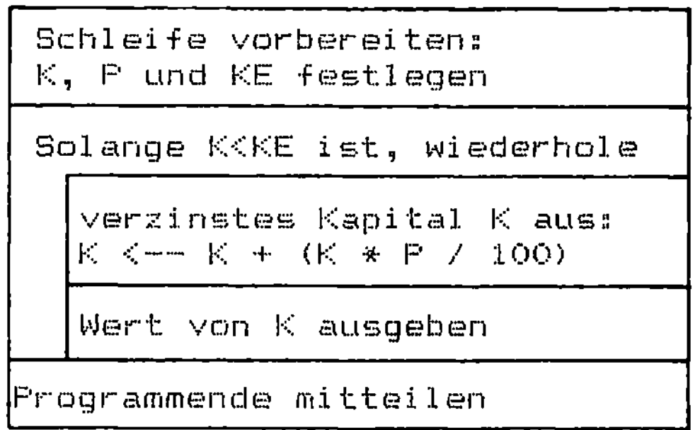

KAPITALIEN BIS ZUR VERDOPPLUNG.
EINGESETZTES KAPITAL: 50000
JAHRESZINSSATZ: 9
      54500
      59405
      64751.45
      70579.0805
      76931.1978
      83855.0056
      91401.9561
      99628.1321
      108594.664
ENDE NACH VERDOPPLUNG.

3.1.3.2 Nicht-abweisende Schleife

Die Ausführungen der 2 Programme KAPITAL2 und KAPITAL1 stimmen
überein, nicht aber die Codierungen: Programm KAPITAL2 hat eine n i c h t - a b w e i s e n d e Schleife, da bei dieser
Codierung die Schleifenabfrage ans Ende des Wiederholungsteils
in Zeile 240 geschrieben ist. Man bezeichnet diesen Schleifentyp auch als REPEAT-UNTIL-Schleife, Wiederhole-bis-Schleife o-
der Schleife mit nachheriger Abfrage.

Struktogramm zu KAPITAL2:   PAP zu KAPITAL2:

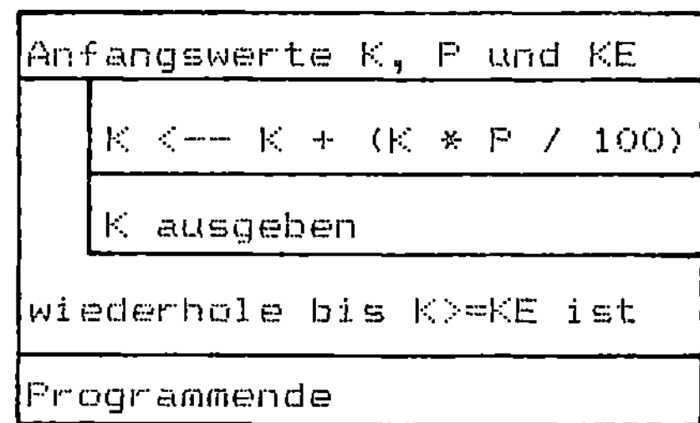

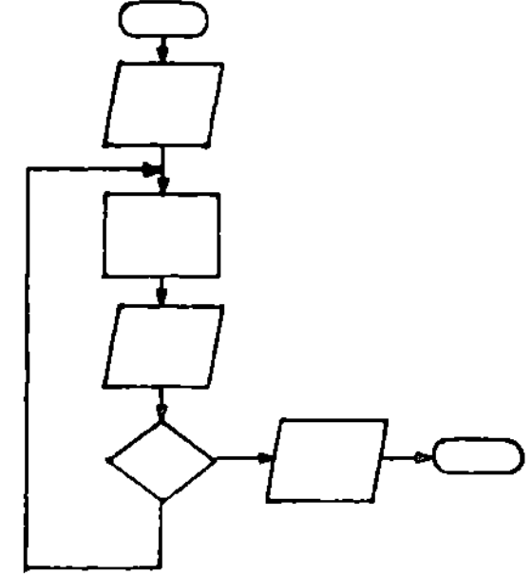

Codierung zu Programm KAPITAL2:

```
100   REM   ======KAPITAL2
110   PRINT "KAPITALIEN BIS ZUR VERDOPPLUNG."
120   REM   ======VEREINBARUNGSTEIL
130   REM   K:    REAL (KAPITAL IN DM)
140   REM   KE:   REAL (ENDKAPITAL IN DM)
150   REM   P:    REAL (ZINSSATZ IN %)
160   :
170   REM   ======ANWEISUNGSTEIL
180   INPUT "EINGESETZTES KAPITAL: ";K
190   INPUT "JAHRESZINSSATZ:         ";P
200   LET KE = 2 * K
210   REM   ***BEGINN DER NICHT-ABWEISENDEN SCHLEIFE***
220   LET K = K + K * P / 100
230   PRINT "    ";K
240   IF K < KE THEN 220
250   REM   ***SCHLEIFENENDE*************************
260   PRINT "ENDE NACH VERDOPPLUNG.": END
```

3.1.3.3 Schleife mit Abfrage in der Mitte

Am Spielprogramm ZUFALL1 wollen wir den Schleifentyp 'Abfrage in der Mitte des Wiederholungsteils' zeigen: Die Schleifenabfrage 280 IF Z=D GOTO 330 befindet sich inmitten des Wiederholungsteils von Zeile 260 bis Zeile 310. Aus dem Struktogramm sehen wir deutlich, daß innerhalb der Schleife noch eine Zweiseitige Auswahlstruktur eingeschachtelt ist: Wenn Z>D, dann zu groß, sonst zu klein. Dieses Programm ZUFALL1 ist also bereits recht komplex mit drei Programmstrukturen: Folgestruktur (200-240), dann Wiederholungsstruktur (260-310) mit eingeschachtelter Auswahlstruktur (290-310).

Zu den beiden F u n k t i o n e n RND und INT in Zeile 230: RND (von Random=Zufall) erzeugt eine Zufallszahl, wobei hinter dem Wort RND in Klammern eine Konstante oder Variable als Argument bzw. Parameter angegeben werden muß (Beispiele: RND(0), RND(Z1)). Die Funktion INT (von Integer=ganzzahlig) schneidet ggf. vorhandene Kommastellen ab. Die im Ausführungsbeispiel zu Programm ZUFALL1 vom Computer erzeugte Zahl 105 wurde in Zeile 230 LET D = INT(A*RND(A)+N) z.B. so nach D zugewiesen: RND(A) ergibt 0.58249; A bzw. 10 mal 0.58249 ergibt 5.8249;N bzw. 100 plus 5.8249 ergibt 105.8249; INT(105.8249) ergibt dann 105).

Codierung zu Programm ZUFALL1:

```
100   REM   ======PROGRAMM ZUFALL1
110   PRINT "RATEN EINER ZAHL ALS SPIELPROGRAMM."
120   :
130   REM   ======VEREINBARUNGSTEIL
140   REM   Z:   REAL     (JEWEILIGE BENUTZEREINGABE)
150   REM   D: INTEGER    (ZUFALLSZAHL DES COMPUTERS)
160   REM   A,N: INTEGER (GRENZEN FUER ZUFALLSAUSWAHL)
170   REM   V: INTEGER    (VERSUCHSZAEHLER)
180   :
190   REM   ======ANWEISUNGSTEIL
200   PRINT "EINE ZAHL WIRD ZUFAELLIG AUS DEN A"
210   PRINT "AUF N FOLGENDEN ZAHLEN ERZEUGT."
220   INPUT "BITTE A, N EINTIPPEN: ";A,N
230   LET D =   INT (A *   RND (A) + N): LET V = 0
240   PRINT : PRINT "SPIELBEGINN COMPUTER - BENUTZER:"
250   REM   ***BEGINN DER RATESCHLEIFE****************
260   INPUT "IHRE ZAHL BITTE: ";Z
270   LET V = V + 1
280   IF Z = D GOTO 330: REM   SCHLEIFENABFRAGE
290   IF Z > D GOTO 310
300   PRINT "... ZU KLEIN.": GOTO 260
310   PRINT "... ZU GROSS.": GOTO 260
320   REM   ***ENDE DER SCHLEIFE*******************
330   PRINT "TREFFER ";D;" NACH ";V;" VERSUCHEN."
340   PRINT "ENDE DES SPIELS."
350   END
```

Struktogramm zu ZUFALL1:   Ausführung zu ZUFALL1:

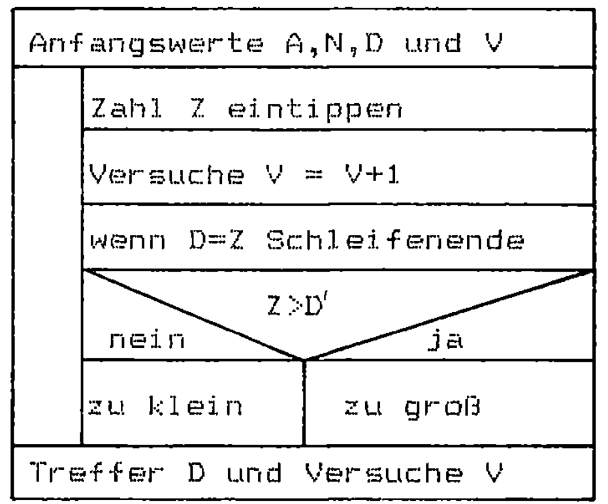

ÜRUN
RATEN EINER ZAHL ALS SPIELPROGRAMM.
EINE ZAHL WIRD ZUFAELLIG AUS DEN A
AUF N FOLGENDEN ZAHLEN ERZEUGT.
BITTE A, N EINTIPPEN: 10,100

SPIELBEGINN COMPUTER - BENUTZER:
IHRE ZAHL BITTE: 107
... ZU GROSS.
IHRE ZAHL BITTE: 103
... ZU KLEIN.
IHRE ZAHL BITTE: 105
TREFFER 105 NACH 3 VERSUCHEN.
ENDE DES SPIELS.

3.1.3.4 Zählerschleife

Läßt man ein Testprogramm auf verschiedenen Computern laufen,
um über den Vergleich der Ergebnisse deren Leistungen zu beur-
teilen, dann spricht man von einem Benchmark-Test. Ein äußerst
einfacher Test besteht z.B. darin, 2000 mal 10 durch 3 zu teilen, um über die hierfür benötigte Zeit dann auf die Verarbei-
tungsgeschwindigkeit des Computers bzw. der CPU zu schließen.
Programm BENCHMARK-TEST1 enthält dieses Testverfahren; für die
Ausführung wurden auf einem Apple IIe genau 15 Sek. benötigt.

In Zeile 130 von Programm BENCHMARK-TEST1 finden wir eine Zählerschleife, die sich genau 2000 mal wiederholt: die Variable
Z durchläuft dabei die Werte 1,2,3,...,2000 und heißt deswegen
auch L a u f v a r i a b l e. Da Z dabei jeweils um 1 hochge-
zählt wird, nennt man sie Zählervariable und kurz Z ä h l e r.
Basic verfügt über die beiden Anweisungen FOR und NEXT, um die
Zählerschleife zu kontrollieren. Statt in einer Zeile kann man
die Schleife in BENCHMARK-TEST1 auch in drei Zeilen schreiben:

```
130 FOR Z=1 TO 2000   -Für Z, das von 1 bis 2000 laufen soll
131 LET T=10/3        -Bei jedem Durchlauf 10/3 nach T zuweisen
132 NEXT Z            -Z um 1 erhöhen und ggf. nach 130 gehen
```

Da die überprüfung am Ende der Schleife in der NEXT-Anweisung
stattfindet, wird eine Schleife mit FOR X=5 TO 5 einmal durchlaufen. Der PAP zeigt die Sinnbilder für diesen Schleifentyp.

Beispiele für gültige FOR-Anweisungen (Werte der Laufvariablen
in Klammern): FOR I=100 TO 102 (100,101,102), FOR S1=3 TO EWER
(3,4 bei EWER=4), FOR D=0 TO 6 STEP 2 (0,2,4,6), FOR A=9 TO 13
STEP 3 (9,12), FOR I=8 TO 6 STEP -1 (8,7,6), FOR A=1 TO 1 (1).
Mit STEP kann man dabei für die Laufvariable eine von 1 abwei-
chende Schrittweite angeben. Ist STEP negativ, so muß der An-
gangswert natürlich größer sein als der Endwert.

Codierung zu BENCHMARK-TEST1:   PAP zu BENCHMARK-TEST1:

```
100   REM   ======BENCHMARK-TEST1
110   PRINT "TEST ZUR VERARBEITUNGSGESCHWINDIGKEIT."
120   PRINT T;" -> TESTBEGINN (BITTE WARTEN)"
130   FOR Z = 1 TO 2000: LET T = 10 / 3: NEXT Z
140   PRINT T;" -> TESTENDE"
150   END
```

Ausführung zu BENCHMARK-TEST1:

```
TEST ZUR VERARBEITUNGSGESCHWINDIGKEIT.
0 -> TESTBEGINN (BITTE WARTEN)
3.33333333 -> TESTENDE
```

Struktogramm zu BENCHMARK-TEST1:

Ausgabe T
Für Z von 1 bis 2000 wiederhole
Zuweisung T = 10/3
Ausgabe T

3.1.3.5 Unechte Zählerschleife

Eine u n e c h t e Zählerschleife liegt vor, wenn überhaupt nicht gezählt werden soll mit den Anweisungen FOR - NEXT, d.h. wenn diese beiden so bequem verwendbaren Anweisungen 'nur' zum Zwecke der Schleifensteuerung programmiert werden. Das folgende Programm FAHRTENBUCH1 demonstriert das an einer Kfz-Benzinabrechnung.
In der Zählerschleife (Zeilen 260 - 370) wird in der Anweisung 260 FOR Z = 1 TO 999 mit 999 ein normalerweise nicht erreichbarer Endwert angegeben, weil der eigentliche Schleifenausgang in Zeile 290 vorgesehen ist: Bei Eingabe von Null (K1=0?) wird die Laufvariable auf 999 gesetzt (LET Z=999) und nach 370 zur NEXT-Anweisung verzweigt. Ebenso könnte die Schleife durch eine Verzweigung 290 IF K1=0 THEN 380 direkt verlassen; diese Möglichkeit widerspricht jedoch dem Prinzip der strukturierten Programmierung, für jede Programmstruktur je e i n e n Eingang und Ausgang vorzusehen (vgl. Abschnitt 1.3.7.4).

Ein Ausgang (Zeile 370):   Zwei Ausgänge (290, 370):

```
260 FOR Z = 1 TO 999          260 FOR Z = 1 TO 999
...                           ...
290 IF K1=0 THEN Z=999: GOTO 370    290 IF K1=0 THEN 380
...                           ...
370 NEXT Z                    370 NEXT Z
380 ...                       380 ...
```

gut: ein Eingang, ein Ausgang   schlecht: unklare Struktur

    Unechte Zählerschleife auf zwei Arten programmiert

Ausführung zu FAHRTENBUCH1:   PAP zu FAHRTENBUCH1:

KFZ-BENZINVERBRAUCHSWERTE ERMITTELN
AUS EINTRAGUNGEN IM FAHRTENBUCH.
ANFANGSKILOMETERSTAND (TANK=VOLL): 60000
1. TANKEN: KM-STAND, LITER, DM (0=ENDE)
               60100 , 10 , 14
L1=10 K1=100
VERBRAUCH: 10 LITER/100 KM
BENZINPREIS: 1.4 DM/LITER

2. TANKEN: KM-STAND, LITER, DM (0=ENDE)
               60260 , 20 , 29
L1=20 K1=160
VERBRAUCH: 12.5 LITER/100 KM
BENZINPREIS: 1.45 DM/LITER

3. TANKEN: KM-STAND, LITER, DM (0=ENDE)
               0,0,0
KILOMETER GESAMT: 260 KM
AUSGABEN GESAMT: 43 DM
VERBRAUCH MITTEL: 11.5384615 LITER/100 KM
BENZINPREIS MITTEL: 1.43333333 DM/LITER

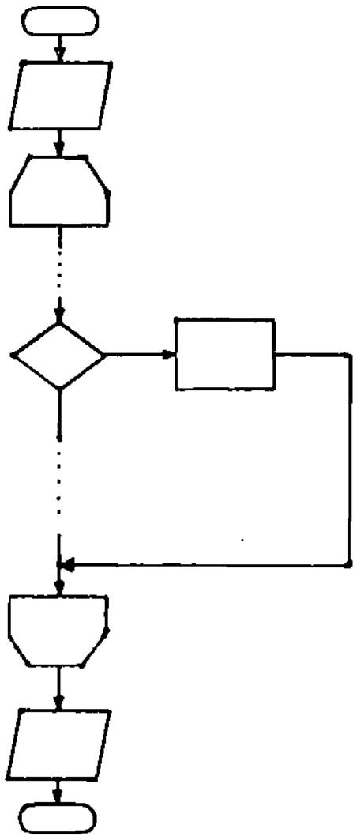

Codierung zu Programm FAHRTENBUCH1 (Schleife in 260-370):

```
100  REM   ======FAHRTENBUCH1
110  PRINT "KFZ-BENZINVERBRAUCHSWERTE ERMITTELN"
120  PRINT "AUS EINTRAGUNGEN IM FAHRTENBUCH.": PRINT
130  :
140  REM   ======VEREINBARUNGSTEIL
150  REM   K1: REAL (KM-STAND AUS FAHRTENBUCH)
160  REM   L1: REAL (LITERVERBRAUCH AUS F.)
170  REM   D1: REAL (DM-BETRAG FUER TANKEN AUS F.)
180  REM   V1: REAL (VERBRAUCH IN LITER/100 KM)
190  REM   B1: REAL (BENZINPREIS IN DM/LITER)
200  REM   K,L,D,V,B: REAL (ENTSPR. GESAMTWERTE)
210  REM   Z:  INTEGER (LAUFVARIABLE)
220  :
230  REM   ======ANWEISUNGSTEIL
240  INPUT "ANFANGSKILOMETERSTAND (TANK=VOLL): ";K0
250  LET K = 0:L = 0:D = 0
260  FOR Z = 1 TO 999                  <-- Schleifenbeginn
270  PRINT Z;". TANKEN: KM-STAND, LITER, DM (0=ENDE)"
280  INPUT "               ";K1,L1,D1
290  IF K1 = 0 THEN  LET Z = 999: GOTO 370<-- Signal für Schleifenende
300  LET K1 = K1 - K0:K = K + K1:L = L + L1:D = D + D1
310  LET V1 = 100 * L1 / K1
320  PRINT "L1=";L1;"  K1=";K1
330  PRINT "VERBRAUCH:    ";V1;" LITER/100 KM"
340  LET B1 = D1 / L1
350  PRINT "BENZINPREIS: ";B1;" DM/LITER"
360  LET K0 = K0 + K1: PRINT
370  NEXT Z                            <-- Schleifenende
380  LET V = 100 * L / K: LET B = D / L: PRINT
390  PRINT "KILOMETER GESAMT:    ";K;" KM"
400  PRINT "AUSGABEN GESAMT:     ";D;" DM"
410  PRINT "VERBRAUCH MITTEL:    ";V;" LITER/100 KM"
420  PRINT "BENZINPREIS MITTEL: ";B;" DM/LITER"
430  END
```

Zu Beginn jeder Ausführung von Programm FAHRTENBUCH1 ist vollkommen offen, wie oft die Schleife durchlaufen wird. Man nennt
diese Schleife deshalb auch eine o f f e n e Schleife. Dem-
gegenüber wurde BENCHMARK-TEST1 als g e s c h l o s s e n e
Schleife jeweils immer 2000 mal durchlaufen. Der Schleifentypi-
sierung 'offene und geschlossene Schleife' liegt also die Zahl
der Schleifendurchläufe als Unterscheidungskriterium zugrunde.

3.1.3.6 Schachtelung von Zählerschleifen

Mehrere Programmstrukturen können entweder hintereinander oder
geschachtelt in e i n e m Programm angeordnet sein (vgl. Abschnitt 1.3.3.5). Bei der Schachtelung von Zählerschleifen ist
zu beachten, daß die zuerst begonnene äußere Schleife zuletzt
beendet wird, daß die innere Schleife somit vollständig eingeschachtelt ist. Im Beispiel mit X-Schleife außen und Y-Schlei-
fe innen wird in 400 das Wort TEST 12 mal (3*4=12) ausgegeben.

```
 ┌─300 FOR  X=1  TO  3            ┌─300 FOR  X=1  TO  3
 │┌─310 FOR  Y=1  TO  4          │┌─310 FOR  Y=1  TO  4
 ││  ...                         ││  ...
 ││  400 PRINT  "TEST"           ││  400 PRINT  "TEST"
 ││  ...                         ││  ...                läuft nicht
 │└─590 NEXT  Y                  │└─590 NEXT  X
 └──600 NEXT  X                  └──600 NEXT  Y
```

   richtig: vollk. Schachtelung   falsch: teilweise Schachtelung

     Schachtelung mit innerer Y-Schleife und äußerer X-Schleife

Im Programm RATENSPARTABELLE1 sind ebenfalls 2 Zählerschleifen
geschachtelt angeordnet: Die innere Schleife mit der Laufvariablen I für die Jahre (im Ausführungsbeispiel I=1,2,3,4) sowie
die äußere Schleife mit J für die Anzahl der jährl. Zahlungen
(im Beispiel J=1,2). Die Beispieltabelle weist damit 8 Druck-
zeilen auf, da in Zeile 340 die PRINT-Anweisung 8 mal (4*2=8)
durchlaufen wird.

Struktogramm zu RATENSPARTABELLE1:   Ausführung zum Programm:

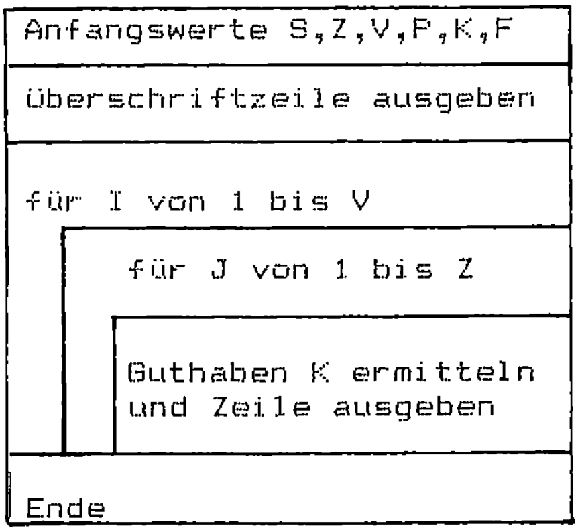

<table>
<tr><td>

```
┌──────────────────────────────────┐
│ Anfangswerte S,Z,V,P,K,F         │
├──────────────────────────────────┤
│ Überschriftzeile ausgeben        │
├──────────────────────────────────┤
│                                  │
│ für I von 1 bis V                │
│  ┌───────────────────────────────┤
│  │ für J von 1 bis Z             │
│  │ ┌─────────────────────────────┤
│  │ │ Guthaben K ermitteln        │
│  │ │ und Zeile ausgeben          │
├──┴─┴─────────────────────────────┤
│ Ende                             │
└──────────────────────────────────┘
```

</td><td>

```
GUTHABENENTWICKLUNG BEIM RATENSPAREN
ALS UEBERSICHTSTABELLE.
SPARRATE, ZAHLUNGEN/JAHR:    200 , 2
VERTRAGSLAUFZEIT (JAHRE):    4
ZINSSATZ (%/JAHR):           12

JAHR MONAT GUTHABEN
  1    1         212
  1    2         436.72
  2    1         674.92
  2    2         927.42
  3    1        1195.06
  3    2        1478.77
  4    1        1779.49
  4    2        2098.26
ENDE.
```

</td></tr>
</table>

Codierung zu RATENSPARTABELLE1 (Schleifen in Zeilen 310-360):

```
100   REM  ======PROGRAMM RATENSPARTABELLE1
110   PRINT "GUTHABENENTWICKLUNG BEIM RATENSPAREN"
120   PRINT "ALS UEBERSICHTSTABELLE."
130   :
140   REM  ======VEREINBARUNGSTEIL
150   REM  S:  REAL (SPARRATE GLEICHBLEIBEND)
160   REM  Z:  INTEGER (ANZAHL DER ZAHLUNGEN PRO JAHR)
170   REM  V:  INTEGER (VERTRAGSLAUFZEIT DES RATENSPARENS)
180   REM  P:  REAL (JAHRESZINSSATZ)
190   REM  F:  REAL (ZINSFAKTOR AUS ZINSFORMEL)
200   REM  K:  REAL (KAPITAL ALS NEUES ENDGUTHABEN)
210   REM  I:  INTEGER (LAUFVARIABLE AEUSSERE JAHRESSCHLEIFE)
220   REM  J:  INTEGER (LAUFVARIABLE INNERE MONATSSCHLEIFE)
230   :
240   REM  ======ANWEISUNGSTEIL
250   INPUT "SPARRATE, ZAHLUNGEN/JAHR:   ";S,Z
260   INPUT "VERTRAGSLAUFZEIT (JAHRE):   ";V
270   INPUT "ZINSSATZ (%/JAHR):          ";P
280   LET K = 0: LET F = 1 + P / Z / 100
290   PRINT : PRINT "JAHR MONAT GUTHABEN"
300   REM  **BEGINN DER SCHLEIFENSCHACHTELUNG****
310   FOR I = 1 TO V: REM  BEGINN SCHLEIFE 'AUSSEN'
320   : FOR J = 1 TO Z: REM  BEGINN SCHLEIFE INNEN
330   :: LET K = (K + S) * F
340   :: PRINT  TAB( 2);I; TAB( 7);J; TAB( 13); INT (K * 100 + 0.5) / 100
350   : NEXT J: REM  ENDE SCHLEIFE INNEN
360   NEXT I: REM  ENDE SCHLEIFE AUSSEN
370   REM  ***ENDE DER SCHLEIFENSCHACHTELUNG******
380   PRINT "ENDE.": END
```

3.1.4 Programm mit Unterprogramm

Die Verwendung von Unterprogrammen bietet diese entscheidenden
Vorteile:
- Ein in Unterprogramme gegliedertes Programm ist stets besser
  l e s b a r als ein ungegliedertes Gesamtprogramm.
- Einen an mehreren Stellen im Programm benötigten Ablauf muß
  man nur e i n m a l als Unterprogramm codieren.
- Oft vorkommende Verfahren können gesammelt und bei Bedarf im
  neuen Programm als B a u s t e i n e eingesetzt werden.
- Bei größeren Vorhaben können Teilabläufe von verschiedenen
  Personen g e t r e n n t entwickelt und dann zu einem Pro-
  grammkomplex zusammengesetzt werden.
In Applesoft können Unterprogramme durch die Anweisungen GOSUB
und RETURN verwirklicht werden oder aber als Funktionen.

3.1.4.1 Unterprogramme mit GOSUB und RETURN

Programm DEMO-UPRO1 demonstriert, wie ein e i n m a l codiertes Unterprogramm (Zeilen 1000, 1010) z w e i m a l aufgerufen wird (Zeilen 140 und 180). Zu trennen ist also die Unterprogrammcodierung (ein oder mehrere Zeilen mit RETURN am Ende) einerseits und der Unterprogrammaufruf (durch GOSUB) andererseits. In Basic ist das Unterprogramm immer Teil des Hauptprogramms.
Zweck des Unterprogramms ist es, die jeweilige Tastatureingabe um 10 zu erhoehen. Da sich die Eingabe im Hauptprogramm zuerst in X und dann in Y befindet, ist vor jedem Unterprogrammaufruf die Eingabe einer Variablen namens PAR (Parameter) zuzuweisen, um dann das Unterprogramm mit GOSUB 1000 aufzurufen, die Erhöhung mit 1000 LET PAR=PAR+10 auszuführen, mit 1010 RETURN in die jeweilige Folgezeile 150 bzw. 190 zurückzukehren und im Hauptprogramm fortzufahren. Die etwas umständliche Anweisungsfolge 'LET PAR=X ; GOSUB 1000 ; LET X=PAR' ist erforderlich, da ein Unterprogrammaufruf wie etwa 'GOSUB(X) 1000' mit einer wirklichen Parameterübergabe in Applesoft nicht Standard ist.

Codierung zu DEMO-UPRO1:   PAP zu DEMO-UPRO1:

```
100   REM  ======PROGRAMM DEMO-UPRO1
110   PRINT "EIN UNTERPROGRAMM ZWEIMAL AUFRUFEN."
120   INPUT "WERT VON X <- ";X
130   REM  ***ERSTER UNTERPROGRAMM-AUFRUF********
140   LET PAR = X: GOSUB 1000
150   LET X = PAR: PRINT "X UM 10 ERHOEHT -> ";X
160   INPUT "WERT VON Y <- ";Y
170   REM  ***ZWEITER UNTERPROGRAMM-AUFRUF*******
180   LET PAR = Y: GOSUB 1000
190   LET Y = PAR: PRINT "Y UM 10 ERHOEHT -> ";Y
200   PRINT "ENDE.": END
210 :
220   REM  ***UNTERPROGRAMM 'ERHOEHEN'**********
1000   LET PAR = PAR + 10
1010   RETURN
```

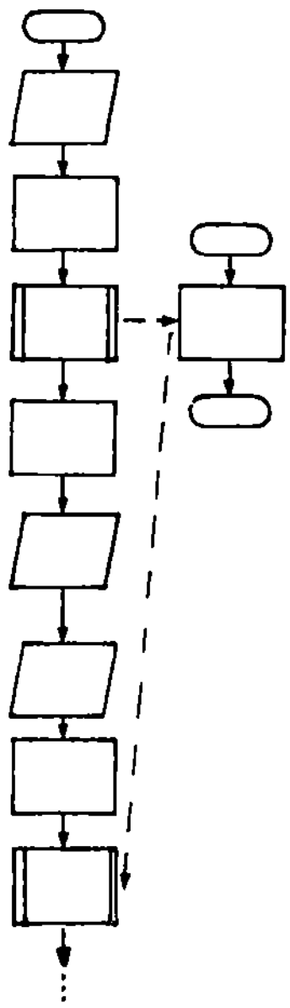

Ausführung zu DEMO-UPRO1:

```
EIN UNTERPROGRAMM ZWEIMAL AUFRUFEN.
WERT VON X <- 34
X UM 10 ERHOEHT -> 44
WERT VON Y <- 99999
Y UM 10 ERHOEHT -> 100009
ENDE.
```

Die Anweisung 140 GOSUB 1000 merkt sich die Folgezeile 150 als Rückkehradresse und verzweigt nach Zeile 1000 zum dort anfangenden Unterprogramm. Die Anweisung 1010 RETURN beendet das Unterprogramm und verzweigt zu der (zuletzt) gemerkten Rückkehradresse. Beispiele für Anweisungen zum Unterprogrammaufruf:

```
- 140 GOSUB 1000                    unbedingter Aufruf
- 140 IF A=3 THEN GOSUB 1000        numerisch bedingter Aufruf
- 140 IF B$="JA" THEN GOSUB 1000    Text-bedingter Aufruf
- 140 ON C GOSUB 1000,2000,3000     Fallabfrage mit Aufruf
```

Auf die Fallabfrage (für C=1 nach 1000 verzweigen, für C=2 jedoch nach 2000 usw.) gehen wir in Abschnitt 3.2 genauer ein.

3.1.4.2 Standardfunktionen und selbstdefinierte Funktionen

Funktionen sind besondere Unterprogramme, die durch Angabe des
Namens aufgerufen werden. Für häufig wiederkehrende Probleme
sind Funktionen standardmäßig vorgegeben und für spezielle Be-
nutzerprobleme können sie von diesem selbst definiert werden.

VORGEGEBENE STANDARDFUNKTIONEN AUFRUFEN:
  - Numerische Funktionen:
    Ganzzahl: INT(3.8) ergibt 3, INT(2.1111) ergibt 2
    Betrag: ABS(-2) ergibt 2, ABS(2) ergibt 2
    Vorzeichen: SGN(-2) ergibt -1, SGN(2) ergibt +1
    Zufallszahl: RND(0) ergibt z.B. 0.8724
    Weitere: ATN, COS, EXP, LOG, SIN, SQR, TAN

  - String-Funktionen bzw. Text-Funktionen:
    ASC, CHR$, LEFT$, LEN, MID$, STR$, RIGHT$ und VAL
    (vgl. Abschnitt 3.3)

  - System-Funktionen:
    FRE, PEEK, POKE und USR (vgl. Abschnitt 3.6)

FUNKTIONEN SELBST DEFINIEREN UND AUFRUFEN:
  - Definition der Funktion mit Anweisung DEF FN ...
  - Aufruf der Funktion durch FN ...

                    Zwei Arten von Funktionen

Programm DEMO-FUNKTION1 stimmt in der Ausführung mit Programm
DEMO-UPRO1 überein, nicht aber in der BASIC-Codierung: Das in
DEMO-UPRO1 mittels GOSUB und RETURN geschriebene Unterprogramm
wird in DEMO-FUNKTION1 durch eine benutzerdefinierte Funktion
mittels DEF FN vorgesehen. Die hierfür programmierte Anweisung
140 DEF FN ERHOEH(PAR)=PAR+10 führt hinter FN den Funktionsna-
men ERHOEH an; dem Parameter PAR wird das Ergebnis von PAR+10
zugewiesen. PAR vertritt als f o r m a l e r Parameter beim
Unterprogrammaufruf den entspr. a k t u e l l e n Parameter
X (1. Aufruf: FN ERHOEH(X)) sowie Y (2. Aufruf: FN ERHOEH(Y)).

Codierung zu Programm DEMO-FUNKTION1:


```
100  REM   ======DEMO-FUNKTION1
110  PRINT "EINE FUNKTION SELBST DEFINIEREN"
120  PRINT "UND DANN ZWEIMAL AUFRUFEN."
130  REM   ***FUNKTION DEFINIEREN**************
140  DEF  FN ERHOEH(PAR) = PAR + 10
150  :
160  INPUT "WERT VON X <- ";X
170  REM   ***ERSTER FUNKTIONS-AUFRUF*********
180  PRINT "X UM 10 ERHOEHT -> "; FN ERHOEH(X)
190  INPUT "WERT VON Y <- ";Y
200  REM   ***ZWEITER FUNKTIONS-AUFRUF********
210  PRINT "Y UM 10 ERHOEHT -> "; FN ERHOEH(Y)
220  PRINT "ENDE.": END
```

```
ÜRUN
EINE FUNKTION SELBST DEFINIEREN
UND DANN ZWEIMAL AUFRUFEN.
WERT VON X <- 34
X UM 10 ERHOEHT -> 44
WERT VON Y <- 99999
Y UM 10 ERHOEHT -> 100009
ENDE.
```

Das in Klammern hinter der Funktion geschriebene Argument kann
eine Konstante (INT(9.7)), eine Variable (INT(Z)) oder ein beliebiger Ausdruck sein (INT(9.7+Z)).

3.2 Drei Beispiele zur Programmiertechnik

Zu den in Abschnitt 1.3.7.4 dargestellten Programmiertechniken
drei Beispiele: Menütechnik, Standardisierung, Verzweigungs-
technik mit Wahrheitswerten.

3.2.1 Strukturiert programmieren: Menütechnik

Bei der Ausführung von Programm MENUE1 werden dem Benutzer genau sieben Wahlmöglichkeiten am Bildschirm angeboten – ähnlich
den Gängen eines Menüs auf der Speisekarte. Aus diesem Grunde
spricht man in der DV von der M e n ü t e c h n i k . Folgen-

Codierung zu Programm MENUE1:.   PAP zu MENUE1:

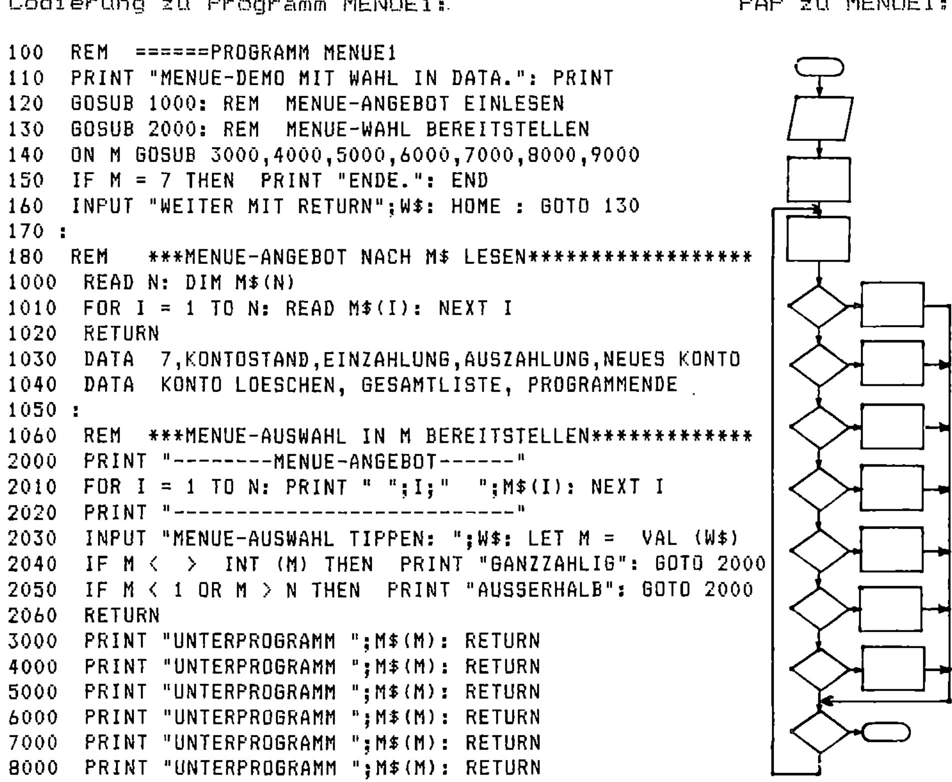

```
100   REM   ======PROGRAMM MENUE1
110   PRINT "MENUE-DEMO MIT WAHL IN DATA.": PRINT
120   GOSUB 1000: REM   MENUE-ANGEBOT EINLESEN
130   GOSUB 2000: REM   MENUE-WAHL BEREITSTELLEN
140   ON M GOSUB 3000,4000,5000,6000,7000,8000,9000
150   IF M = 7 THEN  PRINT "ENDE.": END
160   INPUT "WEITER MIT RETURN";W$: HOME : GOTO 130
170   :
180   REM   ***MENUE-ANGEBOT NACH M$ LESEN******************
1000  READ N: DIM M$(N)
1010  FOR I = 1 TO N: READ M$(I): NEXT I
1020  RETURN
1030  DATA  7,KONTOSTAND,EINZAHLUNG,AUSZAHLUNG,NEUES KONTO
1040  DATA  KONTO LOESCHEN, GESAMTLISTE, PROGRAMMENDE
1050  :
1060  REM  ***MENUE-AUSWAHL IN M BEREITSTELLEN************
2000  PRINT "--------MENUE-ANGEBOT------"
2010  FOR I = 1 TO N: PRINT " ";I;"  ";M$(I): NEXT I
2020  PRINT "-------------------------"
2030  INPUT "MENUE-AUSWAHL TIPPEN: ";W$: LET M =  VAL (W$)
2040  IF M < > INT (M) THEN  PRINT "GANZZAHLIG": GOTO 2000
2050  IF M < 1 OR M > N THEN  PRINT "AUSSERHALB": GOTO 2000
2060  RETURN
3000  PRINT "UNTERPROGRAMM ";M$(M): RETURN
4000  PRINT "UNTERPROGRAMM ";M$(M): RETURN
5000  PRINT "UNTERPROGRAMM ";M$(M): RETURN
6000  PRINT "UNTERPROGRAMM ";M$(M): RETURN
7000  PRINT "UNTERPROGRAMM ";M$(M): RETURN
8000  PRINT "UNTERPROGRAMM ";M$(M): RETURN
9000  PRINT "UNTERPROGRAMM ";M$(M): RETURN
```

de Punkte kennzeichnen diese Technik:
(1) Auswahl einer Tätigkeit aus dem Menü:
    Das Menü wird am Bildschirm gezeigt, bis der Benutzer eine
    gültige Auswahl getroffen hat (Unterprogramme 'GOSUB 1000'
    und 'GOSUB 2000' in Programm MENUE1).
(2) Ausführung dieser Tätigkeit in einem Unterprogramm:
    Über eine Mehrseitige Auswahl als Fallabfrage wird ein Un-
    terprogramm aufgerufen (Anweisung 140 ON M GOSUB ...) , um
    die gewählte Tätigkeit dann auszuführen.
(3) Wiederholtes Menüangebot mit Programmende über das Menü:
    Nach dieser Ausführung wird das Menü erneut gezeigt. Abge-
    brochen wird der Programmlauf stets über das Menü (Wahl 7)
    bzw. über das Steuerprogramm (hier Zeile 150), nicht aber
    über ein Unterprogramm.

Die sieben Tätigkeiten KONTOSTAND, EINZAHLUNG,.. werden in den
Zeilen 1030-1040 unter DATA gespeichert. Soll das Menüprogramm
für andere Zwecke verwendet werden, so müssen nur diese Zeilen
geändert werden, sonst nichts.

Die Anweisungen READ mit DATA dienen der Speicherung programm-
interner Daten. Jede READ-Anweisung rückt dabei einen Lesezeiger um 1 weiter. Die Anweisung RESTORE setzt den Lesezeiger
auf die Beginnposition 1 zurück. Die Daten können auf beliebig
viele DATA-Anweisungen verteilt werden; wesentlich ist allein
die Zeihenfolge: 10 DATA 4,7 entspricht 10 DATA 4,   11 DATA 7.


```
1000 READ N               Nach N wird die Ziffer 7 eingelesen.

1010 FOR I=1 TO N         Nach M$ werden 7 Textworte eingelesen
1011 READ M$(I)           (M$ ist ein String-Array).
1012 NEXT I
                                         Inhalt von M$:
1030 DATA 7, KONTOSTAND                  KONTOSTAND
1031 DATA EINZAHLUNG,AUSZAHLUNG          EINZAHLUNG
1032 DATA NEUES KONTO, KONTO LOESCHEN    AUSZAHLUNG
1033 DATA GESAMTLISTE, PROGRAMMENDE      NEUES KONTO
                                         KONTO LOESCHEN
READ weist einer oder mehreren Variablen  GESAMTLISTE
Werte zu, die unter DATA gespeichert sind. PROGRAMMENDE
```

   Anweisungen READ und DATA zur Datenspeicherung im Programm


```
MENUE-DEMO MIT WAHL IN DATA.      Ausführung zu Programm MENUE1:

--------MENUE-ANGEBOT------      --------MENUE-ANGEBOT------
 1  KONTOSTAND                    1  KONTOSTAND
 2  EINZAHLUNG                    2  EINZAHLUNG
 3  AUSZAHLUNG                    3  AUSZAHLUNG
 4  NEUES KONTO                   4  NEUES KONTO
 5  KONTO LOESCHEN                5  KONTO LOESCHEN
 6  GESAMTLISTE                   6  GESAMTLISTE
 7  PROGRAMMENDE                  7  PROGRAMMENDE
-----------------------------    -----------------------------
MENUE-AUSWAHL TIPPEN: 3          MENUE-AUSWAHL TIPPEN: 7
UNTERPROGRAMM AUSZAHLUNG         UNTERPROGRAMM PROGRAMMENDE
WEITER MIT RETURN                ENDE.
```

Anweisung 140 ON M GOSUB 3000,4000,5000,6000,7000,8000,9000 ruft für M=1 das Unterprogramm ab Zeile 3000 auf, für M=2 das Unterprogramm ab Zeile 4000 usw, wobei als Rückkehradresse für die RETURNs die Zeile 140 gespeichert wird. Durch die Fehlerabfragen in Zeile 2040-2050 wird sichergestellt, daß in M tatsächlich nur einer der ganzzahligen Werte 1,2,....,7 vorliegt.

In Zeile 2030 wird die Menü-Auswahl des Benutzers bewußt nicht einer numerischen Variablen W, sondern einer Textvariablen W$ zugewiesen. Damit soll ein 'Aussteigen' des Computers bei fehlerhafter Eingabe verhindert werden. Mit dem Funktions-Aufruf VAL(W$) wird der Text in W$ in einen Zahlenwert umgewandelt.

3.2.2 Wirtschaftlich programmieren: Standardisierung

In einer Kundendatei soll für jeden Kunden die NUMMER, der NAME und der UMSATZ gespeichert werden, in einer Artikeldatei zu jedem Artikel die BEZEICHNUNG, der PREIS und die MENGE, ... Je nach Dateiart ist das Eingabeproblem ähnlich. Unwirtschaftlich wäre es, für jedes Problem je ein neues Programm schreiben zu müssen. Programm STANDARD1 zeigt die Problemlösung über e i n Programm auf. Z w e i V a r i a b l e n e b e n e n werden dabei unterschieden:

– Variablen mit beschreibenden Daten:
    Die Variablen ND$(), TD$() und LD() nehmen Angaben zu Namen,

```
100  REM   ======STANDARD1          Codierung zu Programm STANDARD1:
110  :
120  REM   ======VEREINBARUNGSTEIL
130  REM   AD:    INTEGER (ANZAHL DER DATEN)
140  REM   ND$(): FELD (NAMEN DER DATEN)
150  REM   TD$(): FELD (TYPEN DER DATEN)
160  REM   LD():  FELD (LAENGEN DER DATEN)
170  REM   ID$(): FELD (INHALT DER DATEN)
180  REM   BEI AENDERUNG NUR ZEILE 210 AENDERN
190  REM   (I=INTEGER, S=STRING UND R=REALZAHL)
200  :
210  REM   ======ANWEISUNGSTEIL
220  REM   ***BEZEICHNUNGEN SPEICHERN****************
230  DATA  3,NUMMER,I,3,NAME,S,10,UMSATZ,R,6.2
240  REM   ***LESESCHLEIFE**************************
250  READ AD
260  FOR Z = 1 TO AD: READ ND$(Z),TD$(Z),LD(Z): NEXT Z
270  REM   ***EINGABESCHLEIFE**********************
280  FOR Z = 1 TO AD
290  PRINT ND$(Z);"        -        ";: INPUT ID$(Z): NEXT Z
300  REM   ***STRING-LAENGE PRUEFEN ALS BEISPIEL******
310  FOR Z = 1 TO AD
320  IF TD$(Z) = "S" AND  LEN (ID$(Z)) > LD(Z) THEN 340
330  PRINT "FEHLERFREI: ";ID$(Z): GOTO 350
340  PRINT "FEHLERHAFT: ";ID$(Z);" UEBER ";LD(Z);" STELLEN."
350  NEXT Z
360  PRINT "ENDE.": END
```

Datentypen und Längen der Daten auf. Diese Daten sind in der
DATA-Zeile gespeichert. Bei Änderung ist somit nur die DATA-
Zeile zu überprüfen.
- Variablen mit den eigentlichen Daten:
  Die Variable ID$() steht für den eigentlichen 'Inhalt der zu
  verarbeitenden Daten', z.B. für die drei Artikelangaben '101
  GOLDEN DELICIOUS 3470.50'.

Programm STANDARD1 verdeutlicht das prinzipielle Vorgehen beim
Arbeiten mit zwei Variablenebenen und ist je nach Anwendung zu
ergänzen: so fehlt die Dimensionierung mit DIM und die Prüfung
für das UMSATZ-Format 6.2 (6 Stellen, 2 Dezimalstellen).

Ausführung zu Programm STANDARD1:

```
NUMMER         -      ?101
NAME           -      ?GOLDEN DELICIOUS
UMSATZ         -      ?3470.50
FEHLERFREI: 101
FEHLERHAFT: GOLDEN DELICIOUS UEBER 10 STELLEN.
FEHLERFREI: 3470.50
ENDE.
```

3.2.3 Einfach programmieren: Verzweigungstechnik

Das Programm BOOLEAN1 verwendet das = als Zuweisungs- wie auch
Vergleichszeichen. Das erste = in Zeile 120 bewirkt eine Wertzuweisung: nach B1 wird das Ergebnis von X=Y zugewiesen. Dabei
ist X=Y ein Vergleichsausdruck mit = als Vergleichszeichen und
dem Vergleichsergebnis WAHR oder UNWAHR, das dann der Variablen B1 zugewiesen wird. B1 steht für 'Bedingung 1'. Der THEN-
Zweig in Zeile 130 wird nur ausgeführt, wenn B1 den Wert WAHR
hat.
Variablen, die nur die Werte WAHR (bzw. TRUE) und UNWAHR (bzw.
FALSE) annehmen können, nennt man boolesche Variablen. Damit
wird der Mathematiker George Boole geehrt, der um 1850 die Lo-
gik erforscht hat. APPLESOFT-BASIC sieht den Datentyp BOOLEAN
nicht explizit vor (vgl. Abschnitt 1.3.2.1); gleichwohl können
wir diesen Typ wie in Programm BOOLEAN1 gezeigt verwenden.

Codierung zu BOOLEAN1:   Zwei Ausführungen zu BOOLEAN1:

```
100  REM  ======PROGRAMM BOOLEAN1        ZWEI ZAHLEN EINGEBEN: 5,6
110  INPUT "ZWEI ZAHLEN EINGEBEN: ";X,Y  ENDE.
120  LET B1 = X = Y
130  IF B1 THEN  PRINT "BEIDE ZAHLEN GLEICH."
140  PRINT "ENDE.": END
                                         ZWEI ZAHLEN EINGEBEN: 4,4
                                         BEIDE ZAHLEN GLEICH.
                                         ENDE.
```

WAHR und UNWAHR wird durch die Zahlen 1 und 0 dargestellt. Das
Programm BOOLEAN2 demonstriert dies. Neben = lassen sich dabei
auch die Vergleichszeichen >, >=, <, <= und <> einsetzen. 10>6
ergibt den Wert WAHR bzw. 1.

Codierung zu BOOLEAN2:   Ausführung zu BOOLEAN2:

```
100  REM  ======PROGRAMM BOOLEAN2          ÜRUN
110  PRINT "DARSTELLUNG DES DATENTYPS 'BOOLEAN'."   DARSTELLUNG DES DATENTYPS
120  PRINT "WAHR BZW. TRUE    -> ";3 = 3   WAHR BZW. TRUE      -> 1
130  PRINT "UNWAHR BZW. FALSE -> ";3 = 4   UNWAHR BZW. FALSE -> 0
140  PRINT "ENDE.": END                    ENDE.
```

Das Programm BOOLEAN3 zeigt, wie mehrere Vergleichsbedingungen
durch logische Operatoren (auch boolesche Operatoren genannt)
verknüpft werden können: so durch AND (und), OR (oder) und NOT
(nicht). AND, OR und NOT werden in der booleschen Algebra zur
Erklärung logischer Zusammenhänge verwendet. Die Grundlage dazu bilden die sogenannten Wahrheitstafeln.

```
1 AND 1 -> 1          1 OR 1 -> 1          NOT 1 -> 0
1 AND 0 -> 0          1 OR 0 -> 1          NOT 0 -> 1
0 AND 1 -> 0          0 OR 1 -> 1
0 AND 0 -> 0          0 OR 0 -> 0
```

   Wahrheitstafeln für logisch 'und', 'oder' sowie 'nicht'

Für X=1 sowie Y=0 ergibt der boolesche Ausdruck X AND Y den
Wert FALSE bzw. 0 und X OR Y den Wert TRUE bzw. 1. Mehrere
boolesche Operatoren können in einem Ausdruck auftreten. Zwei
Beispiele hierzu: NOT(X OR Y) ergibt den Wert FALSE, während
(X>-100)AND(X<100) den Wert TRUE ergibt.

Codierung zu Programm BOOLEAN3:

```
100  REM  ======PROGRAMM BOOLEAN3
110  INPUT "DREI WORTE EINTIPPEN: ";A$,B$,C$
120  LET B1 = A$ = B$
130  LET B2 = B$ = C$
140  IF B1 AND B2 THEN  PRINT "ALLE DREI GLEICH."
150  IF B1 OR B2 THEN  PRINT "DIE ERSTEN ODER LETZTEN BEIDEN GLEICH."
160  IF  NOT B2 THEN  PRINT "DIE LETZTEN BEIDEN UNGLEICH."
170  PRINT "ENDE.": END
```

Ausführungen zu Programm BOOLEAN3:

```
DREI WORTE EINTIPPEN: 1,2,1          ÜRUN
DIE LETZTEN BEIDEN UNGLEICH.        DREI WORTE EINTIPPEN: DM, DM, DM
ENDE.                               ALLE DREI GLEICH.
                                    DIE ERSTEN ODER LETZTEN BEIDEN GLEICH.
ÜRUN                                ENDE.
DREI WORTE EINTIPPEN: 1,2,2
DIE ERSTEN ODER LETZTEN BEIDEN GLEICH.
ENDE.
```

Die drei Programmbeispiele BOOLEAN1 - BOOLEAN3 zeigen, daß in
Applesoft neben den Datentypen INTEGER (Ganzzahl), REAL (Dezimalzahl) und STRING (Text, Zeichenkette) auch der Typ BOOLEAN
(Wahrheitswert) verwendet werden kann. Dabei sind zwei Punkte
festzuhalten:
Das Anweisungswort LET sollte stets beibehalten werden. Sicher
ist 20 LET B1 = X=Y besser lesbar als 20 B1=X=Y. Dennoch beinhalten beide Anweisungen dasselbe: vergleiche X mit Y und wei-

se das Ergebnis WAHR bzw. UNWAHR als 1 bzw. 0 der boole'schen
Variablen B1 zu.
Die Verwendung des in Applesoft nur "im Verborgenen vorhandenen" Datentyps BOOLEAN eröffnet elegante Möglichkeiten zur Ablaufsteuerung über Verzweigungen wie über Schleifen.

3.3 Textverarbeitung

Mit T e x t v e r a r b e i t u n g ist hier nicht das kaufmännische Standard-Programmpaket gemeint (siehe dazu Abschnitt
1.3.8.4), sondern das Zerlegen und Zusammenfügen einzelner Daten vom Typ 'Text' bzw. 'String'. Man spricht dabei häufig von
S t r i n g v e r a r b e i t u n g.

3.3.1 Stringoperationen im Überblick

Applesoft stellt die 8 Standardfunktionen LEN, LEFT$, RIGHT$,
MID$, VAL, STR$, CHR$ sowie ASC zur Stringverarbeitung bereit.


```
-  Verkettung von Strings: +                  LET X$="6900"
   X$ + " " + Z$ ergibt 6900 HEIDELBERG       LET Y$="HEIDELBERG"
                                              LET Z = 6900

-  Länge eines Strings: LEN(Y$)
   LEN(X$) ergibt 4;    LEN(Y$) ergibt 10


-  Linker Teilstring: LEFT$(Y$,L)
   LEFT$(Y$,5) ergibt HEIDE;    LEFT$(Y$,2) ergibt HE


-  Rechter Teilstring: RIGHT$(Y$,L)
   RIGHT$(Y$,4) ergibt BERG;    RIGHT$(X$,2) ergibt 00


-  Teilstring von V bis zum Ende: MID$(Y$,V)
   MID$(Y$,7) ergibt BERG;    MID$(X$,2) ergibt 900


-  Teilstring von V mit Länge L: MID$(Y$,V,L)
   MID$(Y$,2,3) ergibt EID;    MID$(Y$,6,1) ergibt L


-  Umwandlung von Zahl in String: STR$(Z)
   STR$(Z) + Y$ ergibt 6900HEIDELBERG;    Z + Y$ ergibt Fehler


-  Umwandlung von String in Zahl: VAL(X$)
   VAL(X$) - 400 ergibt 6500;    X$ - 400 ergibt Fehler


-  Umwandlung von Codezahl in Einzelzeichen: CHR$(X)
   CHR$(49) ergibt 1;    CHR$(82) ergibt R        (ASCII-Zeichen)


-  Umwandlung von Einzelzeichen in Codezahl: ASC(A$)
   ASC("R") ergibt 82;    ASC("=") ergibt 61      (ASCII-Zeichen)
```

Funktionen zur Verarbeitung von Strings

Diese Stringoperationen wollen wir an Beispielen betrachten.

3.3.2 Einige kleine Programmbeispiele

Programm TEXT0 dient dem Zweck, ein Zeichen Z$ in einem String
bzw. Text E$ zu suchen. S dient als Merker bzw. Flagge (Flag).
Mittels MID$(E$,I,1) wird das 1., 2., ... Element des Texts E$
angesprochen und mit Z$ verglichen. Die Zählerschleife wird in
jedem Fall über 320 NEXT I verlassen (Prinzip: ein Schleifenausgang). In Programm TEXT0 wird eine Zählerschleife durchlaufen, gefolgt von einer zweiseitigen Auswahl.

Codierung zu Programm TEXT0:

```
100   REM   ======PROGRAMM TEXT0
110   PRINT "EIN ZEICHEN IN EINEM TEXT SUCHEN."
120   :
130   REM   ======VEREINBARUNGSTEIL
140   REM   E$:   STRING (EINGABETEXT BELIEBIG)
150   REM   Z$:   STRING (ZU SUCHENDES ZEICHEN)
160   REM   S:    INTEGER (STELLE MIT ZEICHEN)
170   REM   L:    INTEGER (LAENGE DES TEXTES E$)
180   REM   I:    LAUFVARIABLE FUER SCHLEIFE
190   :
200   REM   ======ANWEISUNGSTEIL
210   INPUT "TEXT EINTIPPEN: ";E$
220   INPUT "ZU SUCHENDES ZEICHEN EINTIPPEN: ";Z$
230   IF  LEN (Z$) <  > 1 THEN 220: REM   MEHR ALS 1 ZEICHEN
240   LET L =  LEN (E$): REM   LAENGE VON E$
250   LET S = 0: REM   ANFANGSWERT SETZEN
260   REM   ***BEGINN DER SUCHSCHLEIFE***************
270   FOR I = 1 TO L
280   PRINT I;". STELLE VON TEXT ";E$: REM   KONTROLLAUSGABE
290   IF  MID$ (E$,I,1) <  > Z$ THEN 320: REM   FALLS NICHT GEFUNDEN
300   LET S = I: REM   STELLE S MERKEN
310   LET I = L: REM   LAUFVARIABLE AUF ENDWERT SETZEN
320   NEXT I
330   REM   ***ENDE DER SUCHSCHLEIFE*****************
340   :
350   PRINT : PRINT "SUCHERGEBNIS:"
360   IF S = 0 THEN  PRINT Z$;" NICHT GEFUNDEN.": GOTO 380
370   PRINT Z$;" AN ";S;". STELLE IM STRING ";E$
380   PRINT "PROGRAMMENDE."
```

Ausführung zu Programm TEXT0:

```
EIN ZEICHEN IN EINEM TEXT SUCHEN.
TEXT EINTIPPEN: DISKONT
ZU SUCHENDES ZEICHEN EINTIPPEN: N
1. STELLE VON TEXT DISKONT
2. STELLE VON TEXT DISKONT
3. STELLE VON TEXT DISKONT
4. STELLE VON TEXT DISKONT
5. STELLE VON TEXT DISKONT
6. STELLE VON TEXT DISKONT

SUCHERGEBNIS:
N AN 6. STELLE IM STRING DISKONT
PROGRAMMENDE.
```

Ausführung zu Programm TEXT1:

```
EINEN STRING IN EINEM TEXT SUCHEN.
TEXT EINTIPPEN: MWST EINGESCHLOSSEN
ZU SUCHENDEN STRING EINTIPPEN: EINGESCHLOSSEN
EINGESCHLOSSEN BEGINNT MIT STELLE 6
ENDE.
```

In Programm TEXT1 wird kein Zeichen, sondern ein String in einem Text gesucht. Diese Anweisungsfolge wird häufig zusätzlich als INSTR-Funktion angeboten (Aufruf: INSTR(E$,Z$)). Programmstrukturen in TEXT1: Zählerschleife und Einseitige Auswahl.

Codierung zu Programm TEXT1:

```
100   REM  ======PROGRAMM TEXT1
110   PRINT "EINEN STRING IN EINEM TEXT SUCHEN."
120   INPUT "TEXT EINTIPPEN: ";E$
130   INPUT "ZU SUCHENDEN STRING EINTIPPEN: ";Z$
140   FOR I = 1 TO ( LEN (E$) -  LEN (Z$) + 1)
150   IF  MID$ (E$,I, LEN (Z$)) = Z$ THEN  LET S = I
160   NEXT I
170   IF S > 0 THEN  PRINT Z$;" BEGINNT MIT STELLE ";S
180   PRINT "ENDE.": END
```

Programm TEXT2 kehrt den Text T1$ um zu T2$. Dabei wird in einer Zählerschleife mit Schrittweite −1 das letzte, vorletzte, ... Element von T1$ entnommen und an den String T2$ angehängt. Vorgehen hierzu: Vor Schleifeneintritt Leerstring erzeugen in 210 und wiederholt Text verketten mittels Operator + in 230.

Codierung zu Programm TEXT2:

```
100   REM  ======PROGRAMM TEXT2
110   PRINT "PROGRAMM ZUM UMKEHREN VON TEXT."
120   REM  ======VEREINBARUNGSTEIL
130   REM  T1$: TEXT (AUSGANGSTEXT)
140   REM  T2$: TEXT (UMKEHRTEXT)
150   REM  L:   INTEGER (LAENGE VON T1$)
160   REM  I:   INTEGER (LAUFVARIABLE)
170   :
180   REM  ======ANWEISUNGSTEIL
190   INPUT "BELIEBIGEN TEXT EINTIPPEN: ";T1$
200   LET L =  LEN (T1$): REM  LAENGE DES STRINGS T1$
210   LET T2$ = "": REM  STRING T2$ ALS LEERSTRING MIT LAENGE=0
220   FOR I = L TO 1 STEP  - 1: REM  ZAEHLEN VON L BIS 1 HINUNTER
230   LET T2$ = T2$ +  MID$ (T1$,I,1): REM  I. ZEICHEN AN T2$ ANHAENGEN
240   PRINT L - I + 1;". SCHLEIFENDURCHLAUF: ";T2$: REM  KONTROLLAUSGABE
250   NEXT I: REM  NAECHSTES ZEICHEN NEHMEN
260   PRINT : PRINT T1$;" UMGEKEHRT ZU ";T2$
270   END
```

Ausführung zu Programm TEXT2:

```
PROGRAMM ZUM UMKEHREN VON TEXT.        PROGRAMM ZUM UMKEHREN VON TEXT.
BELIEBIGEN TEXT EINTIPPEN: APPLE       BELIEBIGEN TEXT EINTIPPEN: 124 DM
1. SCHLEIFENDURCHLAUF: E               1. SCHLEIFENDURCHLAUF: M
2. SCHLEIFENDURCHLAUF: EL              2. SCHLEIFENDURCHLAUF: MD
3. SCHLEIFENDURCHLAUF: ELP             3. SCHLEIFENDURCHLAUF: MD
4. SCHLEIFENDURCHLAUF: ELPP            4. SCHLEIFENDURCHLAUF: MD 4
5. SCHLEIFENDURCHLAUF: ELPPA           5. SCHLEIFENDURCHLAUF: MD 42
                                       6. SCHLEIFENDURCHLAUF: MD 421

APPLE UMGEKEHRT ZU ELPPA               124 DM UMGEKEHRT ZU MD 421
```

Programm TEXT3 wendet die Funktion STR$ an zur Umwandlung einer Zahl Z in einen String Z$, um sodann die einzelnen Ziffern auseinanderziehen zu können.
Programm TEXT4 dient dem Unterstreichen von Text.

Codierung zu Programm TEXT3:   Codierung zu Programm TEXT4:

```
100  REM  ======PROGRAMM TEXT3        100  REM  ======PROGRAMM TEXT4
110  PRINT "ZIFFERN AUSEINANDERZIEHEN."  110  PRINT "TEXT UNTERSTREICHEN."
120  INPUT "ZAHL EINGEBEN: ";Z        120  PRINT "TEXT EINGEBEN:"
130  LET Z$ =  STR$ (Z)               130  INPUT T$
140  FOR I = 1 TO  LEN (Z$)           140  PRINT : PRINT T$
150  PRINT  MID$ (Z$,I,1);" ";        150  FOR I = 1 TO  LEN (T$)
160  NEXT I                           160  PRINT "-";
170  END                              170  NEXT I
                                      180  END
ÜRUN
ZIFFERN AUSEINANDERZIEHEN.            ÜRUN
ZAHL EINGEBEN: 12564.775             TEXT UNTERSTREICHEN.
1 2 5 6 4 . 7 7 5                    TEXT EINGEBEN:
                                      ?DIESER STRING IST UNTERSTRICHEN

                                      DIESER STRING IST UNTERSTRICHEN
                                      ---------------------------------
```

Durch Programm TEXT5 wird Text rechtsbündig ausgegeben. Hierzu
wird ein String L$ mit Z Blancs bzw. Leerstellen aufgebaut, an
den der Eingabetext E$ angehängt wird, um mit RIGHT$(G$,Z) die
Z rechtsstehenden Zeichen auszugeben.
Programm TEXT6 stellt einer Anzahl führender Nullen voran.

Codierung zu Programm TEXT5:

```
100  REM  ======PROGRAMM TEXT5
110  PRINT "TEXT RECHTSBUENDIG AUSGEBEN.": PRINT
120  PRINT "STELLENANZAHL BZW. ZEILENBREITE:"
130  INPUT Z
140  FOR I = 1 TO Z:L$ = L$ + " ": NEXT I
150  PRINT "TEXTEINGABE (UNTER ";Z;" STELLEN):"
160  INPUT E$
170  LET G$ = L$ + E$
180  LET A$ =  RIGHT$ (G$,Z)
190  PRINT : PRINT "TEXTAUSGABE RECHTSBUENDIG:"
200  PRINT A$
210  END
```

Ausführung zu Programm TEXT5:   Ausführung zu Programm TEXT6:
```
TEXT RECHTSBUENDIG AUSGEBEN.          ZAHL UM FUEHRENDE NULLEN ERWEITERN.
                                      ANZAHL DER STELLEN INSGESAMT: 10
STELLENANZAHL BZW. ZEILENBREITE:      GANZZAHL:                    : 12
?30                                   0000000012
TEXTEINGABE (UNTER 30 STELLEN):       ENDE.
?RECHNUNGSBETRAG
TEXTAUSGABE RECHTSBUENDIG:
              RECHNUNGSBETRAG
```

                                      Codierung zu Programm TEXT6:
```
100  REM  ======PROGRAMM TEXT6
110  PRINT "ZAHL UM FUEHRENDE NULLEN ERWEITERN."
120  INPUT "ANZAHL DER STELLEN INSGESAMT: ";A
130  INPUT "GANZZAHL:                    : ";Z
140  LET Z$ =  STR$ (Z)
150  LET Z$ =  RIGHT$ (Z$, LEN (Z$))
160  LET Z$ =  RIGHT$ ("000000000000000" + Z$,A)
170  PRINT Z$
180  PRINT "ENDE.": END
```

Programm TEXT7 demonstriert die Funktion LEFT$, um Text durch
Blancs zu erweitern (Anwendung z.B., um eine feste Datensatz-
länge einer Datei zu erreichen).
Programm TEXT8 eliminiert solche Leerstellen wieder.

Codierung zu Programm TEXT7:

```
100   REM   ======PROGRAMM TEXT7
110   PRINT "STRING MIT BLANCS ERWEITERN."
120   INPUT "ANZAHL DER STELLEN INSGESAMT: ";A
130   INPUT "ZU ERWEITERNDER STRING:    ";S$
140   FOR I = 1 TO A: LET B$ = B$ + " ": NEXT I
150   LET S$ = LEFT$ (S$ + B$,A)
160   PRINT "-->";S$;"<--"
170   PRINT "ENDE.": END
```

Ausführung zu Programm TEXT7:
```
STRING MIT BLANCS ERWEITERN.
ANZAHL DER STELLEN INSGESAMT: 20
ZU ERWEITERNDER STRING:      17150
-->17150               <--
ENDE.
```

Codierung zu Programm TEXT8:   Ausführung zu Programm TEXT8:

```
100   REM   ======PROGRAMM TEXT8
110   PRINT "BLANCS AUS STRING ABSCHNEIDEN."
120   PRINT "STRING MIT BLANC AM ENDE:"
130   INPUT E$: LET S$ = E$
140   FOR I = LEN (S$) TO 1 STEP - 1
150   IF RIGHT$ (S$,1) < > " " THEN 170
160   LET S$ = LEFT$ (S$, LEN (S$) - 1)
170   NEXT I
180   PRINT "-->";E$;"<--"
190   PRINT "-->";S$;"<--"
```

```
ÜRUN
BLANCS AUS STRING ABSCHNEIDEN.
STRING MIT BLANC AM ENDE:
?RECHNUNGSBETRAG
-->RECHNUNGSBETRAG       <--
-->RECHNUNGSBETRAG<--
```

3.3.3 Datumsangaben verarbeiten

Angaben zum Datum werden so oft verarbeitet, daß man fast von
einem eigenen 'Datentyp' sprechen kann. Programm DATUMINT1 be-
reitet ein Datum zum Sortieren auf: Das Eingabeformat 'Tag-Mo-
nat-Jahr' wird umgekehrt zum Format 'Jahr-Monat-Tag' und könnte so leicht - in eine Ganzzahl umgewandelt - sortiert werden.

Codierung und Ausführung zu Programm DATUMINT1:

```
100   REM   ======PROGRAMM DATUMINT1
110   PRINT "DATUM ALS INTEGER-ZAHL ZWECKS SORTIEREN."
120   INPUT "DATUM IM FORMAT TT.MM.JJ: ";D$
130   LET T$ = LEFT$ (D$,2)
140   LET M$ = MID$ (D$,4,2): LET J$ = RIGHT$ (D$,2)
150   LET DI$ = J$ + M$ + T$
160   PRINT "INTEGERZAHL 'UMGEKEHRT': ";DI$
170   PRINT "ENDE.": END
```

```
DATUM ALS INTEGER-ZAHL ZWECKS SORTIEREN.
DATUM IM FORMAT TT.MM.JJ: 31.08.47
INTEGERZAHL 'UMGEKEHRT': 470831
ENDE.
```

Programm DATUMPRUEF1 testet, ob ein Datum innerhalb einer vorgegebenen Zeitspanne liegt oder nicht. Dabei wird jedes Datum
mittels Funktion VAL in einen numerischen Wert umgewandelt, um
die Abfragen vornehmen zu können. Programmstrukturen: Zählerschleife, gefolgt von einer Fallabfrage mit sieben Fällen.

Codierung zu Programm DATUMPRUEF1:

```
100   REM   ======PROGRAMM DATUMPRUEF1
110 :
120   REM   ======VEREINBARUNGSTEIL
130   DIM D$(3): REM  3-ELEMENTE-STRINGARRAY FUER DATUMANGABEN
140   DIM T(3): REM  3-ELEMENTE-INTEGERARRAY FUER TAGE
150   DIM M(3): REM  3-ELEMENTE-INTEGERARRAY FUER MONATE
160   DIM J(3): REM  3-ELEMENTE-INTEGERARRAY FUER JAHRE
170 :
180   REM   ======ANWEISUNGSTEIL
190   PRINT "DATUM INNERHALB EINER ZEITSPANNE PRUEFEN."
200   INPUT "DATUMGRENZE UNTEN TT.MM.JJ: ";D$(1)
210   INPUT "DATUMGRENZE OBEN  TT.MM.JJ: ";D$(2)
220   INPUT "TESTDATUM         TT.MM.JJ: ";D$(3)
230   FOR I = 1 TO 3
240   LET T(I) =  VAL ( LEFT$ (D$(I),2))
250   LET M(I) =  VAL ( MID$ (D$(I),4,2))
260   LET J(I) =  VAL ( RIGHT$ (D$(I),2))
270   NEXT I
280   IF J(3) > J(2) THEN  PRINT "JAHR ZU JUNG.": GOTO 350
290   IF J(3) < J(1) THEN  PRINT "JAHR ZU ALT": GOTO 350
300   IF J(3) = J(2) AND M(3) > M(2) THEN  PRINT "MONAT ZU JUNG": GOTO 350
310   IF J(3) = J(1) AND M(3) < M(1) THEN  PRINT "MONAT ZU ALT": GOTO 350
320   IF J(3) = J(2) AND M(3) = M(2) AND T(3) > T(2) THEN  PRINT "TAG ZU JU
      NG": GOTO 350
330   IF J(3) = J(1) AND M(3) = M(1) AND T(3) < T(1) THEN  PRINT "TAG ZU JU
      NG": GOTO 350
340   PRINT "DATUM LIEGT INNERHALB DER ZEITSPANNE."
350   PRINT "ENDE.": END
```

Ausführung zu Programm DATUMPRUEF1:

```
DATUM INNERHALB EINER ZEITSPANNE PRUEFEN.
DATUMGRENZE UNTEN TT.MM.JJ: 31.01.1983
DATUMGRENZE OBEN  TT.MM.JJ: 04.03.1983
TESTDATUM         TT.MM.JJ: 13.02.1983
DATUM LIEGT INNERHALB DER ZEITSPANNE.
ENDE.
```

3.3.4 Teilstrings aufbereiten

Aus Gründen der Speicherplatzersparnis speichert man den Satz
einer Datei oft als String ab, wobei die Satzkomponenten durch
ein vereinbartes Zeichen wie z.B. ";" getrennt sind. Programm
ETIKETTEN1 demonstriert, wie aus dem String S$ die Teilstrings
T$ zu einem Drucketikett aufbereitet werden. Das Beispiel be-
zieht sich also auf eine Artikeldatei mit Sätzen (Strings S$),
die aus jeweils 6 Datenfeldern (Teilstrings T$) bestehen. Die
Abfrage in Zeile 260 vergleicht mit CHR$(59) und damit mit ";"

(59 als Codezahl für das Semikolon im ASCII); man könnte ebenso schreiben: 260 IF (MID$(S$,I,1)=";") OR ...

Codierung zu Programm ETIKETTEN1:

```
100  REM  ======ETIKETTEN1
110  PRINT "TEILSTRINGS AUS EINEM STRING ENTNEHMEN"
120  PRINT "UND AUS DRUCKETIKETT AUSGEBEN."
130  :
140  REM  ======VEREINBARUNGSTEIL
150  REM  S$:   STRING (DATENSATZ MIT ; GETRENNTEN DATENFELDERN)
160  REM  NS:   INTEGER (LAENGE VON S$)
170  REM  T$:   STRING (TEILSTRING MIT EINEM DATENFELD)
180  REM  NT:   INTEGER (LAENGE VON T$)
190  :
200  REM  ======ANWEISUNGSTEIL
210  PRINT "STRING MIT ; ALS TRENNUNGSZEICHEN:"
220  INPUT S$: LET NS = LEN (S$)
230  PRINT : PRINT "AUSGABE ALS ETIKETT:"
240  REM  ***TRENNUNGEZEICHEN ; SUCHEN***************
250  FOR I = 1 TO NS
260  IF ( MID$ (S$,I,1) = CHR$ (59)) OR (NS = I) THEN  LET NT = I:I = NS
270  NEXT I
280  REM  ***TEILSTRING T$ ENTNEHMEN****************
290  LET T$ = LEFT$ (S$,NT - 1)
300  PRINT "   ";T$
310  REM  ***GESAMTSTRING S$ UMD T$ KUERZEN*********
320  LET NS = NS - NT
330  IF NS = 0 THEN 350
340  LET S$ = RIGHT$ (S$,NS): GOTO 250
350  PRINT "ENDE.": END
```

Ausführung zu Programm ETIKETTEN1:

```
TEILSTRINGS AUS EINEM STRING ENTNEHMEN
UND AUS DRUCKETIKETT AUSGEBEN.
STRING MIT ; ALS TRENNUNGSZEICHEN:
?1002;PAPIER;DIN A4;UNLINIERT;100 BLATT;DM 3.50;

AUSGABE ALS ETIKETT:
   1002
   PAPIER
   DIN A4
   UNLINIERT
   100 BLATT
   DM 3.50
ENDE.
```

3.3.5 Stringvergleich mit Wildcard-Zeichen

Programm STRINGVERGLEICH1 veranschaulicht vier wesentliche Arten des Vergleichs des Strings MWST als Ordnungsbegriff mit je
einem weiteren String als Suchbegriff.
Verwendet man das sog. Wildcard-Zeichen =. So wird M=, MW= wie
MWS= jeweils als 'gleich' mit MWST erkannt. Das = ersetzt also
eine Zeichenfolge. Insbesondere bei längeren Strings spart man
sich bei Verwendung des Wildcards = viel Tipparbeit.

```
100  REM  ======PROGRAMM STRINGVERGLEICH1        Codierung zu Programm
110  PRINT "VIER ARTEN DES STRINGVERGLEICHS."     STRINGVERGLEICH1:
120  :
130  REM  ======VEREINBARUNGSTEIL
140  REM  O$:    STRING (ORDNUNGSBEGRIFF)
150  REM  S$:    STRING (SUCHBEGRIFF)
160  REM  NO:    INTEGER (STELLENANZAHL VON O$)
170  REM  NS:    INTEGER (STELLENANZAHL VON S$)
180  REM  S:     INTEGER (STELLE BZW. MERKER)
190  :
200  REM  ======ANWEISUNGSTEIL
210  INPUT "--> ZU PRUEFENDER ORDNUNGSBEGRIFF: ";O$: LET NO =  LEN (O$)
220  INPUT "--> SUCHBEGRIFF (O FUER ENDE): ";S$: LET NS =  LEN (S$)
230  LET S = 0: REM  STELLE SOWIE FLAGGE
240  IF S$ = "O" THEN  PRINT "ENDE.": END
250  REM  *** GESAMTVERGLEICH *****************************************
260  LET S1$ =  LEFT$ (S$ + "                    ",NO)
270  IF S1$ = O$ THEN 290
280  GOTO 310
290  PRINT "GESAMTVERGLEICH: ";S$;" GLEICH ";O$
300  REM  *** TEILVERGLEICH ******************************************
310  IF S$ <  > LEFT$ (O$,NS) THEN 340
320  PRINT "TEILVERGLEICH: ";S$;" LINKS IN ";O$
330  REM  *** VERGLEICH MIT PRAEFIX = ********************************
340  FOR I = 1 TO NS
350  IF "=" =  MID$ (S$,I,1) THEN  LET S = I: LET I = NS
360  NEXT I
370  IF S = 0 THEN 410
380  IF  LEFT$ (S$,S - 1) <  > LEFT$ (O$,S - 1) THEN 410
390  PRINT "VERGLEICH MIT PRAEFIX '=':";S$;" IN ";O$
400  REM  *** VERGLEICH MIT EGAL-ZEICHEN ? **************************
410  LET S = 1: REM  S ALS FLAGGE
420  FOR I = 1 TO NO
430  IF "?" =  MID$ (S$,I,1) THEN 450
440  IF  MID$ (S$,I,1) <  > MID$ (O$,I,1) THEN  LET S = 0: LET I = NO
450  NEXT I
460  IF S = 0 THEN 480
470  PRINT "VERGLEICH MIT EGAL '?': ";S$;" GLEICH ";O$
480  GOTO 220
```

Ausführung zu Programm STRINGVERGLEICH:

```
VIER ARTEN DES STRINGVERGLEICHS.
--> ZU PRUEFENDER ORDNUNGSBEGRIFF: MWST
--> SUCHBEGRIFF (O FUER ENDE): MW=
VERGLEICH MIT PRAEFIX '=':MW= IN MWST
--> SUCHBEGRIFF (O FUER ENDE): MW??
VERGLEICH MIT EGAL '?': MW?? GLEICH MWST
--> SUCHBEGRIFF (O FUER ENDE): MW?T
VERGLEICH MIT EGAL '?': MW?T GLEICH MWST
--> SUCHBEGRIFF (O FUER ENDE): MW
TEILVERGLEICH: MW LINKS IN MWST
--> SUCHBEGRIFF (O FUER ENDE): MWST
GESAMTVERGLEICH: MWST GLEICH MWST
TEILVERGLEICH: MWST LINKS IN MWST
VERGLEICH MIT EGAL '?': MWST GLEICH MWST
--> SUCHBEGRIFF (O FUER ENDE): MWST DABEI
GESAMTVERGLEICH: MWST DABEI GLEICH MWST
VERGLEICH MIT EGAL '?': MWST DABEI GLEICH MWST
--> SUCHBEGRIFF (O FUER ENDE): O
ENDE.
```

Das Wildcard-Zeichen ? ersetzt ein Einzelzeichen: So wird MW?T
wie auch M??T als 'gleich' mit MWST erkannt.
Der Gesamtvergleich vergleicht beide Strings Zeichen für Zei-
in voller Länge, während der Teilvergleich den Suchbegriff als
Teilmenge auffaßt.

3.3.6 Blocksatz erstellen

Blocksatz als Textdarstellung mit linkem u n d rechtem Randausgleich wird in Programm BLOCKSATZ1 demonstriert. Dabei wird
ein Eingabestring EIN$ der Länge LE durch Hinzufügen von Leer-
zeichen bzw. Blancs zu einem Ausgabestring AUS$ der vorgegebe-
nen Länge LA erweitert. Mehrere Strings AUS$ ergeben dann eine
Textseite mit rechtem Randausgleich bei einer Zeilenlänge LA.

Codierung zu Programm BLOCKSATZ1:

```
100   REM   ======PROGRAMM BLOCKSATZ1
110   PRINT "AUTOMATISCHER RANDAUSGLEICH.": PRINT
120   :
130   REM   ======VEREINBARUNGSTEIL
140   REM   EIN$: STRING (EINGABEZEILE)
150   REM   LE:   INTEGER (LAENGE VON EIN$)
160   REM   AUS$: STRING (AUSGABEZEILE)
170   REM   LA:   INTEGER (LAENGE VON AUS$)
180   REM   BE:   INTEGER (BLANCS-ANZAHL IN EIN$)
190   REM   BA:   INTEGER (BLANCS-ANZAHL IN AUS$ HINZUZUFUEGEN)
200   REM   BV:   INTEGER (BLANCS-ANZAHL GERADE VERARBEITET)
210   REM   Z$:   STRING (ZEICHEN ZUM HINZUFUEGEN)
220   :
230   REM   ======ANWEISUNGSTEIL
240   REM   *** AUSGANGSWERTE ZUWEISEN ***************************
250   PRINT "EINGABEZEILE:": INPUT EIN$: LET LE =  LEN (EIN$)
260   INPUT "LAENGE FUER AUSGABEZEILE: ";LA
270   IF (LA < LE) THEN  PRINT "ZU KURZ....": GOTO 250
280   LET BE = 0:BA = LA - LE:AUS$ = ""
290   REM   *** BLANCS-ANZAHL IN EINGABEZEILE ******************
300   FOR Z = 1 TO LA
310   IF  MID$ (EIN$,Z,1) = " " THEN  LET BE = BE + 1
320   NEXT Z
330   REM   *** AUSGABEZEILE ZEICHENWEISE AUFBAUEN **************
340   FOR Z = 1 TO LA
350   LET Z$ =  MID$ (EIN$,Z,1): REM  Z.ZEICHEN IN EIN$ NEHMEN
360   LET AUS$ = AUS$ + Z$: REM  Z.ZEICHEN IN AUS$ ANFUEGEN
370   IF Z$ <  > " " THEN 430
380   LET BV =  INT (BA / BE): IF BV < 1 THEN 420
390   FOR X = 1 TO BV
400   : LET AUS$ = AUS$ + " ": LET BA = BA - 1
410   NEXT X
420   LET BE = BE - 1
430   NEXT Z
440   REM   *** EINGABEZEILE UND AUSGABEZEILE DRUCKEN ***********
450   PRINT "12345678901234567890123456789001234567890"
460   PRINT EIN$: PRINT AUS$
470   PRINT "12345678901234567890123456789001234567890"
480   END
```

Ausführung zu Programm BLOCKSATZ1:

AUTOMATISCHER RANDAUSGLEICH.

EINGABEZEILE:
?DER ALTE MANN UND DAS MEER
LAENGE FUER AUSGABEZEILE: 36
123456789012345678901234567890123456 7890
DER ALTE MANN UND DAS MEER
DER   ALTE   MANN   UND   DAS   MEER
123456789012345678901234567890123456 7890

3.3.7 Verschlüsselung zwecks Datenschutz

In Klartext gespeicherte Daten kann jeder lesen, verschlüssel-
te Daten hingegen zumindest nicht so leicht. Die Kryptographie
als Lehre von der Textverschlüsselung kennt drei wichtige Verfahren: Die Umcodierung (z.B. Information im ASCII schreiben),
die Versatz-Verfahren und die Ersetzungs-Verfahren.Versatz bedeutet, daß das zugrundeliegende Alphabet versetzt bzw. umge-
stellt wird; ein Beispiel haben wir mit dem 'von hinten nach
vorne schreiben' in Programm TEXT2 (Abschnitt 3.3.2) schon behandelt. Bei den Ersetzungs-Verfahren wird das zugrundeliegende Alphabet ersetzt; Programm VERSCHLUESSELUNG1 zeigt ein ein-

```
100  REM   ======PROGRAMM VERSCHLUESSELUNG1
110  PRINT "TEXTVERSCHLUESSELUNG 'ERSETZUNG CAESAR'."
120  :
130  REM   ======VEREINBARUNGSTEIL
140  REM   E$:  STRING (EINGABETEXT)
150  REM   A$:  STRING (AUSGABETEXT)
160  REM   S:   INTEGER (SCHLUESSEL ZUM ERSETZEN)
170  REM   H:   INTEGER (ASCII-CODEZAHL)
180  :
190  REM   ======ANWEISUNGSTEIL
200  INPUT "EINGABETEXT: ";E$
210  INPUT "SCHLUESSEL: ";S
220  PRINT : PRINT "1. VERSCHLUESSELUNG:"
230  GOSUB 330: REM  UPRO 'ERSETZUNG'
240  PRINT "AUSGABETEXT: ": PRINT A$
250  PRINT : PRINT "2. ENTSCHLUESSELUNG: "
260  LET E$ = A$: LET S =  - S
270  PRINT "EINGABETEXT JETZT:": PRINT E$
280  GOSUB 330: REM  2. AUFRUF VON UPRO 'ERSETZUNG'
290  PRINT "AUSGABETEXT WIEDERUM:": PRINT A$
300  PRINT "ENDE.": END
310  :
320  REM  ***UNTERPROGRAMM 'ERSETZUNG'**************
330  LET A$ = ""
340  FOR I = 1 TO  LEN (E$)
350  LET H =  ASC ( MID$ (E$,I,1)) + S
360  IF H > 127 THEN  LET H = H - 127
370  IF H < 0 THEN H = H + 127
380  LET A$ = A$ +  CHR$ (H)
390  NEXT I
400  RETURN              Codierung zu Programm VERSCHLUESSELUNG1
410  REM  ***ENDE UNTERPROGRAMM*********************
```

faches auf Julius Cäsar zurückgehendes Verfahren auf. Wie geht
man dabei vor? Jedes Zeichen des Klartextes E$ wird durch das
S-te nachfolgende Zeichen ersetzt. Dabei geben die Codezahlen des ASCII die Reihenfolge vor. Die ASC-Funktion stellt uns
mit dem Aufruf ASC(MID$(E$,I,1) die Codezahl des I. Zeichens
im Klartext E$ zur Verfügung; addieren wir S hinzu, so kommen
wir zur Codezahl des verschlüsselten Zeichens.

Ausführungen zu Programm VERSCHLUESSELUNG1:
TEXTVERSCHLUESSELUNG 'ERSETZUNG CAESAR'
EINGABETEXT: 1298560 DM BILANZSUMME
SCHLUESSEL: 10

1. VERSCHLUESSELUNG:
AUSGABETEXT:
;<CB?§:*NW*LSVKXdü_WWO

2. ENTSCHLUESSELUNG:
EINGABETEXT JETZT:
;<CB?§:*NW*LSVKXdü_WWO
AUSGABETEXT WIEDERUM:
1298560 DM BILANZSUMME
ENDE.

TEXTVERSCHLUESSELUNG 'ERSETZUNG CAESAR'.
EINGABETEXT: KAIER
SCHLUESSEL: 2

1. VERSCHLUESSELUNG:
AUSGABETEXT:
MCKGT

2. ENTSCHLUESSELUNG:
EINGABETEXT JETZT:
MCKGT
AUSGABETEXT WIEDERUM:
KAIER
ENDE.

3.3.8 Ein Spiel zum Erraten von Text

Aus dem Fernsehen bekannt ist das im Programm WORTSPIEL1 angegebene Spiel, bei dem ein als Folge von Sternchen unbekanntes
Wort zu erraten ist. Wird ein passender Buchstabe getippt, so
setzt das Programm diesen Buchstaben an die zugehörige Stelle.
Die bei der Ausführung zum Programm WORTSPIEL1 untereinander-
stehenden Buchstaben W,W,C,H,L ... wurden über Tastatur eingetippt. Das zu erratende Wort WECHSELBETRAG wurde hier der Einfachheit halber eingetippt; sie können es z.B. in einer Datei
zusammen mit weiteren Worten speichern und zufällig auswählen.

Codierung zu Programm WORTSPIEL1:

```
100  REM  ======PROGRAMM WORTSPIEL1
110  PRINT "ZU ERRATENDES WORT:": INPUT W$: LET LW =  LEN (W$)
120  LET A$ = "": FOR I = 1 TO LW: LET A$ = A$ + "*": NEXT I
130  HOME : PRINT "NUN EINZELZEICHEN TIPPEN:": PRINT
140  PRINT A$;"   ";
150  IF A$ = W$ THEN 240
160  GET E$: PRINT E$: IF E$ = "" THEN 160
170  FOR I = 1 TO LW
180  IF  MID$ (W$,I,1) <  > E$ THEN 220
190  IF I = 1 THEN  LET A$ = E$ +  RIGHT$ (A$,LW - I): GOTO 220
200  IF I = LW THEN  LET A$ =  LEFT$ (A$,I - 1) + E$: GOTO 220
210  LET A$ =  LEFT$ (A$,I - 1) + E$ +  RIGHT$ (A$,LW - I)
220  NEXT I
230  GOTO 140
240  PRINT "SPIELENDE.": END
```

Zur Codierung von WORTSPIEL1:
Die Zählerschleife in 120 baut einen Ausgabestring A$ auf mit
zunächst ausschließlich nur Sternchen. In 160 ist eine Warte-
schleife programmiert, die sich wiederholt, bis mittels GET E$
ein Zeichen nach E$ eingetippt wird. Je nach Übereinstimmung
dieses Zeichens mit dem ersten, dem letzten oder einem sonsti-
gen Zeichen im Ratewort W$ wird das erste Sternchen (in Zeile
190), das letzte Sternchen (in 200) oder ein mittleres Sternchen (in 210) vom Ausgabetext A$ durch E$ ersetzt bzw. E$ mit
A$ neu verkettet.

Zwei Ausführungen zu Programm WORTSPIEL1:

```
ZU ERRATENDES WORT:
?WECHSELBETRAG                           ÜRUN
NUN EINZELZEICHEN TIPPEN:                ZU ERRATENDES WORT:
                                         ?HAMMER
                                         NUN EINZELZEICHEN TIPPEN:
************     E
*E***E**E****    W                       ******      M
WE***E**E****    C                       **MM**      W
WEC**E**E****    H                       **MM**      A
WECH*E**E****    L                       *AMM**      R
WECH*EL*E****    T                       *AMM*R      H
WECH*EL*ET***    B                       HAMM*R      E
WECH*ELBET***    R                       HAMMER      SPIELENDE.
WECH*ELBETR**    Q
WECH*ELBETR**    L
WECH*ELBETR**    A
WECH*ELBETRA*    G
WECH*ELBETRAG    G
WECH*ELBETRAG    S
WECHSELBETRAG    SPIELENDE.
```

3.4 Formatierung der Ein-/Ausgabe

3.4.1 Steuerung des Cursors am Bildschirm

Programm CURSORPOSITION1 zeigt uns, wie der Cursor (blinkendes
Viereck) am Bildschirm frei positioniert werden kann. Bei Eintippen von 5 für Zeile Z und 20 für Spalte S wird das "+"-Zei-
chen durch VTAB 5 (V wie vertikal) und HTAB 20 (H wie horizon-
tal) exakt in die Mitte unter die drei Textzeilen geschrieben.
Gemeinsam mit VTAB und HTAB wird oft die Funktion POS(0) verwendet, um die augenblickliche Cursorposition anzugeben.

Codierung zu Programm CURSORPOSITION1:

```
100   REM  ======PROGRAMM CURSORPOSITION1
110   HOME
120   PRINT "CURSOR UEBER TASTATUR POSITIONIEREN."
130   INPUT "ZEILE (1-24 OBEN -> UNTEN): ";Z
140   INPUT "SPALTE (1-40 LINKS -> RECHTS): ";S
150   VTAB Z: HTAB S: PRINT "+"
160   VTAB 4: PRINT "ENDE"
170   END
```

Zu unterscheiden sind die auf Bildschirm und Drucker sichtba-
ren bzw. druckbaren Zeichen von solchen Zeichen, die eine ganz
bestimmte Funktion zur Steuerung eines Ausgabegerätes auslösen
(Zeichen CHR$(13) mit ASCII-Codezahl 13 löst RETURN aus), oder
die der internen Kontrolle dienen (CHR$(205) = AND-Operator).

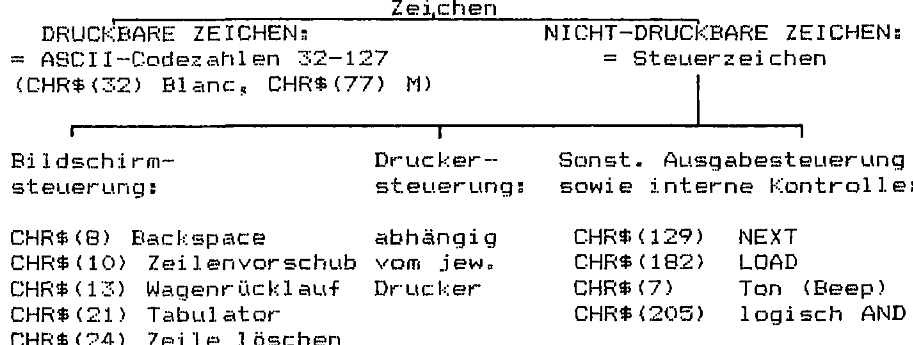

```
                              Zeichen
     ┌──────────────────────────────┬──────────────────────────────┐
     DRUCKBARE ZEICHEN:                      NICHT-DRUCKBARE ZEICHEN:
     = ASCII-Codezahlen 32-127                   = Steuerzeichen
     (CHR$(32) Blanc, CHR$(77) M)                        │
                                                         │
  ┌──────────────────────────┬──────────────────────────┐
  Bildschirm-                  Drucker-           Sonst. Ausgabesteuerung
  steuerung:                   steuerung:         sowie interne Kontrolle:

  CHR$(8)  Backspace           abhängig           CHR$(129)    NEXT
  CHR$(10) Zeilenvorschub      vom jew.           CHR$(182)    LOAD
  CHR$(13) Wagenrücklauf       Drucker            CHR$(7)      Ton (Beep)
  CHR$(21) Tabulator                              CHR$(205)    logisch AND
  CHR$(24) Zeile löschen
```

Druckbare Zeichen und Steuerzeichen mit Beispielen

3.4.2 Sichere Eingaberoutine

'Sicher' heißt, daß keine auch noch so unsinnige Tastaturein-
gabe zum Aussteigen des Programms führen darf. Am Beispiel des
Programms EINGABEBEGRENZUNG1 werden folgende Maßnahmen hierfür
aufgezeigt:
- Die maximale Anzahl von Eingabestellen wird mit Punkten mar-
  kiert. Jedes eingegebene Zeichen ersetzt den nächsten Punkt.
- Hat der Benutzer diese Maximalzahl erreicht (hier 25), endet
  das Programm automatisch (Zählerschleife 240 FOR I=1 TO LM).
- Eingabe-/Warteschleife mit GET Z$ in Zeile 260.
- Abfrage der RETURN-Taste CHR$(13) in Zeile 270.
Wir sollten EINGABEBEGRENZUNG1 tatsächlich ausführen,da die
Ausführung als Ausdruck nur unvollständig darstellbar ist.

Codierung zu Programm EINGABEBEGRENZUNG1:

```
100   REM  ======PROGRAMM EINGABEBEGRENZUNG1
110   HOME : REM  SCHIRM SAUBER UND CURSOR LINKS OBEN
120   PRINT "MARKIERTE BEGRENZUNG DER TASTATUREINGABE."
130   REM  ======VEREINBARUNGSTEIL
140   LET RET$ =  CHR$ (13): REM  RETURNTASTE
150   REM  LM:  INTEGER (LAENGE MAXIMAL)
160   REM  LE:  INTEGER (LAENGE EINGEGEBEN)
170   REM  Z$,E$: STRING (TEXTZEICHEN, TEXTEINGABE)
180   :
190   REM  ======ANWEISUNGSTEIL
200   INPUT "LAENGE IHRER TESTEINGABE: ";LM
210   VTAB 6: REM  CURSOR NACH 6. ZEILE
220   PRINT "TESTEINGABE: ";
230   FOR I = 1 TO LM: PRINT ".";: NEXT I
240   FOR I = 1 TO LM
250   VTAB 6: HTAB (13 + I)
260   GET Z$: PRINT Z$;: IF Z$ = "" THEN 260
```

```
270   IF Z$ = RET$ THEN  LET LE = I - 1::I = LM: GOTO 290
280   LET B$ = B$ + Z$
290   NEXT I
300   PRINT : PRINT "EINGABE:";B$
310   PRINT "LAENGE DER EINGABE: ";LE
320   END
```

Ausführung zu Programm EINGABEBEGRENZUNG 1:

```
MARKIERTE BEGRENZUNG DER TASTATUREINGABE.
LAENGE IHRER TESTEINGABE: 25
TESTEINGABE:  ........................


EINGABE:BETRAG
LAENGE DER EINGABE: 6
```


3.4.3 Bildschirmmaske aufbauen

Eine Bildschirmmaske ist ein Blankoformular, in das an vorge-
zeigte Stellen Eintragungen getippt werden können. Die Cursorsteuerung mittels VTAB und HTAB ermöglicht es uns, eine solche
Maske kolonnenweise aufzubauen:
Als erste Kolonne wird die Numerierung 1-5 untereinander ausgegeben, als zweite Kolonne folgen dann die Bezeichnungen (die
Überlagerung ist im Ausdruck nicht darstellbar - bitte probie-
ren Sie es selbst am Bildschirm aus). In einem dritten Schritt
erfolgen die fünf Tastatureintragungen, um über die Anweisung
280 VTAB(4+I):HTAB23 in die 5. bis 9. Zeile und 23. Spalte positioniert zu werden.

Codierung zu Programm BILDSCHIRMMASKE1:

```
100   REM   ======PROGRAMM BILDSCHIRMMASKE1
110   PRINT "AUFBAU EINER MASKE IN EINZELSCHRITTEN."
120   INPUT "1. NUMERIERUNG DER DATENFELDER (-> RETURN)";E$
130   HOME : VTAB 3
140   PRINT "EINGABE EINES KUNDENSATZES:"
150   PRINT
160   HOME : VTAB 5
170   FOR I = 1 TO 5: HTAB 3: PRINT I: NEXT I
180   :
190   INPUT "2. BEZEICHNUNGEN IN DATENFELDER (-> RETURN)";E$
200   VTAB 5: HTAB 5: PRINT "KUNDENNUMMER:
210   HTAB 5: PRINT "KUNDENNAME:"
220   HTAB 5: PRINT "KONTOSTAND:"
230   HTAB 5: PRINT "UMSATZ:"
240   HTAB 5: PRINT "LETZTE RECHNUNG:"
250   :
260   INPUT "3. EINTRAEGE IN DATENFELDER (-> RETURN)";E$
270   FOR I = 1 TO 5
280   VTAB (4 + I): HTAB 23
290   GET E$: IF E$ =  CHR$ (13) THEN 320
300   PRINT E$;
310   LET K$(I) = K$(I) + E$: GOTO 290
320   NEXT I
330   PRINT : PRINT "IN FELD K$ GESPEICHERTE WERTE LAUTEN:   "
340   FOR I = 1 TO 5: PRINT K$(I);" ";: NEXT I
350   PRINT : PRINT "ENDE.": END
```

Ausführung zu Programm BILDSCHIRMMASKE:

Überlagerung im Ausdruck nicht
darstellbar. Am Bildschirm ist
dies sichtbar:

```
1   KUNDENNUMMER:      101
2   KUNDENNAME:        MAIER
3   KONTOSTAND:        100
4   UMSATZ:            125
5   LETZTE RECHNUNG:   13.1.1983
```

3.4.4 Formatierung der Ausgabezeile

Programm DEMO-PRINT1 veranschaulicht die Wirkung der Trennungs-
zeichen , und ; sowie der 4 Funktionen TAB (Tabulator), VTAB,
HTAB und SPC (Space, Leerschritt) auf die Ausgabezeile. Hinzu-
weisen ist, daß SPC die Spalten von 0 beginnend zählt.

Codierung und Ausführung zu Programm DEMO-PRINT1:

```
100   REM  ======PROGRAMM DEMOPRINT1
110   HOME
120   PRINT "DEMONSTRATION ZUR AUSGABEFORMATIERUNG MIT PRINT."
130   INPUT "ZAHL EINTIPPEN: ";R
140   INPUT "TEXT EINTIPPEN: ";R$
150   PRINT "12345678901234567890123456789012345678901234567890"
160   PRINT R$,R
170   PRINT R$,,R
180   PRINT R$;R
190   PRINT R$;" ";R
200   PRINT  TAB( 5);R$; TAB( 20);R
210   PRINT  SPC( 5);R$; SPC( 20);R
220   VTAB 16: HTAB 30: PRINT "ENDE"
230   PRINT "12345678901234567890123456789012345678901234567890"
240   REM  NUMERIERUNG: SPC 0-39, SONST 1-40
250   END

ÜRUN
DEMONSTRATION ZUR AUSGABEFORMATIERUNG MIT PRINT.
ZAHL EINTIPPEN: 196.25
TEXT EINTIPPEN: BETRAG
12345678901234567890123456789012345678901234567890
BETRAG          196.25
BETRAG                          196.25
BETRAG196.25
BETRAG 196.25
     BETRAG                196.25
     BETRAG                    196.25
                         ENDE
12345678901234567890123456789012345678901234567890
```

Ausgabemarkierung
40 Schreibstellen
breit.

Der komfortablen Ausgabeformatierung dienen zahlreiche zusätzlich zu Applesoft-Basic nutzbare PRINT USING-Anweisungen,
die stets aus einem Ausgabe- sowie einem Maskenteil bestehen.

```
                  Ausgabeteil und Maskenteil
      getrennt:                                 integriert:

30 PRINT USING 90,X,"DM"        30 PRINT USING "####.## ####";X,W$
40 PRINT USING 90,Y,"LIRE"      40 PRINT USING "####.## ####";Y,B$

90 MASKE ########.## ####    (Zeichen # hält Druckstelle bereit)
```

Zwei Arten von PRINT USING-Anweisungen zur Ausgabeformatierung

3.4.5 Verwendung des Füllstrings

Mit einem Füllstring können wir die Druckzeile mit Leerstellen
bzw. Blancs auf eine gleiche Länge bringen. In der Ausführung
zu Programm FUELLSTRING1 beträgt die Länge 25 Zeichen.In Zeile
160 wird ein Füllstring B$ der Länge R aufgebaut, welcher dann
mit T1$ und T2$ zur Auffüllung auf 25 Stellen verkettet wird.

Codierung zu FUELLSTRING1:   Ausführung zu FUELLSTRING1:

```
100   REM  ======PROGRAMM FUELLSTRING1
110   PRINT "TEXT RECHTSBUENDIG MITTELS"      ÜRUN
120   PRINT "FUELLSTRING FORMATIEREN."        TEXT RECHTSBUENDIG MITTELS
130   INPUT "1. TEXTZEILE: ";T1$              FUELLSTRING FORMATIEREN.
140   INPUT "2. TEXTZEILE: ";T2$              1. TEXTZEILE: ANGEBOT DER WOCHE
150   INPUT "STELLE BEGRENZUNG RECHTS: ";R    2. TEXTZEILE: HEUTE NEU
160   FOR I = 1 TO R: LET B$ = B$ + " ":      STELLE BEGRENZUNG RECHTS: 25
170   LET T1$ =  RIGHT$ (B$ + T1$,R) NEXT I        ANGEBOT DER WOCHE
180   LET T2$ =  RIGHT$ (B$ + T2$,R)                      HEUTE NEU
190   PRINT T1$: PRINT T2$                    ENDE.
200   PRINT "ENDE.": END
```


3.4.6 Zahlen kaufmännisch darstellen

Der Kaufmann fordert eine gerundete und formatierte Zahlenaus-
gabe. Das Runden einer Zahl Z auf S Dezimalstellen genau kann
in einer Anweisung als 100 LET Z = (Z*10^S+0.5)/(10^S)
geschrieben werden (10^S für '10 hoch S'). Daraus erhalten wir
für das Runden auf 2 Stellen 100 LET Z = (Z*100+0.5)/100. Das
Programm RUNDENZAHL1 löst diesen Rundungsablauf in vier Teilschritte auf und gibt diese zur Veranschaulichung aus.

Codierung zu RUNDENZAHL1:   Ausführung zu RUNDENZAHL1:

```
100   REM  ======PROGRAMM RUNDENZAHL1
110   PRINT "EINE ZAHL ZUR DRUCKAUSGABE RUNDEN."
120   INPUT "ZU RUNDENDE ZAHL: ";Z
130   INPUT "KOMMASTELLEN:      ";S    EINE ZAHL ZUR DRUCKAUSGABE RUNDEN.
140   LET Z = Z * 10 ^ S: PRINT Z      ZU RUNDENDE ZAHL: 12.745
150   LET Z = Z + 0.5: PRINT Z         KOMMASTELLEN:      2
160   LET Z =  INT (Z): PRINT Z        1274.5
170   LET Z = Z / (10 ^ S): PRINT Z    1275
180   PRINT "ENDE.": END               1275
                                       12.75
                                       ENDE.
```

Sollen Zahlen in einer Übersicht formgerecht untereinanderstehen, so sind fehlende Dezimalstellen zu ergänzen, Dezimalpunkte durch Dezimalkomma zu ersetzen und 1000er-Punkte einzufuegen. Programm KOMMERZZAHL1 erreicht dies, indem die Zahl Z in einen String Z$ umgewandelt wird.

Codierung zu Programm KOMMERZZAHL1:

```
100   REM   ======KOMMERZZAHL1
110   PRINT "EINE ZAHL BIS ZU 7 VORKOMMASTELLEN"
120   PRINT "ZUR KOMMERZIELLEN AUSGABE AUFBEREITEN."
130   :
140   INPUT "BELIEBIGE ZAHL: ";Z: LET Z$ =  STR$ (Z): LET N =  LEN (Z$)
150   IF  LEN ( STR$ ( INT (Z))) > 7 THEN  PRINT "MAXIMAL 7 VORKOMMASTELLEN
      ": GOTO 140
160   REM  *** NACHKOMMA-NULLEN ANFUEGEN **********************************
      ******
170   IF  MID$ (Z$,N - 1,1) = "." THEN  LET Z$ = Z$ + "0": GOTO 200
180   IF  MID$ (Z$,N - 2,1) < > "." THEN  LET Z$ = Z$ + ".00"
190   REM     *** AUF LAENGE 7+3=10 BRINGEN *******************************
      **************************
200   LET Z$ =  RIGHT$ ("          " + Z$,10)
210   REM  *** DEZIMALPUNKT DURCH KOMMA ERSETZEN ***************************
      ******
220   LET Z$ =  LEFT$ (Z$,7) + "," +  RIGHT$ (Z$,2)
230   REM  *** TAUSENDER-PUNKTE SETZEN ************************************
      ******
240   IF Z >  = 1000 THEN  LET Z$ =  LEFT$ (Z$,4) + "." +  RIGHT$ (Z$,6)
250   IF Z >  = 1000000 THEN  LET Z$ =  LEFT$ (Z$,1) + "." +  RIGHT$ (Z$,10
      )
260   PRINT "ZAHL AUFBEREITET: ";Z$
```

Ausführungen zu Programm KOMMERZZAHL1:

```
EINE ZAHL BIS ZU 7 VORKOMMASTELLEN      EINE ZAHL BIS ZU 7 VORKOMMASTELLEN
ZUR KOMMERZIELLEN AUSGABE AUFBEREITEN.  ZUR KOMMERZIELLEN AUSGABE AUFBEREITEN.
BELIEBIGE ZAHL: 100238.4                BELIEBIGE ZAHL: 6125005
ZAHL AUFBEREITET:  100.238,40           ZAHL AUFBEREITET: 6.125.005,00
```

3.4.7 Steuerung des Druckers

Die Steuerung eines Druckers können wir entweder im jeweiligen Anwenderprogramm vornehmen oder aber über eine gesonderte Routine. Die Steuerzeichen für die verschiedenen Schrifttypen und Druckabstände sind von Druckertyp zu Druckertyp abweichend und dem jeweiligen Drucker-Handbuch zu entnehmen. Die hier wiedergegebene Routine DRUCKERSTEUERUNG1 bezieht sich auf den Druckertyp 'Epson MX-80'; dabei wird angenommen, daß sich die Karte im Steckplatz bzw. Slot 1 befindet. Hier einige ASCII-Zeichen:

```
CHR$(4)     CTRL-D als DOS-Umschalter         CHR$(9)     CTRL-I
CHR$(14)    CTRL-N                             CHR$(15)    CTRL-O
CHR$(18)    CTRL-R   CHR$(20)   CTRL-T         CHR$(27)    ESC-Taste
CHR$(69)    E        CHR$(20)   CTRL-T         CHR$(70)    F
```

Natürlich kann man diese Druckersteuerung auch außerhalb eines Programms in der Betriebsart "Direktausführung" vornehmen.

```
Eintippen :                 Auswirkung :
- PR#1                      Alle folgenden Ausgaben an den
                            Drucker, da dieser in Slot 1.
- CTRL-I 80N                80 Spalten Druckbreite anstelle
                            von 40 (Antwort: SYNTAX ERROR).
- CTRL-O                    Kleinschrift an
- Anwenderprogramm ausführen (RUN) und/oder listen (LIST).
- CTRL-R                    Kleinschrift aus.
- CTRL-I 40N  oder TEXT     40-spaltige Normalbreite.
- PR#0                      Ausgabe wieder auf Bildschirm.
```

Anstelle von CTRL-I 80N (CTRL-I/Taste drücken, dann 80N) kann
auch PRINT CHR$(9);"80N" eingetippt werden.

```
100  REM  ======PROGRAMM DRUCKERSTEUERUNG1
110  PRINT "STEUERUNG DES DRUCKERS EPSON MX-80."
120  INPUT "ANZAHL DER ZEICHEN/ZEILE: ";A
130  PRINT " 0 - BEENDEN"
140  PRINT " 1 - KLEINSCHRIFT AN"
150  PRINT " 2 - KLEINSCHRIFT AUS"
160  PRINT " 3 - GROSSSCHRIFT EIN"
170  PRINT " 4 - GROSSSCHRIFT AUS"
180  PRINT " 5 - FETTSCHRIFT EIN"
190  PRINT " 6 - FETTSCHRIFT AUS"
200  INPUT W
210  IF W = 0 THEN  PRINT "ENDE.": END
220  PRINT  CHR$ (4);"PR#1"
230  ON W GOTO 250,260,270,280,290,300
240  PRINT CHR#(4);"PR#1"
250  PRINT  CHR$ (15);: GOTO 310
260  PRINT  CHR$ (18);: GOTO 310
270  PRINT  CHR$ (14);: GOTO 310
280  PRINT  CHR$ (20);: GOTO 310
290  PRINT  CHR$ (27); CHR$ (69);: GOTO 310
300  PRINT  CHR$ (27); CHR$ (70);: GOTO 310
310  PRINT  CHR$ (9);A;"N";
320  PRINT "DIESER TEXT WIRD WIE GEWUENSCHT AM DRUCKER AUSGEGEBEN."
330  PRINT  CHR$ (4);"PR#0"
340  GOTO 130
```

3.5 Zeichen und Codes

Wir sind bereits mehrfach auf die Codierung von Zeichen eingegangen: in Abschnitten 1.2.2.3 (Rechnen), 1.2.3 (Speicherung),
1.4 (Firmware) und 2.2.1 (Monitor).
Hierzu nun einige Beispiele in Applesoft-Basic.

3.5.1 Zeichendarstellung im ASCII

Alle Zeichen - seien es Ziffern, Buchstaben oder auch Sonderzeichen - werden im ASCII dargestellt, d.h. es wird z.B. nicht
der Buchstabe A gespeichert, sondern dessen ASCII-Codezahl 65.

Die Funktion CHR$ haben wir bereits in Abschnitt 3.3 (Textver-
arbeitung) verwendet; sie gibt uns für eine Codezahl zwischen
0 und 255 das zugehörige ASCII-Zeichen an. Programm CHR$-TEST1
ermöglicht es uns, diese Funktion zu testen. In der Ausführung
zu CHR$-TEST1 werden alle Zeichen von Codezahl 33 bis Codezahl
127 ausgegeben: von Zeichen ! (33) bis Zeichen ü (125) und anschließend unsichtbar zwei Leerzeichen. Es tauchen also etwas
andere Zeichen auf als es dem ASCII-Zeichenvorrat entsprechen
würde. Dies liegt daran, daß der beim vorliegenden Apple ein-
gebaute Zeichengenerator Umlaute und Kleinschreibung darstellt
und ausgibt. Testen Sie mittels CHR$-TEST1, welche Zeichen Ihr
Apple erzeugt. Für den Apple IIe: Betätigen Sie dabei die Um-
schalttaste an der Tastaturunterseite, um CHR$-TEST1 für beide
Zeichensätze zu testen: ASCII- sowie ISO/Germany-Zeichensatz.

	0	1	2	3	4	5	6	7	8	9	10	11	12	13	14	15
0	von 0-32 Steuerzeichen,															
16	z.B. RETURN für CHR$(13).															
32		!	"	#	$	%	&	'	(	)	*	+	,	-	.	/
48	0	1	2	3	4	5	6	7	8	9	:	;	<	=	>	?
64	§	A	B	C	D	E	F	G	H	I	J	K	L	M	N	O
80	P	Q	R	S	T	U	V	W	X	Y	Z				^	_
96		a	b	c	d	e	f	g	h	i	j	k	l	m	n	o
112	p	q	r	s	t	u	v	w	x	y	z					

Bsp: Codezahl 64+1=65 für A; Codezahl 48+13=61 für =

ASCII-Zeichenvorrat mit 128 Zeichen von 0 bis 127

Codierung und zwei Ausführungen zu Programm CHR$-TEST1:

```
100   REM  ======PROGRAMM CHR$-TEST1
110   PRINT "TEST DER FUNKTION CHR$( )."
120   PRINT "A,E TIPPEN FUER CHR$(A,..,E):"
130   INPUT A,E
140   FOR I = A TO E: PRINT  CHR$ (I);: NEXT I
150   END
```

```
ÜRUN
TEST DER FUNKTION CHR$( ).
A,E TIPPEN FUER CHR$(A,..,E):                        klmnopqrstuvwxyzäöü
?33,127
!"#$%&'()*+,-./0123456789:;<=>?§ABCDEFGHIJKLMNOPQRSTUVWXYZÄÖÜ^_'abcdefghij
ÜRUN
TEST DER FUNKTION CHR$( ).
A,E TIPPEN FUER CHR$(A,..,E):
?7,7
```

Ton (Beep) erklingt für
CHR$(7)

Funktion ASC liefert als Umkehrung der Funktion CHR$ die ent-
sprechende Codezahl. Zeichen ! wird also als Codezahl 33 sowie
Zeichen 0 als Codezahl 48 intern gespeichert. Das ! kommt also
vor der 0, es gilt "!<0". Die Wertigkeiten der Codezahlen ent-
scheiden demnach die Sortierfolge; wir werden bei den Sortierverfahren in Abschnitt 3.9 darauf zurückkommen.

```
100   REM  ======PROGRAMM ASCII-TEST1
110   PRINT "ASCII-WERTE VON ZEICHEN TESTEN (0=ENDE):"
120   INPUT "EINGABE EINES ZEICHENS NORMAL <- ";Z$
130   PRINT "DARSTELLUNG IM ASCII INTERN   -> "; ASC (Z$)
140   IF  ASC (Z$) <  > 48 THEN 120
150   PRINT "TESTENDE.": END
```

                                        Codierung zu ASCII-TEST1

```
ÜRUN
ASCII-WERTE VON ZEICHEN TESTEN (0=ENDE):
EINGABE EINES ZEICHENS NORMAL <- !
DARSTELLUNG IM ASCII INTERN   -> 33
EINGABE EINES ZEICHENS NORMAL <- 127
DARSTELLUNG IM ASCII INTERN   -> 49
EINGABE EINES ZEICHENS NORMAL <- 1
DARSTELLUNG IM ASCII INTERN   -> 49
EINGABE EINES ZEICHENS NORMAL <- #
DARSTELLUNG IM ASCII INTERN   -> 35
EINGABE EINES ZEICHENS NORMAL <- 0
DARSTELLUNG IM ASCII INTERN   -> 48
TESTENDE.
```

                                        Ausführung zu ASCII-TEST1

3.5.2 Umwandlung dezimal-binär

Programm DEZIMALBINAER1 wandelt eine Dezimalzahl D in eine Bi-
närzahl B um, die als 16-Elemente-Array vereinbart ist (Anweisung 140 DIM B(16) reserviert für B genau 16 Zahlkomponenten).
Zur Umwandlung in der Schleife 170 FOR I ... 210 NEXT I wird
D wiederholt halbiert, um bei Teilbarkeit ohne Rest eine 0 und
sonst eine 1 nach B zu schreiben. Diese Binärzeichen 0 bzw. 1
schreibt DEZIMALBINAER1 in Richtung der höheren Wertigkeit von
rechts nach links nach B; deshalb auch die Schrittweite STEP-1
in der FOR-Anweisung (Stelle 16, 15, 14, ...).

Codierung zu DEZIMALBINAER1:

```
100   REM  ======PROGRAMM DEZIMALBINAER1
110   PRINT "UMWANDLUNG DEZIMAL --> BINAER"
120   PRINT "(BINAERMUSTER ALS ARRAY BZW. FELD)."
130   :
140   DIM B(16): INPUT "DEZIMALZAHL EINGEBEN: ";D
150   IF D <  > INT (D) THEN  PRINT "GANZZAHLIG.": GOTO 140
160   IF D > 65536 THEN  PRINT "KLEINERE ZAHL.": GOTO 140
170   FOR I = 16 TO 1 STEP  - 1
180   IF D / 2 =  INT (D / 2) THEN B(I) = 0
190   IF D / 2 <  > INT (D / 2) THEN B(I) = 1
200   LET D =  INT (D / 2)
210   NEXT I
220   PRINT : PRINT "UMWANDLUNG BINAER:"
230   FOR I = 1 TO 16: PRINT B(I);" ";: NEXT I
240   END
```

                        Ausführungen zu DEZIMALBINAER1:

```
ÜRUN                            ÜRUN
UMWANDLUNG DEZIMAL --> BINAER   UMWANDLUNG DEZIMAL --> BINAER
(BINAERMUSTER ALS ARRAY BZW. FELD). (BINAERMUSTER ALS ARRAY BZW. FELD).
DEZIMALZAHL EINGEBEN: 65535     DEZIMALZAHL EINGEBEN: 51

UMWANDLUNG BINAER:             UMWANDLUNG BINAER:
 1 1 1 1 1 1 1 1 1 1 1 1 1 1 1 1   0 0 0 0 0 0 0 0 0 0 1 1 0 0 1 1
```

Programm BINAERDEZIMAL1 unterscheidet sich in zweifacher Hinsicht von Programm DEZIMALBINAER1: Einerseits ist die Umwandlung umgekehrt, und andererseits liegt das Binärmuster hierbei
als String B$ vor, nicht aber als Array B( ). Mit MID$(B$,I,1)
nimmt man das jeweils nächste Zeichen von B$; da es stets eine
0 oder 1 ist, kann dieses Zeichen mit VAL in einen numerischen
Wert verwandelt und nach S zugewiesen werden (S wie Stellenin-
halt). Dann wird 'S mal (2 hoch (L-I))' multipliziert und der
so errechnete Stellenwert in Zeile 170 zur Dezimalzahl D hinzuaddiert.

Codierung zu BINAERDEZIMAL1:   Ausführungen zu BINAERDEZIMAL1:

```
100   REM   ======PROGRAMM BINAERDEZIMAL1
110   PRINT "UMWANDLUNG BINAER --> DEZIMAL"
120   PRINT "(BINAERMUSTER ALS STRING)."
130   PRINT "BINAERMUSTER TIPPEN:": INPUT B$
140   LET D = 0: LET L =  LEN (B$)
150   FOR I = 1 TO L
160   LET S =  VAL ( MID$ (B$,I,1))
170   LET D = D + S * (2 ^ (L - I))
180   NEXT I
190   PRINT "UMWANDLUNG DEZIMAL: ";D
200   PRINT "ENDE.": END
```

```
UMWANDLUNG BINAER --> DEZIMAL
(BINAERMUSTER ALS STRING).
BINAERMUSTER TIPPEN:
?1111111111111111
UMWANDLUNG DEZIMAL: 65535
ENDE.

UMWANDLUNG BINAER --> DEZIMAL
(BINAERMUSTER ALS STRING).
BINAERMUSTER TIPPEN:
?110011
UMWANDLUNG DEZIMAL: 51
ENDE.
```

3.5.3 Umwandlung hexadezimal

Hexadezimalziffern sind 0,1,2,3,4,5,6,7,8,9,A,B,C,D,E,F. Diese
16 Ziffern werden auch kurz Hex-Ziffern oder Sedezimal-Ziffern
genannt.
Programm HEXDEZIMAL1 ist bewußt nicht besonders 'elegant' geschrieben, um den Umwandlungsvorgang hex -> dez zu veranschaulichen. In Teil 1 von HEXDEZIMAL1 wird geprüft, ob die Eingabe
in H1$ nur aus den 16 Hex-Zeichen 0123456789ABCDEF besteht. In
Teil 2 findet die Umwandlung statt: Die Hex-Zeichen A-F werden
durch die Dez-Zeichen 10-15 ersetzt und in Z abgelegt. Darauf-
hin wird Z mit den jeweiligen Stellenwerten 1 (=16 hoch 0), 16
(=16 hoch 1), 256 (=16 hoch 2), ... multipliziert und zur Dezimalzahl D hinzuaddiert.

Ausführungen zu Programm

```
HEXDEZIMAL1:
UMWANDLUNG HEX --> DEZIMAL.
WERT HEX TIPPEN: 64

PRUEFUNG AUF GUELTIGKEIT:
1. ZEICHEN IN  64   KORREKT.
2. ZEICHEN IN  64   KORREKT.

UMWANDLUNG:
FUER 4: 0 UM 4 ERHOEHT.
FUER 6: 4 UM 96 ERHOEHT.

ERGEBNIS:
64 HEX ERGIBT 100 DEZIMAL.
```

```
UMWANDLUNG HEX --> DEZIMAL.
WERT HEX TIPPEN: FFFF

PRUEFUNG AUF GUELTIGKEIT:
1. ZEICHEN IN  FFFF   KORREKT.
2. ZEICHEN IN  FFFF   KORREKT.
3. ZEICHEN IN  FFFF   KORREKT.
4. ZEICHEN IN  FFFF   KORREKT.

UMWANDLUNG:
FUER F: 0 UM 15 ERHOEHT.
FUER F: 15 UM 240 ERHOEHT.
FUER F: 255 UM 3840 ERHOEHT.
FUER F: 4095 UM 61440 ERHOEHT.

ERGEBNIS:
FFFF HEX ERGIBT 65535 DEZIMAL.
```

```
100   REM   ======PROGRAMM HEXDEZIMAL1
110   PRINT "UMWANDLUNG HEX --> DEZIMAL."
120   :
130   REM   ======VEREINBARUNGSTEIL
140   REM   HO$: TEXT (16 HEX-ZEICHEN)
150   REM   H1$: TEXT (UMZUWANDELNDER EINGABETEXT)
160   REM   L:   INTEGER (LAENGE VON H1$)
170   REM   F:   INTEGER (FLAGGE FUER EINGABEFEHLER)
180   REM   D:   INTEGER (ERGEBNIS IM DEZIMALSYSTEM)
190   REM   Z$:  TEXT (NAECHSTES ZEICHEN VON H1$)
200   REM   Y:   INTEGER (DEZIMALWERT VON ZEICHEN Z$)
210   :
220   REM   ======ANWEISUNGSTEIL
230   LET HO$ = "0123456789ABCDEF": REM   16 HEX-ZEICHEN
240   INPUT "WERT HEX TIPPEN: ";H1$: PRINT
250   LET L =  LEN (H1$)
260   REM   ***TEIL 1: EINGABE AUF GUELTIGKEIT PRUEFEN*******
270   PRINT "PRUEFUNG AUF GUELTIGKEIT:"
280   FOR I = 1 TO L
290   LET F = 1: REM   FLAGGE F AUF 1=FEHLER SETZEN
300   FOR J = 1 TO 16
310   IF  MID$ (HO$,J,1) =  MID$ (H1$,I,1) THEN F = 0
320   NEXT J
330   IF F = 1 THEN 540
340   PRINT I;". ZEICHEN IN  ";H1$;"  KORREKT."
350   NEXT I
360   REM   ***TEIL 2: UMWANDLUNG HEX --> DEZIMAL***********
370   PRINT : PRINT "UMWANDLUNG:"
380   FOR I = 1 TO L
390   LET Z$ =  MID$ (H1$,(L - I + 1),1)
400   IF Z$ <  = "9" THEN Z =  VAL (Z$)
410   IF Z$ = "A" THEN Z = 10
420   IF Z$ = "B" THEN Z = 11
430   IF Z$ = "C" THEN Z = 12
440   IF Z$ = "D" THEN Z = 13
450   IF Z$ = "E" THEN Z = 14
460   IF Z$ = "F" THEN Z = 15
470   LET Z = Z * (16 ^ (I - 1))
480   PRINT "FUER ";Z$;": ";D;" UM ";Z;" ERHOEHT."
490   LET D = D + Z
500   NEXT I
510   PRINT : PRINT "ERGEBNIS:"
520   PRINT H1$;" HEX ERGIBT ";D;" DEZIMAL.": GOTO 550
530   GOTO 501
540   PRINT I;". ZEICHEN IN  ";H1$;" FEHLERHAFT."
550   END
```

Programm DEZIMALHEX1 wandelt umgekehrt Dezimalzahlen ins 16er-
Zahlensystem um und läuft entspr. 'Vorgehen 2' der Tabelle ab.
Zur Bestimmung der Hexadezimalziffer HZI$ gehen wir dabei wie
folgt vor: Hat HZI einen Wert 0,1,2,...,9, so erhalten wir mit
CHR$(48+HZI) die entspr. Ziffer 0,1,2,...9. Hat HZI aber einen
Wert 10,11,...,15, so ermittelt CHR$(55+HZI) als die zugehörige
Ziffer A,B,...,F. Beispiele: CHR$(55+11) ergibt CHR$(66) ergibt
B; CHR$(48+4) ergibt CHR$(52) ergibt 4. Dabei wird berücksich-
tigt, daß die Dezimalziffern im ASCII mit Codezahl 48 beginnen
und die Großbuchstaben mit Codezahl 65. Die Variable CODE enthält deshalb 48 oder aber 55 (55+10 für A ergibt dann 65).

```
VORGEHEN1: HEX-ZIFFERN FALLEN IN RICHTIGER FOLGE 5C8F AN

                 3            2            1            0
23695 = 5*16     +   12*16    +    8*16     +   15*16       5C8F hex
                                                            abgelesen

      = 5*4096  +  12*256   +    8*16     +   15*1

      = 20480   +   3072    +    128      +   15


VORGEHEN 2: HEX-ZIFFERN FALLEN IN UMGEKEHRTER FOLGE F8C5 AN

  DEZ  =  (TEIL=INT(DEZ/16)  *  16)   +   HZI=DEZ-(TEIL*16)     HEZ$

23695 =         (1480        *  16)   +           15            F
 1480 =         (  92        *  16)   +            8            8
   92 =         (   5        *  16)   +           12            C
    5 =         (   0        *  16)   +            5            5


     Zwei Vorgehensweisen zur Umwandlung von 23695 dez  in 5C8F hex
```

Codierung zu DEZIMALHEX1:   Ausführungen zu DEZIMALHEX1:

```
100  REM   ======PROGRAMM DEZIMALHEX1
110  REM   ======VEREINBARUNGSTEIL              ÜRUN
120  REM   DEZ:     INTEGER (DEZIMALZAHL)       DEZIMALZAHL <- 23695
130  REM   HEX$:    STRING (HEXADEZIMALZAHL)     HEX-ZIFFER: F
140  REM   HZI:     INTEGER (HEXADEZIMALZIFFER)  HEX-ZIFFER: 8
150  REM   HZI$:    STRING (... FUER HZI)        HEX-ZIFFER: C
160  REM   TEIL     INTEGER (GANZZAHL-TEIL VON DEZ)  HEX-ZIFFER: 5
170  REM   CODE:    INTEGER (ASCII-CODEZAHL FUER)  HEXADEZIMALZAHL -> 5C8F
180  :
190  REM   ======ANWEISUNGSTEIL
200  LET HEX$ = "": REM  LEERSTRING ZUM VERKETTEN MIT +
210  INPUT "DEZIMALZAHL <- ";DEZ
220  LET TEIL =   INT (DEZ / 16)
230  LET HZI = DEZ - (TEIL * 16)
240  LET CODE = 48: IF HZI > 9 THEN  LET CODE = 55   ÜRUN
250  LET HZI$ =   CHR$ (CODE + HZI)               DEZIMALZAHL <- 266
260  PRINT " HEX-ZIFFER: ";HZI$                    HEX-ZIFFER: A
270  LET HEX$ = HZI$ + HEX$                        HEX-ZIFFER: 0
280  LET DEZ = TEIL: IF DEZ > 0 THEN 220           HEX-ZIFFER: 1
290  PRINT "HEXADEZIMALZAHL -> ";HEX$: END       HEXADEZIMALZAHL -> 10A
```


3.6 Maschinennahe Programmierung

Arbeiten wir mit der Programmiersprache Applesoft-Basic, dann
bewegen wir uns auf einer 'mittleren' Sprachebene zwischen unserer Umgangssprache einerseits und der 0110101001..-Sprache
des Computers andererseits. Wenden wir uns einer Programmiersprache wie Pascal zu, dann entfernen wir uns damit noch mehr
vom Computerkern: Pascal ist stärker strukturiert und hat komplexere Sprachelemente als unser Basic. Wenden wir uns umge-

kehrt — in einem viel größeren Schritt — der Assemblersprache
der 6502-CPU des Apple zu, dann befinden wir uns fast auf der
'untersten' Sprachebene des Computers, d.h. auf der Ebene seiner aus Bitmustern bestehenden Muttersprache. Wir wollen den
Weg 'nach unten' wagen — langsam und in Stufen vorgehend.

3.6.1 Stufe 1: Speicherinhalte mit PEEK legen

PEEK(222) gibt den Inhalt des Speicherplatzes mit der Adresse
222 wieder, z.B. mittels PRINT PEEK(222) als Direktanweisung
oder mittels 20 PRINT "INHALT VON PLATZ 222: ";PEEK(222) als
Programmanweisung.
Die Anweisung 50 LET F=PEEK(222) ordnet den Wert der Variablen
F zu und 70 IF PEEK(222)=9 THEN ... fragt den Wert ab.
In Speicherplatz 222 legt der Apple Fehlercodes ab (Abschnitt
3.10.3.5). Anstelle der Ganzzahl 222 kann jede Zahl zwischen 0
und 65535 als Argument von PEEK angegeben werden (Speicherkapazität von 65536 Bytes gleich 64 KBytes).

Die Zählerschleife
   10 FOR I=2048 TO 3071 : PRINT I;": ";PEEK(I); : NEXT I
gibt den Inhalt der Speicherplätze 2048 bis 3071 aus. Dieser
dezimalen Adressenangabe entspricht die hexadezimale Angabe
von 800 bis BFF, die zur Unterscheidung auch als $800 — $BFF
geschrieben wird (vgl. Abschnitt 2.2.1). Apple legt in diesem
Speicherbereich Anwenderprogramme in Basic ab. Lassen wir die
obige Schleife ablaufen, dann erkennen wir Codezahlen zwischen
0 und 255. Warum? 255 dezimal gleich $FF ist die größte in ei-
nem Byte bzw. in einem Speicherplatz unterzubringende Zahl.

Die Zählerschleife
   30 FOR Z=1 TO 7: LET A(Z)=PEEK(767+Z) : NEXT Z
speichert die Inhalte der Speicherplätze 768, 769, ... in den
Array A() ab.
Natürlich können wir uns auch nicht-druckbare Speicherinhalte
'anschauen'. So läßt PRINT PEEK(49200) den Lautsprecher einmal
ganz kurz knacken.

3.6.2 Stufe 2: Speicherinhalte mit POKE schreiben

PEEKen können wir Speicherplätze des RAM wie des ROM, während
umgekehrt nur Speicherplätze des RAM gePOKEt und damit neu beschrieben werden können.
POKE 768,1 speichert die 1 in den Speicherplatz mit der Adresse 768 ab. Man sagt: "poke die 1 nach 768" (nicht schön, aber
kurz). Das zweite Argument muß zwischen 0 und 255 liegen. Die
Anweisung POKE PLATZ,ZAHL speichert den Inhalt von ZAHL an die
Adresse von PLATZ ab. Die Ausgabeschleife
   100 FOR I=1 TO 7 : READ C : POKE (767+Z),C : NEXT I
   110 DATA 101,6,101,6,133,8,96
speichert die 7 in der DATA-Zeile angegebenen Zahlen in die
Speicherplätze unter den Adressen 768,769,... ab.

Vor jedem Poken muß überlegt werden, ob nicht Speicherinhalte
verändert werden, die für die Ablaufsteuerung wichtig sind.

3.6.3 Stufe 3: Aufruf von Maschinenprogrammen mit CALL

Mit der Anweisung
    CALL 64000
rufen wir (to call) ein Maschinenprogramm auf, dessen Startbe-
fehl im Speicherplatz mit der Adresse 64000 abgelegt ist. CALL
64000 löscht den Bildschirm, da in Adresse 64000 die entsprechende Routine des Monitors beginnt. CALL -936 bewirkt dasselbe wie CALL 64000, da 65536-936=64000 (vgl. Abschnitt 2.2.1).
Die CALL-Anweisung kann in beiden Betriebsarten verwendet werden: in Direktausführung und in Programmausführung.

Eine ganz besondere Funktion hat die Anweisung CALL -151, mit
der wir den Monitor aufrufen können (vgl. Abschnitt 2.2.1.1).

Zur A n w e i s u n g "&" :
Anstelle von CALL 1013 kann auch & eingegeben werden. Die An-
weisung &PP (PP für Parameter, die ggf. nach dem Anweisungs-
zeichen & eingetippt werden können) verzweigt somit zu einem
Maschinenprogramm, dessen Startadresse konstant in 1013 liegt.
Mit dem & besitzt das Applesoft-Basic eine Anweisung, die zur
Erweiterung seines Befehlssatzes verwendet werden kann. & kann
je nach Speicherung ab Adresse 1013 bzw. $3F5 zum Mischen von
Daten, zum Durchnumerieren von Programmzeilen usw. verwendet
werden (vgl. Programm RENUMBER in Abschnitt 2.2.4).

3.6.4 Stufe 4: Eingabe von Maschinenprogrammen über Monitor

In Abschnitt 2.2.1 haben wir bereits gesehen, wie Speicherinhalte über den Monitor direkt angeschaut und eingegeben werden
können. Wenden wir uns nun dem Eingeben zu, und zwar folgendem
Problem:
In einer Computer-Zeitschrift finden wir ein Maschinenprogramm
abgedruckt, das wir gerne eingeben und testen möchten. Dieses
Programm stammt z.B. aus "Nibble Express 2/1982"

```
Adresse:       Code:            Nr:   Label:    Operator:       Operand:
-------        -----            --    ------    ---------       --------
   0300  -  A9 01                1     ...        ...             ...
   0302  -  8D 00 0A             2
   0305  -  AD 00 0A            ...    Die Angaben Nr., Label, Operator,
   0308  -  20 A8 FC                   Operand verwenden wir nicht, son-
   030B  -  20 E4 FB                   dern nur die ersten zwei Spalten.
   030E  -  4C 05 03
```

und erzeugt einen langen Ton. Die erste Spalte enthält Adressen in hexadezimaler Form ($300, $302, ...) und daneben stehen
die jeweiligen Codezahlen der Maschinensprachen-Befehle. Weitere Spalten vernachlässigen wir (sie sind zumeist von einem
kommerziellen Assembler wie z.B. LISA erstellt worden). Unsere
Eingabe nehmen wir nun in 8 Schritten vor.

1) CALL-151   tippen. Der * erscheint. Wir sind im Monitor.

2) 300:A9 01 8D 00 0A AD 00 0A   tippen. Die ersten 8 Code-
                   zahlen sind in den Adressen $300 bis $307
                   gespeichert.
   308:20 A8 FC 20 E4 FB 4C 05   tippen. Die nächsten 8 Code-
                   zahlen sind in $308 bis $30F gespeichert.
   310:03   Die letzte Codezahl ist in $310 abgelegt.

3) 300.310   tippen. Alle 17 Codezahlen werden zur Kon-
                   trolle gezeigt.

4) 300L   tippen. Die 17 Codezahlen werden vom Mini-
                   Assembler disassembliert, d.h. in Assembler-
                   sprache rückverwandelt. Wir können unsere
                   Eingabe kontrollieren (L wie list).

5) 300G   tippen (G wie go). Der Monitor wird verlassen.

6) CALL 768   tippen. Das Maschinenprogramm wird ausgeführt,
                   das in Adresse $300 bzw. 768 dezimal beginnt.
                   Hinweis: unser Beispielprogramm erzeugt einen
                   langen Ton, den wir mit RESET abbrechen.

7) BSAVE LANGERTON,A$300,L$11   tippen. Das Maschinenprogramm
                   wird als Binär-Datei auf Diskette abgelegt.
                   LANGERTON als Name, $300 als Adresse und $11
                   als Länge ($11 = 1*16+1*1 = 17 dezimal).

8) BRUN LANGERTON   tippen. Wir können später das Maschinen-
                   programm beliebig oft ausführen lassen.

       Eingabe eines Maschinenprogramms als 9-Schritt-Folge

In der hier gezeigten 9-Schritt-Folge können wir jedes Maschinenprogramm in unseren Apple eingeben, unabhängig von dem Assembler, der zum Ausdrucken des Assembler-Listings verwendet
wurde. Von diesem Listing geben wir allein die Adressen (erste
Spalte) sowie die Befehlscodes (zweite Spalte) ein. Wir hatten
stets 8 Codes nach einer Adresse eingetippt (Grund: der Monitor gibt uns beim späteren Lesen eine ebenso geordnete Druckausgabe). Dies ist nicht zwingend so; man kann bis zu 85 Codezahlen nach einer Adresse bzw. nach einem : eintippen.

Dialogprotokoll zur Speicherung von LANGERTON als Binär-Datei:

```
üCALL-151                          *300L

*300:A9 01 8D 00 0A AD 00 0A       0300-   A9 01      LDA   #$01
                                   0302-   8D 00 0A   STA   $0A00
                                   0305-   AD 00 0A   LDA   $0A00
*308:20 A8 FC 20 E4 FB 4C 05       0308-   20 A8 FC   JSR   $FCA8
                                   030B-   20 E4 FB   JSR   $FBE4
*310:03                            030E-   4C 05 03   JMP   $0305
                                   0311-   00         BRK
*300.310                           *300G

0300- A9 01 8D 00 0A AD 00 0A
0308- 20 A8 FC 20 E4 FB 4C 05      üBSAVE LANGERTON,A$300,L$11
0310- 03
```

3.6.5 Stufe 5: Programmierung in Assembler

Zunächst zum Begriff "Assembler" (vgl. auch Abschnitt 1.3.6.3)
und seinen zwei Bedeutungen: Wie jeder Computer hat auch der
Apple seine maschinenorientierte Programmiersprache, die 6502-
Assembler(-sprache) heißt. Das Assembler-Listing als Quellenprogramm bzw. Source-Listing wird von einem Übersetzerprogramm
in das eigentliche Maschinenprogramm als Objektprogramm übersetzt. Dieses Übersetzerprogramm heißt ebenfalls Assembler.
Assembler bezeichnet also zum einen die Programmiersprache und
zum anderen den Übersetzer.
Unser folgendes Beispiel soll einen ersten Einblick geben, wie
in Assembler programmiert wird.

3.6.5.1 Maschinenprogramm in einem Basicprogramm aufrufen

Der Programmname SUMM-HAPRO-BASIC1 besagt, daß dieses Programm
zwei Zahlen A und B aufsummiert (SUMM), als Hauptprogramm ein
untergeordnetes Programm aufruft (HAPRO) und in BASIC codiert
ist (BASIC). Codierung und Ausführung zu SUMM-HAPRO-BASIC1 geben folgenden Ablauf wieder: Die Zahlen 100 und 99 werden eingetippt nach A und B zugewiesen. Dann speichert 150 POKE 6,A
die Zahl 100 nach Speicherplatz 6. B wird in Adresse 7 gespeichert. Die Anweisung 190 CALL 768 startet ein in Adresse 768
bzw. $300 beginnendes Maschinenprogramm, welches den Inhalt
der Adressen 6 (also 100) und 7 (also 99) addiert und die Summe (also 199) in Adresse 8 speichert. Abschließend werden vom
Hauptprogramm zur Kontrolle die Inhalte der Adressen 6, 7 und
8 mittels PEEK am Bildschirm gezeigt. Das Programm läuft also
in fünf Etappen ab:
  1. BASIC-Hauptprogramm legt 2 Zahlen in Speicherplatz 6 und
     7 ab.
  2. BASIC-Hauptprogramm ruft Assembler-Unterprogramm auf.
     3. Assembler-Unterprogramm holt Zahlen aus Platz 6 und 7
        und legt deren Summe in Speicherplatz 8 ab.
     4. Assembler-Unterprogramm kehrt zurück.
  5. BASIC-Hauptprogramm zeigt Zahlen der Plätze 6, 7 und 8.

Codierung zu Programm SUMM-HAPRO-BASIC1:

```
100   REM   ======PROGRAMM SUMM-HAPRO-BASIC1
110   PRINT "TASTATUREINGABE VON ZWEI SUMMANDEN:"
120   INPUT A,B
130   PRINT "SUMMANDEN WERDEN IN DIE SPEICHER-"
140   PRINT "PLAETZE 6 UND 7 GEBRACHT (GEPOKED)."
150   POKE 6,A
160   POKE 7,B
170   PRINT "AUFRUF EINES MASCHINENPROGRAMMS,"
180   PRINT "DAS IN SPEICHERPLATZ 768 BEGINNT."
190   CALL 768
200   PRINT : PRINT "IN SPEICHERPLATZ 6 (GEPOKED): "; PEEK (6)
210   PRINT "IN SPEICHERPLATZ 7 (GEPOKED): "; PEEK (7)
220   PRINT "IN SPEICHERPLATZ 8 (DURCH STA): "; PEEK (8)
230   PRINT "MASCHINENPROGRAMM HAT SUMME ERRECHNET"
240   PRINT "UND IN SPEICHERPLATZ 8 ABGELEGT."
250   PRINT "ENDE.": END
```

3.6.5.2 Unterprogramm als Folge von Assembler-Befehlen

Aufgabe des Unterprogramms ist es, die beiden Zahlen zu addieren und dann ins Hauptprogramm zurückzukehren.

Assembler-Befehl: .... befiehlt:

1. LDA $6   Lade den Wert, der in Speicherplatz 6 steht,
                    in den Akkumulator als Rechenspeicher.
2. ADC $7   Addiere zum Inhalt des Akkumulators den Wert
                    hinzu, der gerade in Speicherplatz 7 steht.
3. STA $8   Bringe den Inhalt des Akkumulators in den
                    Speicherplatz 8.
4. RTS   Kehre aus dem Unterprogramm ins rufende
                    Hauptprogramm zurück.

Die Befehlswörter LDA (Load Accumulator with Memory), ADC (Add
Memory to Accumulator with Carry), STA (Store Accumulator in
Memory) und RTS (Return from Subroutine) finden wir im zugehö-
rigen Handbuch.

3.6.5.3 Unterprogramm als Folge von Codezahlen

Nun müssen wir die Assembler-Befehle in hexadezimale Codezahlen (Hex OP Codes) übersetzen. Entsprechend dem Befehlssatz der
6502-CPU finden wir folgende Zuordnung:

1. LDA $6   --->   A5 06   Die sechs Codezahlen
2. ADC $7   --->   65 07   A5 06 65 07 85 08 60
3. STA $8   --->   85 08   folgen einander.
4. RTS   --->   60

Zur Übersetzung von LDA finden wir mehrere Möglichkeiten in
der Tabelle. Drei Möglichkeiten wollen wir erklären.

"Immediate   LDA #Oper   A9"   Bsp: LDA #$6   ---> A9 06
"Zero Page   LDA Oper   A5"   Bsp: LDA $6   ---> A5 06
"Absolute   LDA Oper   AD"   Bsp: LDA $0300 ---> AD 00 03

         Drei grundlegende Bedeutungen des Ladebefehls LDA

Für unser Programmbeispiel nehmen wir die zweite Möglichkeit.
Wir übersetzen mit A5, da der in Speicherstelle $06 der Zero
Page stehende Wert in den Akkumulator geladen werden soll. Die
Z e r o   P a g e umfaßt Speicherstellen von 0-255 ($00-$FF),
auf die besonders schnell zugegriffen werden kann.
Der Befehl LDA #$6 würde nicht den Wert in Adresse $6 in den
Akkumulator laden, sondern den Wert $6 u n m i t t e l b a r
(deshalb immediate für unmittelbar). LDA #$FF würde die Zahl
255 (255 dezimal gleich $FF) unmittelbar in den Akkumulator
speichern.
Der Befehl LDA $0300 gibt mit $300 eine   a b s o l u t e
Adresse an (nicht Zero Page), die in ein Low Byte als unteres
Byte und ein High Byte als oberes Byte aufgeteilt werden muß:
Adresse $0300 aufgeteilt in 00 (Low Byte) und 03 (High Byte).

Wichtig ist, daß bei der Übersetzung
    LDA $0300   --->   AD 00 03
das Low Byte stets v o r das High Byte gestellt wird.

3.6.5.4   Speicherung und Test des Unterprogramms

Der Speicherbereich von Adresse $300 bis Adresse $3FF (dezimal
768 bis 1023) ist eigens für kurze Maschinenprogramme vorgesehen. Wir speichern das Unterprogramm ab $300 ab. Hierzu gehen
wir in den Monitor, speichern mit 300:A5 06 65 07 85 08 60 ab,
disassemblieren mittels 300L (wir erkennen die vier Assembler-
Befehle LDA, ADC, STA sowie RTS und können somit gut die Hex-
Eingabe kontrollieren) und verlassen den Monitor.
Dann speichern wir unser Maschinenprogramm mittels BSAVE unter
dem Namen SUMM-UPRO-MASCH1 auf Diskette ab.

Eingabe des Unterprogramms über den Monitor:

üCALL -151

*300

0300- 02
*300:A5 06 65 07 85 08 60

*300L


```
0300-    A5 06         LDA   $06
0302-    65 07         ADC   $07
0304-    85 08         STA   $08
0306-    60            RTS
0307-    00            BRK              Ausführung zu Programm
0308-    00            BRK
0309-    00            BRK              SUMM-HAPRO-BASIC1:
030A-    00            BRK
030B-    00            BRK              üBSAVE SUMM-UPRO-MASCH1,A$300,L7
030C-    00            BRK              üLOAD SUMM-HAPRO-BASIC1
030D-    00            BRK              üRUN
030E-    00            BRK              TASTATUREINGABE VON ZWEI SUMMANDEN:
030F-    00            BRK              ?100, 99
0310-    00            BRK              SUMMANDEN WERDEN IN DIE SPEICHER-
0311-    00            BRK              PLAETZE 6 UND 7 GEBRACHT (GEPOKED).
0312-    00            BRK              AUFRUF EINES MASCHINENPROGRAMMS,
0313-    00            BRK              DAS IN SPEICHERPLATZ 768 BEGINNT.
0314-    00            BRK
0315-    00            BRK              IN SPEICHERPLATZ 6 (GEPOKED): 100
0316-    00            BRK              IN SPEICHERPLATZ 7 (GEPOKED): 99
*300.306                                IN SPEICHERPLATZ 8 (DURCH STA): 199
                                        MASCHINENPROGRAMM HAT SUMME ERRECHNET
0300- A5 06 65 07 85 08 60             UND IN SPEICHERPLATZ 8 ABGELEGT.
*3D0G                                   ENDE.
```

Auf diese hier gezeigte Art bindet man insbesondere solche Abläufe als Unterprogramme in ein BASIC-Programm ein, die sehr
schnell ablaufen sollen.
Kommerzielle Assembler-Programmpakete können uns das Editieren
und Übersetzen dabei erheblich erleichtern.

3.7 Tabellenverarbeitung (Felder, Arrays)

Mit der Tabellenverarbeitung wenden wir uns einer komplexeren
Datenstruktur zu, die als Tabelle, Feld, Array, Bereich, Liste
oder Matrix/Vektor bezeichnet wird.

3.7.1 Tabellenverarbeitung im Überblick

In Abschnitt 1.3.2.2 hatten wir als wichtige Datenstruktur den
Array kennengelernt. Einen Array können wir uns vorstellen als
Regal mit mehreren Schubfächern als Elementen. Je nach Inhalt
der Fächer gibt es den Integer-Array (Ganzzahl; Name endet mit
%-Zeichen wie M%), den Real-Array (Dezimalzahl; Name wie M)
oder den String-Array (Text; Name endet mit $-Zeichen wie M$).
Die zu Programmbeginn angegebene DIM-Anweisung legt den Array-
Typ fest (durch % bzw. $ als Namensbestandteil) sowie die Aus-
dehnung bzw. Dimension. In Applesoft sind bis zu 88 Dimensio-
nen erlaubt. DIM M(4) richtet einen Array mit 5 Elementen ein
zur späteren Aufnahme von Dezimalzahlen, wobei die Fächer mit
M(0),M(1),...,M(4) durchnumeriert sind.
Der mit DIM M%(4) vereinbarte Integer-Array benötigt 7+5*2=17
Speicherstellen: 7 für den Namen und je 2 für die Ganzzahl. Da
nur 2 Bytes verfügbar sind, ist die größte Ganzzahl 65535 bzw.
FFFF hex bzw. 1111111111111111 binär. In Applesoft werden vor-
wiegend Real-Arrays verwendet. Durch DIM M(4) werden 7+5*5=32
Speicherplätze für den Dezimalzahl-Array M reserviert: wieder
7 für den Namen und je 5 für die Gleitkommazahl.
Die Anweisung DIM M$(4) reserviert für den leeren String-Array
7+5*3=22 Bytes: 7 für den Namen und je 3 fürs Element (Länge 1
und Adressvermerk 2). Zu diesen 22 Speicherstellen kommen dann
die Bytes für die Texteinträge; jeder String darf 255 Zeichen
lang sein.

```
                    Arrays (Felder, Bereiche)
           |--------------------+--------------------|
        Integer-Array M%:    Real-Array M:      String-Array M$:

          DIM M%(4)            DIM M(4)            DIM M$(4)
          ----------           ----------          ----------
          | 121 | M%(0)        |65.01 | M(0)       |ZANGE | M$(0)
Eine      | 105 | M%(1)        | 3.25 | M(1)       |HAMMER| M$(1)
Dimen-    | 199 | M%(2)        |12.50 | M(2)       |MEISEL| M$(2)
sion:     |  50 | M%(3)        | 7.752| M(3)       |KELLE | M$(3)
          |2508 | M%(4)        |99.00 | M(4)       |BOHRER| M$(4)

          DIM M%(3,2)          DIM M(3,2)          DIM M$(3,2)
          ----------           ----------          ----------
Zwei      | 1   2   3 |        |1.4  2.5  1.1|     |HANS   MAX    EMIL |
Dimen-    | 9   9   9 |        |17.1 0.7  1.0|     |EVA    KLAUS  CARLA|
sionen:   |34   5   9 |        |0.3  7.5  8.75|    |ERNST  MARIA  JULIA|
          | 1  11   7 |        |11.1 0.1  0.3|     |MAX    LENA   TILL |

                    Drei Grundtypen von Arrays
```

3.7.2 Eindimensionale Tabellen

Eine eindimensionale Tabelle kann man sich waagerecht als Zeile oder senkrecht als Spalte angeordnet vorstellen, also immer in einer Richtung ausgedehnt. Man spricht dabei auch von Feld, Bereich, Vektor, Liste und natürlich Array. Das Programm LAGERREGAL1 veranschaulicht uns diese Datenstruktur:
Mit 140 DIM R(7) vereinbaren wir ein Regal mit 8 Regalfächen 0,1,...,7. Das 0. Fach lassen wir unberücksichtigt (man reserviert es -wie später im Programm ABSATZTABELLE1 gezeigt- meist für ganz besondere Eintragungen). Über die Eingabeschleife von Zeile 210 bis 240 geben wir mittels 230 INPUT R(I) der Reihe nach 7 Zahlen in die Fächer 1,2,...,7 ein; dies können z.B. die 7 wochentäglichen Absatzmengen sein. Die Variable I nennt man

Index:	R(0)	R(1)	R(2)	R(3)	R(4)	R(5)	R(6)	R(7)
Wert:	0	12	23	11	88	24	17	5

        leer   Fächer 1-7 mit je einer Zahl als Wert (Inhalt)

```
- 140 DIM R(7)        Reserviere 8 Fächer für einen Array R.
- 149 LET R(2)=23     Weise die Zahl 23 ins 2. Regalfach zu.
- 159 PRINT R(4)      Gib die 88 als Wert des 4. Faches aus.
- 169 INPUT R(6)      Weise die Tastatureingabe ins 6. Fach zu.
- 230 INPUT R(I)      Weise die Tastatureingabe ins I. Fach zu,
                      wenn I den Wert 3 hat, dann ins 3. Fach.
- 291 LET M=M+R(Z)    Erhöhe M um den Wert des Z. Faches.
```

Eindimensionale Tabelle bzw. Vektor R() als Beispiel

Codierung zu LAGERREGAL1:   Ausführung zu LAGERREGAL1:

```
100  REM   ======PROGRAMM LAGERREGAL1
110  PRINT "LAGERREGAL ALS 1-DIM. FELD."
120  :
130  REM   ======VEREINBARUNGSTEIL
140  DIM R(7): REM  FELD(1..7) ALS REGAL
150  REM   I   : INTEGER (LAUF-/INDEXVARIABLE)
160  REM   S   : REAL (SUMME DER 7 FAECHER)
170  :
180  REM   ======ANWEISUNGSTEIL
190  REM   ***TASTATUREINGABE INS REGAL*******
200  PRINT : PRINT "EINGABE IN REGALFAECHER:"
210  FOR I = 1 TO 7
220  PRINT "MENGE FUER FACH ";I;": ";
230  INPUT R(I)
240  NEXT I
250  :
260  REM   ***VERARBEITUNG UND AUSGABE********
270  PRINT : PRINT "FACH:          MENGE:"
280  FOR I = 1 TO 7
290  PRINT I,R(I): LET M = M + R(I)
300  NEXT I
310  PRINT "SUMME:",M
320  END
```

```
LAGERREGAL ALS 1-DIM. FELD.

EINGABE IN REGALFAECHER:
MENGE FUER FACH 1: ?12
MENGE FUER FACH 2: ?23
MENGE FUER FACH 3: ?11
MENGE FUER FACH 4: ?88
MENGE FUER FACH 5: ?24
MENGE FUER FACH 6: ?17
MENGE FUER FACH 7: ?5

FACH:          MENGE:
1                12
2                23
3                11
4                88
5                24
6                17
7                5
SUMME:           180
```

I n d e x variable, da sie das jeweilige Element des Arrays R
anzeigt (R(I) bedeutet: I. Stelle von R, I. Element von R bzw.
R an der Stelle I). I ist zugleich auch Laufvariable der Zählerschleife 210 FOR I=1 TO 7.
Über die Schleife von Zeile 280 bis 300 wird als Übersicht die
jeweilige Fachnummer (Index) samt der im Fach abgelegten Menge
(Inhalt des Array-Elements) ausgegeben, wobei jeder Fachinhalt
nach M aufsummiert wird.

Das folgende Programm VOKABELDRILL1 weist wie das Programm LA-
GERREGAL1 ebenfalls eine eindimensionale Tabelle auf. In ihren
Fächern werden jedoch keine Zahlen aufbewahrt (Real-Array M),
sondern Vokabeln als Texte (String-Arrays D$ und F$). Ausser-
dem werden durch die Anweisung 150 DIM D$(A) nicht etwa eine
feste Anzahl von Fächern eingerichtet, sondern soviele, wie
über die vorangehende Anweisung 140 INPUT A mittels Tastatureingabe festgelegt wurde; im Ausführungsbeispiel zum Programm
VOKABELDRILL1 sind es A=3 Fächer für je 3 deutsche und franzö-
sische Vokabeln (Fächer 0 lassen wir wiederum leer). Man nennt
INPUT A: DIM D$(A) auch d y n a m i s c h e Dimensionierung.
Dieses Drillprogramm ist natürlich erweiterungsbedürftig (Zu-
fallsauswahl von Vokabeln; Antwortanalyse zwecks Fehlerhinweis
und Ablaufmodifikation; Ablage von Vokabeln in Dateien; ...).
Vielleicht versuchen Sie es einmal mit einer Erweiterung?

Codierung zu VOKABELDRILL1:   Ausführung zu VOKABELDRILL1:

```
100   REM   ======PROGRAMM VOKABELDRILL1
110   PRINT "DRILL FRANZOESISCH-DEUTSCH."
120   :
130   REM   ======VEREINBARUNGSTEIL
140   INPUT "ANZAHL DER VOKABELN: ";A
150   DIM D$(A): REM   STRING-ARRAY FUER D
160   DIM F$(A): REM   STRING-ARRAY FUER F
170   REM  A$:   STRING (JEWEILIGE ANTWORT)
180   :
190   REM   ======ANWEISUNGSTEIL
200   PRINT "PAARWEISE TIPPEN: D , F"
210   FOR I = 1 TO A
220   INPUT D$(I),F$(I)
230   NEXT I
240   PRINT : PRINT "BEGINN DER UEBUNG:"
250   FOR I = 1 TO A
260   PRINT D$(I);" <- ";: INPUT A$
270   IF A$ = F$(I) THEN  PRINT "GUT.": GOTO 290
280   PRINT "FALSCH. ";D$(I);" -> ";F$(I)
290   NEXT I
300   PRINT "ENDE.": END
```

```
]RUN
DRILL FRANZOESISCH-DEUTSCH.
ANZAHL DER VOKABELN: 3
PAARWEISE TIPPEN: D , F
?FRAU,FEMME
?MANN,HOMME
?KIND,ENFANT

BEGINN DER UEBUNG:
FRAU <- ?FEMME
GUT.
MANN <- ?HOME
FALSCH. MANN -> HOMME
KIND <- ?L"ENFANT
FALSCH. KIND -> ENFANT
ENDE.
```

3.7.3 Zweidimensionale Tabellen

Eine zweidimensionale Tabelle dehnt sich waagerecht in Zeilen
und senkrecht in Spalten aus. Am Beispiel der durch DIM R(Z,S)
dynamisch vereinbarten Tabelle in Programm ABSATZTABELLE1 wollen wir den Umgang mit dieser Datenstruktur näher betrachten.

R(,) kann man sich vorstellen als Regalschrank zu Aufnahme der
Absatzmengen von 5 Kunden (=Zeilen 1 bis 5) in den 4 Quartalen
(=Spalten 1 bis 4). So hat Kunde 5 im 1. Jahresquartal 50 Stk.
gekauft und Kunde 3 im 3. Quartal 90 Stk.
Die Tastatureingabe der 5*4=20 Absatzmengen vollzieht sich in
den Zeilen 210-270 über zwei geschachtelte Zählerschleifen mit

```
210 FOR I=1 TO Z        Äussere Schleife 'Kunden 1,2,3,4,5'
230    FOR J=1 TO S       Innere Schleife  'Quartale 1,2,3,4'
250       INPUT R(I,J)      Eingabe nach Fach Zeile I, Spalte J
260    NEXT J             Innere Schleife beenden
270 NEXT I               Äussere Schleife beenden
```

```
100   REM  ======ABSATZTABELLE1              Codierung zu ABSATZTABELLE1
110   PRINT "TABELLENVERARBEITUNG:"
120   PRINT "KUNDE-VIERTELJAHR ALS 2-DIM. FELD."
130   :
140   REM  ======VEREINBARUNGSTEIL
150   INPUT "ANZAHL DER ZEILEN (WAAGERECHT):";Z
160   INPUT "ANZAHL DER SPALTEN (SENKRECHT: ";S
170   DIM R(Z,S): REM    REGAL
180   :
190   REM  ======ANWEISUNGSTEIL
200   PRINT : PRINT "EINGABE ZEILENWEISE:"
210   FOR I = 1 TO Z
220   PRINT "NAECHSTE ZEILE, NAECHSTER KUNDE:"
230   FOR J = 1 TO S
240   PRINT "KUNDE ";I;", VIERTELJAHR ";J;": ";
250   INPUT R(I,J)
260   NEXT J
270   NEXT I
280   :
290   REM   ***ZEILENWEISE SUMMIEREN***************)
300   FOR I = 1 TO Z
310   FOR J = 1 TO S
320   LET R(I,0) = R(I,0) + R(I,J)
330   NEXT J
340   NEXT I
350   :
360   REM   ***GESAMTSUMME****************************
370   FOR I = 1 TO Z:R(0,0) = R(0,0) + R(I,0): NEXT I
380   :
390   REM   ***SPALTENWEISE SUMMIEREN****************
400   FOR J = 1 TO S
410   FOR I = 1 TO Z
420   LET R(0,J) = R(0,J) + R(I,J)
430   NEXT I
440   NEXT J
450   :
460   PRINT : REM   ***AUSGABE ALS UEBERSICHT*********
470   PRINT "UEBERSICHT ";Z;" -> UND ";S;" ^:"
480   FOR I = 0 TO Z
490   FOR J = 0 TO S
500   PRINT R(I,J);"  ";
510   NEXT J
520   PRINT
530   NEXT I
540   PRINT "ENDE.": END
```

viermaligem Durchlaufen der inneren Schleife für jeden Kunden.
Das Verarbeiten von zweidimensionalen Tabellen (auch Matrizen
genannt) führt stets zur Schleifenschachtelung . Die Fächer in
den Zeilen 0 und Spalten 0 werden häufig zur Ablage besonderer
Werte verwendet. Bei der ABSATZTABELLE1 werden in der Zeile 0
die Quartalssummen 150,300,450,600 abgelegt, also die 4 Spal-
tensummen. In Spalte 0 finden wir die Kundenabsatzmengen 100,
200,300,400,500 als die 5 Zeilensummen. Im Fach R(0,0) ist die
Gesamtjahresabsatzmenge 1500 gespeichert. Das zeilen- wie auch
das spaltenweise Summieren läuft wieder über Schleifenschach-
telungen ab.

R(0,0) 1500	R(0,1) 150	R(0,2) 300	R(0,3) 450	R(0,4) 600
R(1,0) 100	R(1,1) 10	R(1,2) 20	R(1,3) 30	R(1,4) 40
R(2,0) 200	R(2,1) 20	R(2,2) 40	R(2,3) 60	R(2,4) 80
R(3,0) 300	R(3,1) 30	R(3,2) 60	R(3,3) 90	R(3,4) 120
R(4,0) 400	R(4,1) 40	R(4,2) 80	R(4,3) 120	R(4,4) 160
R(5,0) 500	R(5,1) 50	R(5,2) 100	R(5,3) 150	R(5,4) 200

DIM R(5,4) richtet Tabelle mit 6 Zeilen (waagerecht) und 5 Spalten (senkrecht) ein, also 20 Fächer.

R als Regalschrank.

LET R(4,3)=120 weist dem Fach in Zeile 4 und Spalte 3 die 120 zu.

PRINT R(I,2) gibt Spalte 2 aus, wenn I von 0 bis 5 läuft.

Gespeichert sind nur die Werte 1500,150,300,... , nicht aber
die Indices R(0,0),R(0,1),R(0,2),... als anzeigende Größen.

       Zweidimensionale Tabelle bzw. Matrix R(,) als Beispiel

Ausführung zu ABSATZTABELLE1:

```
TABELLENVERARBEITUNG:
KUNDE-VIERTELJAHR ALS 2-DIM. FELD.
ANZAHL DER ZEILEN (WAAGERECHT):5
ANZAHL DER SPALTEN (SENKRECHT: 4

EINGABE ZEILENWEISE:
NAECHSTE ZEILE, NAECHSTER KUNDE:
KUNDE 1, VIERTELJAHR 1: ?10
KUNDE 1, VIERTELJAHR 2: ?20
KUNDE 1, VIERTELJAHR 3: ?30
KUNDE 1, VIERTELJAHR 4: ?40
NAECHSTE ZEILE, NAECHSTER KUNDE:
KUNDE 2, VIERTELJAHR 1: ?20
KUNDE 2, VIERTELJAHR 2: ?40
KUNDE 2, VIERTELJAHR 3: ?60
KUNDE 2, VIERTELJAHR 4: ?80
NAECHSTE ZEILE, NAECHSTER KUNDE:
KUNDE 3, VIERTELJAHR 1: ?30
KUNDE 3, VIERTELJAHR 2: ?60
KUNDE 3, VIERTELJAHR 3: ?90

KUNDE 3, VIERTELJAHR 4: ?120
NAECHSTE ZEILE, NAECHSTER KUNDE:
KUNDE 4, VIERTELJAHR 1: ?40
KUNDE 4, VIERTELJAHR 2: ?80
KUNDE 4, VIERTELJAHR 3: ?120
KUNDE 4, VIERTELJAHR 4: ?160
NAECHSTE ZEILE, NAECHSTER KUNDE:
KUNDE 5, VIERTELJAHR 1: ?50
KUNDE 5, VIERTELJAHR 2: ?100
KUNDE 5, VIERTELJAHR 3: ?150
KUNDE 5, VIERTELJAHR 4: ?200

UEBERSICHT 5 -> UND 4 ^:
1500  150  300  450  600
100   10   20   30   40
200   20   40   60   80
300   30   60   90   120
400   40   80   120  160
500   50   100  150  200
ENDE.
```

3.7.4 Dreidimensionale Tabellen

Dreidimensionale Tabellen können wir uns gut veranschaulichen
am Beispiel eines 'Zauberwürfels' (Rubik's Cube) mit 4*4*4=64
kleinen verschiebbaren Würfeln. Als Würfel A vereinbart:

```
10 DIM A(4,4,4)       Würfel als Tabelle mit 3 Dimensionen
                      1. Index für Zeilen (oben, unten)
                      2. Index für Spalten (links, rechts)
                      3. Index für Tiefe (vorne, hinten)
```

Wir legen einen Würfel vor uns auf den Tisch. A(1,1,1) benennt
den Würfel bzw. Punkt (oben,links,vorne) und A(4,4,4) den ent-
gegengesetzten Punkt (unten,rechts,hinten). DREIDIM-TEST1 ist
ein Auskunftprogramm zur Angabe der Lage von Würfelpunkten.

Codierung zu DREIDIM-TEST1:   Ausführung zu DREIDIM-TEST1:

```
100   REM  ======PROGRAMM DREIDIM-TEST1
110   PRINT "KOORDINATEN TESTEN EINES MIT"      KOORDINATEN TESTEN EINES MI
120   PRINT "DIM A(4,4,4) VEREINBARTEN ARRAYS." DIM A(4,4,4) VEREINBARTEN A
130   PRINT : PRINT "EINGABE: PUNKT (X,Y,Z)"
140   INPUT X,Y,Z: IF X = 0 THEN  END          EINGABE: PUNKT (X,Y,Z)
150   IF X = 1 THEN  LET X$ = "OBEN,": GOTO 180    ?1,4,1
160   IF X = 4 THEN  LET X$ = "UNTEN,": GOTO 180    PUNKT: (OBEN,RECHTS,VORNE)
170   LET X$ = "MITTE,"
180   IF Y = 1 THEN  LET Y$ = "LINKS": GOTO 210     EINGABE: PUNKT (X,Y,Z)
190   IF Y = 4 THEN  LET Y$ = "RECHTS": GOTO 210    ?2,3,1
200   LET Y$ = "MITTE"                              PUNKT: (MITTE,MITTE,VORNE)
210   IF Z = 1 THEN  LET Z$ = ",VORNE": GOTO 240
220   IF Z = 4 THEN  LET Z$ = ",HINTEN": GOTO 240 EINGABE: PUNKT (X,Y,Z)
230   LET Z$ = ",MITTE"                             ?4,4,2
240   PRINT "PUNKT: (";X$;Y$;Z$;")": GOTO 130      PUNKT: (UNTEN,RECHTS,MITTE)
```

Im Programm BUNDESLIGA1 wird eine dreidimensionale Tabelle als
String-Array B$ mit 18 Zeilen (18 Vereinen), 7 Spalten (7 An-

```
100   REM  ======BUNDESLIGA1
110   PRINT "BUNDESLIGATABELLEN ALS WUERFEL."   Codierung zu BUNDELIGA1
120   :
130   DIM B$(18,7,34): REM  WUERFEL
140   PRINT "VEREIN, 5. RANG, 2. SPIELTAG?"
150   INPUT V$: LET B$(5,1,2) = V$
160   PRINT "TORVERHAELTNIS VON ";V$;"?"
170   INPUT T$: LET B$(5,6,2) = T$
180   PRINT "I.ZEILE, 1.SPALTE, 2.TIEFE:"
190   FOR I = 1 TO 18: PRINT I;B$(I,1,2);: NEXT I
200   PRINT : PRINT "ENDE.": END
```

```
BUNDESLIGATABELLEN ALS WUERFEL.
VEREIN, 5. RANG, 2. SPIELTAG?          Ausführung zu BUNDESLIGA1
?FRANKFURT
TORVERHAELTNIS VON FRANKFURT?
?35-28
I.ZEILE, 1.SPALTE, 2.TIEFE:
12345FRANKFURT678910111213141516171 8
ENDE.
```

gaben Vereinsname, Spiele, gewonnen, verloren, remis, Toreverhältnis, Punkteverhältnis) sowie 34 Einträgen in der Tiefe (34 Spieltage) vereinbart. Die kompletten 34 Ligatabellen der Vor- und Rückrunde können so in e i n e m Array gespeichert werden. Ob dies in Bezug auf den Speicherplatz auch günstig ist, bleibt zu bedenken (nur Vereinsname String, übrige Eintragungen numerisch). Die Ausführung zu Programm BUNDELIGA1 zeigt uns drei Zugriffsbeispiele zum 2. Spieltag auf; die Zählerschleife in Zeile 190 verdeutlicht, daß in der 1. Spalte derzeit keine Vereine eingetragen sind außer FRANKFURT.

Mehr als 3 Dimensionen lassen sich zeichnerisch nicht darstellen. Wie die folgende Erweiterung des Regals der LAGERTABELLE1 zu einem vierdimensionalen Array zeigt, lassen sich solche Datenstrukturen dennoch veranschaulichen:

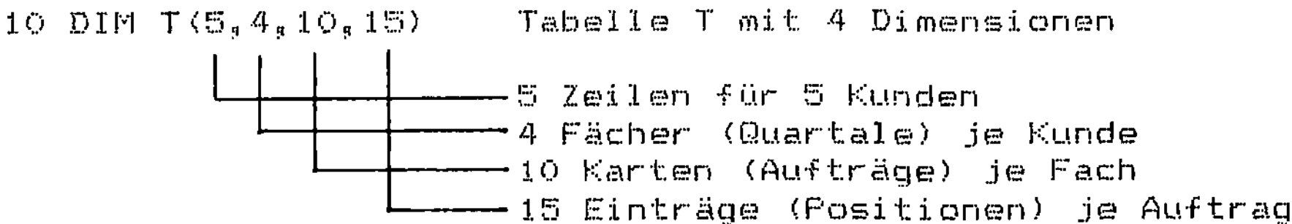

Der Wert von T(2,1,9,4) gibt demnach Auskunft über den 9. Auftrag des Kunden 2 im 1. Jahresquartal, und zwar genau über die 4. Position dieses Auftrags.

3.8 Grafikverarbeitung

3.8.1 Grafik im Überblick

Mit TEXT, GR und HGR sind drei grafische Darstellungsformen zu unterscheiden. Insbesondere die hochauflösende Grafik ist kein Bestandteil von Applesoft-Basic direkt, sondern auf dem Apple-Personalcomputer in den verschiedenen Programmiersprachen (so auch in UCSD-Pascal) verfügbar. Warum? Bestimmte Teile des Internspeichers werden als Pufferbereiche zur Speicherung grafischer Darstellungen systemseitig reserviert.
Die Grafikfähigkeit des Apple wird zuweilen als herausragende Eigenschaft gewürdigt. Auf die vielfältigen Möglichkeiten gerade der hochauflösenden Grafik HGR kann in diesem Buch nicht eingegangen werden, das Beispielprogramm PARABEL1 gibt nur einen ersten Eindruck dazu.

Die Bildschirmaufteilung unterstreicht, daß Computergrafik immer sehr viel Speicherplatz erfordert. So braucht man zum Ablegen eines Schwarz-Weiß-Rasterbildes mit 192*280 Bildpunkten bzw. P i x e l n in HGR über 50 KBit an Speicherplatz; farbige Bilder oder gar bewegte Objekte lassen den Speicherbedarf weiter steigen.

1. TEXT   24 Zeilen waagerecht mit je 40 Spalten senk-
               recht; 24*40=960 Zeichen; Erweiterung auf 80
               Spalten bei 80-Zeichen-Karte.

2. GR   40 Zeilen mit je 40 Blöcken als Grafikteil
               oben sowie 4 Zeilen mit je 40 Zeichen als
               Textteil unten; 40*40=1600 Blöcke als Bild-
               punkte; bei Abschalten des Textteils 48*40=
               1920 Bildpunkte; GR für GRaphic (auch Block-
               grafik, Grafik mit niedriger Auflösung bzw.
               Low Resolution Grafics genannt).

3. HGR   160 Zeilen mit je 280 Spalten als Grafikteil
               oben sowie 4 Zeilen mit je 40 Zeichen als
               Textteil unten; 160*280=44800 Bildpunkte; bei
               Abschalten des Textteils 192*280=53760 Punkte;
               HGR für hochauflösende Grafik bzw. High Resolu-
               tion Grafics.

Bildschirmaufteilung der drei Darstellungsformen für Grafik

Auch für Apple gibt es zahlreiche Grafik - Programmpakete, die
komfortabel Linien-, Säulen- und Kuchengrafik (Pie-Chart) darstellen (vgl. Abschnitt 1.3.8.3). Darauf gehen wir nicht ein.
Die folgenden elementaren Beispiele sollen den Weg weisen, um
in Applesoft-Basic Probleme grafisch zu veranschaulichen.

3.8.2 Balkendiagramm zeichnen

Programm BALKENDIAGRAMM1 löst das Problem der grafischen Veranschaulichung von Meßwerten (wie z.B. der sechs wochentäglichen Verkaufsmengen) sicher nicht sehr elegant und trickreich,
hoffentlich jedoch klar und leicht verständlich. Die Eingabeschleife in Zeilen 260-310 stellt mit MAX und MIN die extremen
Meßwerte fest, damit sich die Grafikausgabe in Zeilen 340-370
dann über die Balkenausdehnung BA daran ausrichtet. Die Balken
stellt man häufig invers dar über die Anweisung INVERSE. Durch
die Anweisung
   360 PRINT I; TAB(4);:INVERSE: PRINT SPC(BL): NORMAL
werden die Balken im Programm BALKENDIAGRAMM1 z.B. dunkel dargestellt.

```
BALKENDIAGRAMM ERSTELLEN.                BALKENDIAGRAMM ERSTELLEN.
1. MESSWERT (0=ENDE): ?12000             1. MESSWERT (0=ENDE): ?103
2. MESSWERT (0=ENDE): ?14000             2. MESSWERT (0=ENDE): ?67
3. MESSWERT (0=ENDE): ?11500             3. MESSWERT (0=ENDE): ?95
4. MESSWERT (0=ENDE): ?10000             4. MESSWERT (0=ENDE): ?15
5. MESSWERT (0=ENDE): ?14000             5. MESSWERT (0=ENDE): ?55
6. MESSWERT (0=ENDE): ?13500             6. MESSWERT (0=ENDE): ?187
7. MESSWERT (0=ENDE): ?0                 7. MESSWERT (0=ENDE): ?0

1   HHHHHHHHHH           Ausführung zu   1   HHHHHHHHHH
2   HHHHHHHHHHHHHHHHHHHH                 2   HHHHHH
3   HHHHHHHH             BALKENDIAGRAMM1: 3   HHHHHHHHH
4   H                                    4   H
5   HHHHHHHHHHHHHHHHHHHH                 5   HHHHH
6   HHHHHHHHHHHHHHHHHH                   6   HHHHHHHHHHHHHHHHHHHH
MAXIMUM: 14000  MINIMUM: 10000          MAXIMUM: 187  MINIMUM: 15
```

Codierung zu BALKENDIAGRAMM1:

```
100   REM   ======PROGRAMM BALKENDIAGRAMM1
110   PRINT "BALKENDIAGRAMM ERSTELLEN."
120 :
130   REM   ======VEREINBARUNGSTEIL
140   DIM M(20): REM  MAXIMAL 20 MESSWERTE
150   REM      ANZ:    INTEGER (ANZAHL DER MESSWERTE)
160   REM    MAX,MIN:  REAL (MAXIMUM,MINIMUM)
170   REM       B$:    STRING (BALKEN)
180   REM       BA:    REAL (BALKENAUSDEHNUNG)
190   REM       BL:    INTEGER (BALKENLAENGE/ZEILE)
200 :
210   REM   ======ANWEISUNGSTEIL
220   REM   ***ANFANGSWERTE***************************
230   LET MAX =   - 9999999999: LET MIN = 9999999999
240   LET B$ = "HHHHHHHHHHHHHHHHHHHHHH"
250   REM   ***MESSWERTE EINGEBEN*********************
260   FOR I = 1 TO 20
270   PRINT I;". MESSWERT (0=ENDE): ";: INPUT M(I)
280   IF M(I) = 0 THEN ANZ = I:I = 20: GOTO 310
290   IF (M(I) < MIN) THEN MIN = M(I): GOTO 310
300   IF M(I) > MAX THEN MAX = M(I)
310   NEXT I: PRINT
320   LET BA = (MAX - MIN) / 19
330   REM   ***BALKENDIAGRAMM************************
340   FOR I = 1 TO ANZ - 1
350   LET BL =  INT (((M(I) - MIN) / BA)) + 1
360   PRINT I; TAB( 4); LEFT$ (B$,BL)
370   NEXT I
380   PRINT "MAXIMUM: ";MAX;"  MINIMUM: ";MIN
390   PRINT "ENDE.": END
```

Programm EINRAHMEN1 zeichnet einen Rahmen um einen beliebigen Text T$.

```
100   REM   ======PROGRAMM EINRAHMEN1
110   PRINT "RAHMEN UM EINEN TEXT ZEICHNEN."
120   REM   ======VEREINBARUNGSTEIL
130   REM   T$:  STRING (EINGABETEXT)
140   REM   Z$:  STRING (GRAFIKZEICHEN)
150   REM   I:   INTEGER (LAUFVARIABLE)
160 :
170   REM   ======ANWEISUNGSTEIL
180   PRINT "WELCHER TEXT ?": INPUT T$
190   PRINT "ZEICHEN ZUM EINRAHMEN": INPUT Z$
200   FOR I = 1 TO  LEN (T$) + 6: PRINT Z$;: NEXT I
210   PRINT : PRINT Z$;"  ";T$;"  ";Z$
220   FOR I = 1 TO  LEN (T$) + 6: PRINT Z$;: NEXT I
230   END
```

Codierung zu EINRAHMEN1

```
RAHMEN UM EINEN TEXT ZEICHNEN.
WELCHER TEXT ?
?PROGRAMM-PAKET ZUR DATEIVERWALTUNG
ZEICHEN ZUM EINRAHMEN
?*
******************************************
*  PROGRAMM-PAKET ZUR DATEIVERWALTUNG  *
******************************************
```

Ausführung zu EINRAHMEN1

3.8.3 Kurvendiagramm zeichnen

Auch Programm GERADE1 nutzt noch nicht die Grafikdarstellungs-
formen GR und HGR, sondern bewegt sich im TEXT-Modus. Dementsprechend grob ist das Bild der gezeichneten Geraden. Wichtig
ist, daß bei Kurvendiagrammen -ob in TEXT, GR oder HGR- häufig
die Achsen vertauscht sind: x-Achse nach unten gerichtet sowie
y-Achse nach rechts. Die Funktion TAB() wird verwendet, um die
Werte der Geraden richtig zu positionieren.

Codierung zu Programm GERADE1: Ausführung zu Programm GERADE1:

```
100   REM  ======PROGRAMM GERADE1
110   PRINT "GERADE Y = M*X + B ZEICHNEN."
120   INPUT "GERADENSTEIGUNG  M: ";M
130   INPUT "Y-ACHSENABSCHITT B: ";B
140   INPUT "VON .?. BIS .?. AUF X-ACHSE: ";X0,X1
150   PRINT "01234567890123456789012345678901234567 8Y"
160   FOR X = X0 TO X1
170   LET Y = M * X + B
180   PRINT X; TAB( Y);"*"
190   NEXT X
200   PRINT "X": END
```

```
GERADE Y = M*X + B ZEICHNEN.
GERADENSTEIGUNG  M: 2
Y-ACHSENABSCHITT B: 3
VON .?. BIS .?. AUF X-ACHSE: 0,13
01234567890123456789012345678901234567 8Y
0   *
1     *
2       *
3         *
4           *
5             *
6               *
7                 *
8                   *
9                     *
10                      *
11                        *
12                          *
13                            *
X .
```

Ausführung zu Programm
PARABEL1:

```
PARABEL Y=A*X^2 + B*X + C ZEICHNEN.
PARAMETER A,B,C (0,0,0=ENDE): 0,1,1
PARAMETER A,B,C (0,0,0=ENDE): 1,0,0
PARAMETER A,B,C (0,0,0=ENDE): -1,0,0
PARAMETER A,B,C (0,0,0=ENDE): 0.25,1,-1
PARAMETER A,B,C (0,0,0=ENDE): 0,0,0
ENDE.
```

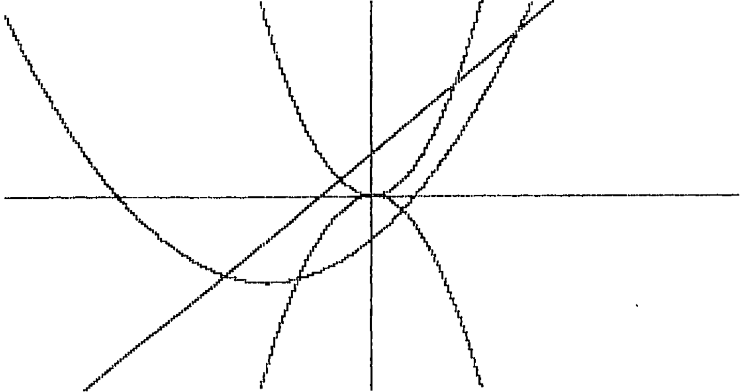

3.8.4 Beispiel zur hochauflösenden Grafik

Das Programm PARABEL1 demonstriert die hochauflösende Grafik
HGR am Beispiel des Zeichnens von Parabeln der Form
 $Y = A * X + B * X + C$,
wobei die Parameter A,B und C für beliebig viele Polynome über
die Tastatur eingegeben werden können. Im wiedergegebenen Ausführungsbeispiel werden so vier Parabeln in ein Koordinatenkreuz gezeichnet.
Zur Codierung von PARABEL1: Die Aweisung 190 HCOLOR=3 setzt
'Farbe <- weiß'; HCOLOR kommt bei farbiger Grafik zum Einsatz
mit einer Skala von 1 bis 7. In Zeile 118 wird der Nullpunkt
des Koordinatenkreuzes (X0,Y0) auf (139,89) gesetzt, also etwa
in die Mitte des Bildschirmes, der bei HGR 192 Zeilen und 280
Spalten umfaßt.
Die Anweisung HPLOT (H wie hochauflösend; PLOT für plotten o-
der zeichnen) zeichnet einen oder mehrere Punkte. So würde die
Anweisung HPLOT(139,89) den Nullpunkt in Spalte 139 und Zeile 89 einzeichnen. Die Anweisung 210 HPLOT 0,Y0 TO 279,Y0 hingegen zeichnet eine waagerechte Linie (x-Achse), die von Punkt
(0,Y0) bis zum Punkt (279,Y0) verläuft. Mit HPLOT kann man somit einzelne Punkte wie auch Linien zwischen zwei (und mehreren) Punkten zeichnen. Nach Ausführung des Programms PARABEL1
bis zur Zeile 220 steht also ein Koordinatenkreuz ohne Eintragungen auf dem Bildschirm.
Mit POKE 49234,0 (oder POKE -16302,0 , was dasselbe bedeutet)
wird der Textteil unten am Bildschirm ausgeschaltet, um insgesamt 192 Zeilen (statt sonst 160 Zeilen) für die Grafik zu haben. Die Schleife in den Zeilen 260 - 320 ist die eigentliche
Zeichenschleife. Abschließend schaltet 330 POKE 49235,0 (bzw.
330 POKE -16301,0) den Textteil wieder auf 'sichtbar'.
Wollen wir uns diese Grafik am Drucker ausgeben lassen, so geben wir CTRL-Q ein (Druck-Grafik-Interface vorausgesetzt).

```
100  REM  ======PROGRAMM PARABEL1
110  PRINT "PARABEL Y=A*X^2 + B*X + C ZEICHNEN."
120  REM  ***HOCHAUFLOESENDE GRAFIK******************
130  HGR
140  REM  ***NULLPUNKT****************************
150  LET X0 = 139: LET Y0 = 89
160  INPUT "PARAMETER A,B,C (0,0,0=ENDE): ";A,B,C
170  IF A = 0 AND B = 0 AND C = 0 THEN  PRINT "ENDE.": END
180  LET A = A / 20: LET C = C * 20
190  HCOLOR= 3
200  REM  ***KOORDINATENSYSTEM*******************
210  HPLOT 0,Y0 TO 279,Y0
220  HPLOT X0,0 TO X0,179
230  REM  ***PARABEL ZECHNEN*********************
240  POKE 49234,0
250  LET FLAGGE = 0
260  FOR X = - X0 TO X0                 Codierung zu Programm PARABEL1
270  LET Y = A * X * X + B * X + C
280  IF Y > Y0 OR Y < - Y0 THEN 320
290  IF FLAGGE = 0 THEN  LET X1 = X0 + X:Y1 = Y0 - Y:FLAGGE = 1
300  HPLOT X1,Y1 TO X0 + X,Y0 - Y
310  LET X1 = X0 + X: LET Y1 = Y0 - Y
320  NEXT X
330  POKE 49235,0
340  GOTO 160
```

3.9 Suchen, Sortieren, Mischen und Gruppieren von Daten

3.9.1 Verfahren im Überblick

Legt man einen größeren Datenbestand als D a t e i   auf einem
Externspeicher ab, dann stellen sich immer wieder Probleme des
Suchens, Sortierens, Mischens sowie Gruppierens von Datensätz-
en der Datei. Aus diesem Grunde bezeichnet man diese vier Verfahren auch als Hilfmittel der Dateiverarbeitung. Ob man Sätze
einer Datei sortiert oder Komponenten eines Arrays - am jeweiligen zu demonstrierenden Verfahren ändert dies meist nichts;
aus diesem Grunde verarbeiten die folgenden Beispiele Arrays.

SUCHEN: Absatzmengen Mo - So: 45,100,95,78,90,76,80.
                An welchem Tag wurden 78 Stück abgesetzt?

SORTIEREN: Absatzmengen in aufsteigende Sortierfolge
                45,76,78,80,90,95,100 bringen.

MISCHEN: Mengen 45,76,78,80,90,95,100 von Filiale 1 und
                Mengen 30,47,55,57,61,80,103 von Filiale 2 zu
                30,45,47,55,57,61,76,78,80,80,90,95,100,103
                als Gesamtliste mischen.

GRUPPIEREN: Gruppensummen MO-MI=240 und DO-SO=324 bilden.

           Vier Hilfsverfahren der Dateiverarbeitung

3.9.2 Suchverfahren

Das einfachste Suchverfahren besteht darin, die Datei Satz für
Satz in der Reihenfolge der Speicherung zu durchsuchen. Dieses
s e r i e l l e Suchen ist typisch für die Datentäger Magnetband bzw. Kassette.   Eine Adreßdatei nach ZIMMERMANN zu durchsuchen kann ggf. sehr lange dauern.   Im Programm SUCHBINAER1
wird das b i n ä r e Suchen als schnelles Suchverfahren dargestellt. Um die Menge 90 zu suchen, wird zunächst die 80   als
Mitte genommen; der Vergleich 80<90 zeigt, daß in der   oberen
Hälfte 90,95,100 weiterzusuchen ist. Man nimmt wieder die Mitte, der Vergleich 95>90 zeigt, daß jetzt in der unteren Hälfte
weiterzusuchen ist. Weil diese Hälfte nur noch den Suchbegriff
90 enthält, ist die Suche 'positiv' beendet. Bei diesem kleinen Beispiel mag das binäre Suchen umständlich wirken. Die Bedeutung aber zeigt folgendes Beispiel: Um aus den über 60 Mio
Bundesbürgern e i n e n Namen herauszufinden, benötigt dieses Suchverfahren im Schnitt nur 26 Zugriffe.
Das Wort 'binär bzw. zweiwertig' deutet an, daß man stets   die
Hälfte bildet und dann die linke und rechte Hälfte als 2 Teile
vergleicht.
Zur Codierung von SUCHBINAER1: In der rechten Hälfte wird wei-
tergesucht, indem man die Hälfte-Grenze UNTEN auf die   MITTE
vorrückt (Zeile 290).   Die Variable GEFUNDEN dient der Ablaufsteuerung; ist in Zeile 310 S gleich D(MITTE), dann wird die 1
als Vergleichsergebnis 'wahr' nach GEFUNDEN zugewiesen, im anderen Fall erhält GEFUNDEN den Wert 0.

Codierung zu SUCHBINAER1:   PAP zu SUCHBINAER1:

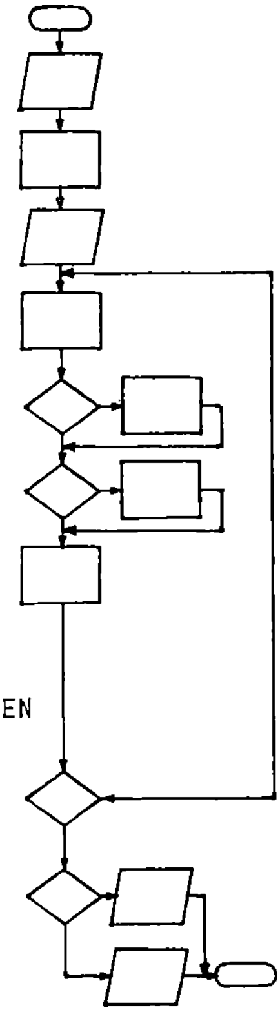

```
100  REM  ======PROGRAMM SUCHBINAER1
110  PRINT "METHODE DES BINAEREN SUCHENS."
120  :
130  REM  ======VEREINBARUNGSTEIL
140  REM  A:      INTEGER (ANZAHL DER DATEN)
150  REM  D():    FELD (DATEN ALS SUCHGEGENSTAND)
160  REM  UNTEN,MITTE,OBEN: INTEGER (GRENZEN)
170  REM  GEFUNDEN: BOOLEAN (1 ODER 0 FUER ERGEBNIS)
180  :
190  REM  ======ANWEISUNGSTEIL
200  INPUT "ANZAHL DER DATEN: ";A: DIM D(A)
210  PRINT A;" DATEN EINZELN EINTIPPEN:"
220  FOR I = 1 TO A: INPUT D(I): NEXT I
230  LET GEFUNDEN = 0:UNTEN = 1:OBEN = A
240  INPUT "SCHLUESSEL ALS SUCHBEGRIFF: ";S
250  PRINT : PRINT "SUCHPROTOKOLL:"
260  REM  ***NICHT-ABWEISENDE SUCHSCHLEIFE**********
270  LET MITTE =  INT ((UNTEN + OBEN) / 2)
280  PRINT "UNTEN: ";UNTEN;", MITTE: ";MITTE;", OBEN: ";OBEN
290  IF S > D(MITTE) THEN UNTEN = MITTE + 1
300  IF S < D(MITTE) THEN OBEN = MITTE - 1
310  LET GEFUNDEN = S = D(MITTE)
320  IF (UNTEN <  = OBEN) AND (GEFUNDEN = 0) THEN 270
330  REM  ***ZWEISEITIGE AUSWAHL******************
340  PRINT : PRINT "SUCHERGEBNIS: ";
350  IF GEFUNDEN THEN  PRINT "GEFUNDEN.": GOTO 370
360  PRINT "NICHT GEFUNDEN."
370  PRINT "ENDE.": END
```

Ausführungen zu Programm SUCHBINAER1:

```
METHODE DES BINAEREN SUCHENS.        METHODE DES BINAEREN SUCHENS.
ANZAHL DER DATEN: 7                  ANZAHL DER DATEN: 5
7 DATEN EINZELN EINTIPPEN:           5 DATEN EINZELN EINTIPPEN:
?45                                  ?100
?76                                  ?200
?78                                  ?300
?80                                  ?500
?90                                  ?900
?95                                  SCHLUESSEL ALS SUCHBEGRIFF: 100
?100
SCHLUESSEL ALS SUCHBEGRIFF: 90       SUCHPROTOKOLL:
                                     UNTEN: 1, MITTE: 3, OBEN: 5
SUCHPROTOKOLL:                       UNTEN: 1, MITTE: 1, OBEN: 2
UNTEN: 1, MITTE: 4, OBEN: 7
UNTEN: 5, MITTE: 6, OBEN: 7          SUCHERGEBNIS: GEFUNDEN.
UNTEN: 5, MITTE: 5, OBEN: 5          ENDE.

SUCHERGEBNIS: GEFUNDEN.
ENDE.
```

Das binäre Suchen setzt voraus, daß die Daten sortiert und auf einem Direktzugriff-Speicher vorliegen.

3.9.3 Sortierverfahren

Die ersten Programme der Datenverarbeitung sollen Sortierprogramme gewesen sein. Dies unterstreicht die Bedeutung des Sortierens gerade für die kaufmännische DV. Es läßt aber auch erahnen, wie raffiniert heutige Sortieralgorithmen sein können.

Sortieren ...:   ... bedeutet:

INTERN - EXTERN   Daten im Internen Speicher (HS)
                              oder auf einem Externen Speicher.

NUMERISCH - STRING   Daten als Zahlen (1 < 4 < 8.5)
                              oder als Text ($ < DM < LIRE).

DATEN - ADRESSEN   Daten selbst sortieren oder nur
                              deren Adressen bzw. Speicherplätze.

EINFACH - KOMPLEX   Einfache Sortierverfahren wie Aus-
                              wahl, Bubble Sort, Einfügen oder
                              komplexe Verfahren wie Sortieren
                              durch Mischen, Binär-Baum-Sort
                              Quick Sort mittels Rekursion.

              Vier Begriffspaare zum Sortieren

Die folgenden Beispiele gehen nicht auf das Externe Sortieren ein (erforderlich, wenn Datenumfang den Speicherplatz des Internspeichers übersteigt) und auf komplexere Sortierverfahren (eine Ausnahme: das Sortieren über einen Binärbaum wird in Abschnitt 3.10.6 gestreift).

3.9.3.1 Zahlen unmittelbar sortieren

'Unmittelbar' heißt, daß wir die zu sortierenden Zahlen selbst umordnen und nicht etwa wie im nächsten Abschnitt ihre Plätze. Das Programm SORTDATEN1 demonstriert das Verfahren "Austausch nach Auswahl".

PROBLEM: 6 Zahlen in Array D() sortieren.
ABLAUF:
  1) Suche das Minimum in D() und speichere es in STELLEMIN
  2) Tausche D(I) mit D(STELLEMIN) aus über Dreieckstausch.
  3) Weiter mit 1), aber jetzt mit D(I+1) beginnen.
WERTE IN D():
102   101   109   106   104   105   Beginn: In D() 6 Zahlen
101 I 102   109   106   104   105   I=1: Tausch 102-101
101   102 I 109   106   104   105   I=2: Kein Tausch
101   102   104 I 106   109   105   I=3: Tausch 109 - 104
101   102   104   105 I 109   106   I=4: Tausch 105 - 106
101   102   104   105   106 I 109   I=5: Tausch 109 - 106

Sortierverfahren "Austausch nach Auswahl" ein einem Beispiel

Die Markierung "I" soll anzeigen, daß bei jedem Durchlauf mit
D(I+1) begonnen wird, daß D() also verkürzt wird; programmiert
wird dieses Verkürzen durch den Anfangswert I+1 in der Anwei-
sung 190 FOR I+1 TO 6 .
Das Tauschen von D(I) mit D(STELLEMIN) vollzieht sich nach der
Methode des Dreieckstausches; dabei verwenden wir die Stelle 0
des Arrays D() als Hilfsvariable.
Programm SORTDATEN1 umfaßt zwei geschachtelte Zählerschleifen.

Austausch von A und B   Austausch von D(I) und D(STELLEMIN)
über Hilfsvariable H: über Hilfsvariable D(0):

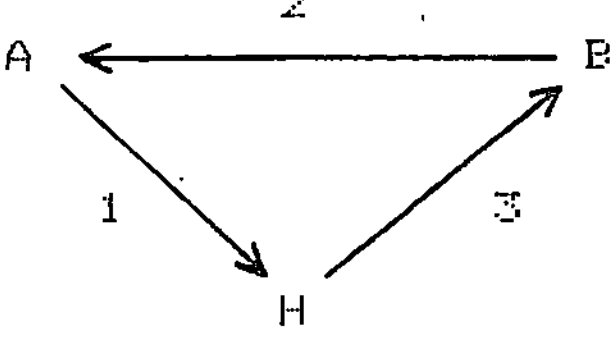
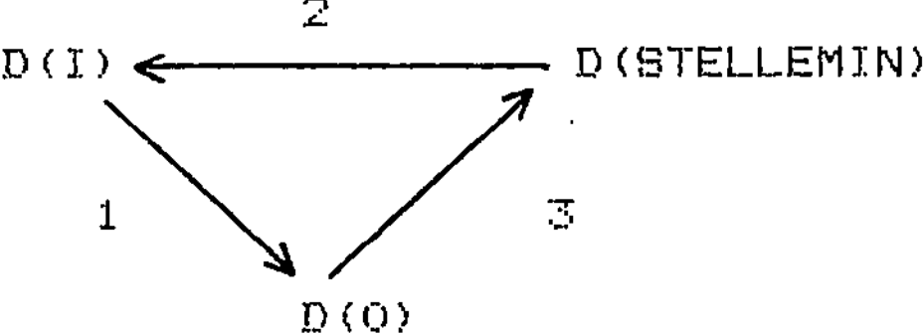

```
    100 LET H = A                  220 LET D(0) = D(I)
    110 LET A = B                  221 LET D(I) = D(STELLEMIN)
    120 LET B = H                  222 LET D(STELLEMIN) = D(0)
```

         Methode des Dreieckstausches an zwei Beispielen

Codierung zu Programm SORTDATEN1:

```
100   REM   ======PROGRAMM SORTDATEN1
110   PRINT "SORTIEREN DURCH AUSTAUSCH NACH AUSWAHL"
120   PRINT "(SORTIEREN DER DATEN SELBST)."
130   PRINT "DATEN:"
140   FOR I = 1 TO 6: READ D(I): PRINT D(I);" ";: NEXT I
150   DATA  102,101,109,106,104,105
160 :
170   FOR I = 1 TO 5
180   LET STELLEMIN = I
190   FOR J = I + 1 TO 6
200   IF D(J) < D(STELLEMIN) THEN STELLEMIN = J
210   NEXT J
220   LET D(0) = D(I):D(I) = D(STELLEMIN):D(STELLEMIN) = D(0)
230   NEXT I
240 :
250   PRINT : PRINT "DATEN SORTIERT:"
260   FOR I = 1 TO 6: PRINT D(I);" ";: NEXT I
270   PRINT : PRINT "ENDE.": END
```

Ausführung zu SORTDATEN1:   Datenflußplan zu SORTDATEN1:

```
üRUN
SORTIEREN DURCH AUSTAUSCH NACH AUSWAHL
(SORTIEREN DER DATEN SELBST).
DATEN:
102 101 109 106 104 105
DATEN SORTIERT:
101 102 104 105 106 109
ENDE.
```

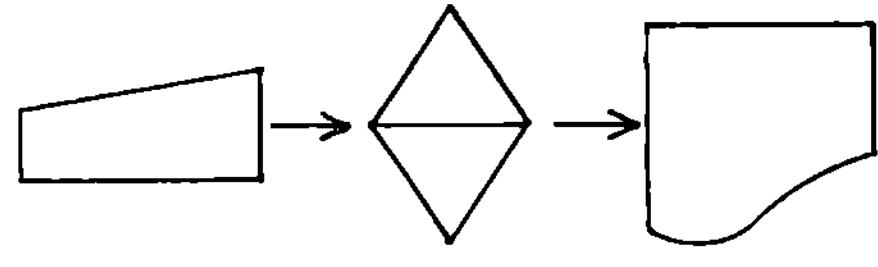

Struktogramm zu SORTDATEN1:

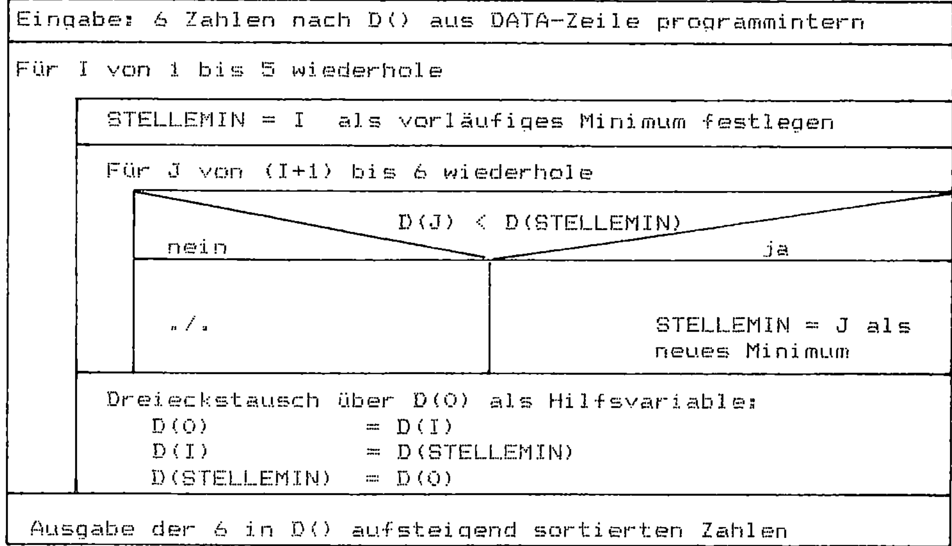

3.9.3.2   Zahlen über Zeiger sortieren

Im Programm SORTDATEN1   haben wir die 6 Zahlen selbst mehrfach
umgeordnet. Bei umfangreicheren Datenbeständen kann es günsti-
ger sein, nur die Speicherplätze dieser Zahlen über Zeigerva-
riablen bzw. Pointer zu sortieren, während die Zahlen selbst
unbewegt bleiben. Programm SORTZEIGER1 demonstriert dies mit
denselben Daten und demselben Sortierverfahren wie in Programm
SORTDATEN1.

Codierung zu Programm SORTZEIGER1:

```
100   REM  ======PROGRAMM SORTZEIGER1
110   PRINT "SORTIEREN DURCH AUSTAUSCH NACH AUSWAHL"
120   PRINT "(SORTIEREN UEBER ZEIGER)."
130   PRINT "DATEN:"
140   FOR I = 1 TO 6: READ D(I): PRINT D(I);" ";: NEXT I
150   DATA  102,101,109,106,104,105
160   PRINT : PRINT "ZEIGER:"
170   FOR I = 1 TO 6: LET Z(I) = I: PRINT Z(I);" ";: NEXT I
180   :
190   FOR I = 1 TO 5
200   LET STELLEMIN = I
210   FOR J = I + 1 TO 6
220   IF D(J) < D(Z(STELLEMIN)) THEN STELLEMIN = J
230   NEXT J
240   LET Z(0) = Z(I):Z(I) = Z(STELLEMIN):Z(STELLEMIN) = Z(0)
250   NEXT I
260   :
270   PRINT : PRINT "ZEIGER SORTIERT:"
280   FOR I = 1 TO 6: PRINT Z(I);" ";: NEXT I
290   PRINT : PRINT "DATEN SORTIERT:"
300   FOR I = 1 TO 6: PRINT D(Z(I));" ";: NEXT I
310   PRINT : PRINT "ENDE.": END
```

Ausführung zu SORTZEIGER1:

SORTIEREN DURCH AUSTAUSCH NACH AUSWAHL
(SORTIEREN UEBER ZEIGER).
DATEN:
102 101 109 106 104 105
ZEIGER:
1 2 3 4 5 6
ZEIGER SORTIERT:
2 1 5 6 4 3
DATEN SORTIERT:
101 102 104 105 106 109
ENDE.

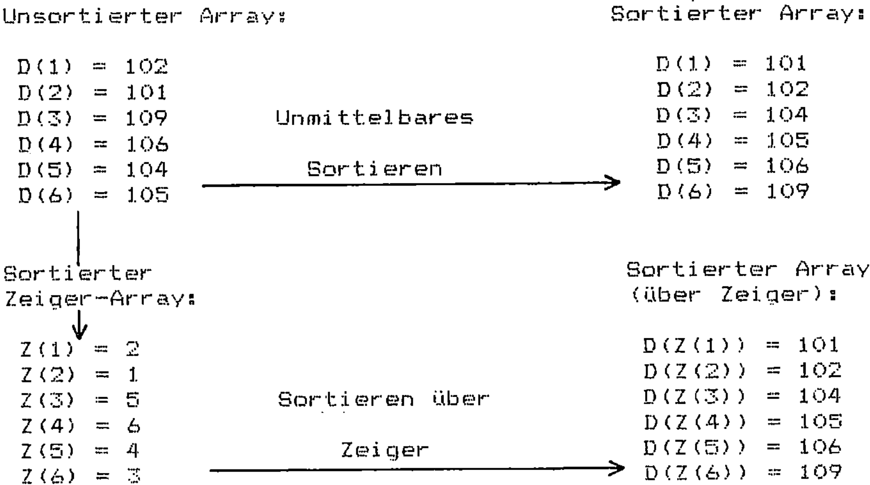

Unmittelbares Sortieren und Sortieren über Zeiger

3.9.3.3 Strings unmittelbar sortieren

Programm SORTDATEN2 veranschaulicht das Sortieren von Strings
anhand des "Sortierens durch paarweisen Austausch", das häufig
auch Bubble Sort genannt wird. Die zu sortierenden Namen sind
im String-Array N$() abgelegt und werden paarweise verglichen,
um bei falscher Sortierfolge ausgetauscht zu werden. Dazu das
erste Ausführungsbeispiel zu SORTDATEN2: MAIER<HOFFMANN wahr,
HOFFMANN<MUELLER wahr, MUELLER<DAMM falsch und Austauschen zu
DAMM<MUELLER, MUELLER<WENDTLING ja. Auf diese Weise werden wie
Blasen (=bubble) Worte 'hochgesprudelt', d.h. an das Ende des
Arrays N$() gerückt. Die Variable F steuert als Flagge (Flag)
den Ablauf: Flagge oben bedeutet 'Wort ist ausgetauscht'. Die
Schleife wird solange durchlaufen, bis F unten bleibt.
Wie die zweite Ausführung zu SORTDATEN2 zeigt, kann Text mit
beliebigen Zeichen sortiert werden. Warum? Warum kommt String
"%-SAETZE" vor String "126 DM"? Da die ASCII-Codezahl 37 für %
vor der Codezahl 49 für 1 kommt.

```
100   REM   ======PROGRAMM SORTDATEN2
110   PRINT "SORTIEREN DURCH PAARWEISEN AUSTAUSCH"
120   PRINT "ALS 'BUBBLE SORT' (SORTIEREN VON TEXT,"
130   PRINT "ZEICHENKETTEN BZW. STRINGS SELBST)."
140   :
150   PRINT : INPUT "ANZAHL DER NAMEN: ";A
160   DIM N$(A)
170   PRINT A;" NAMEN EINZELN TIPPEN:"
180   FOR I = 1 TO A: INPUT N$(I): NEXT I
190   LET F = 0: REM  FLAGGE F GESENKT
200   FOR I = 1 TO (A - 1)
210   IF N$(I) <  = N$(I + 1) THEN 240
220   LET H$ = N$(I):N$(I) = N$(I + 1):N$(I + 1) = H$
230   LET F = 1: REM  FLAGGE F OBEN
240   NEXT I
250   IF F <  > 0 THEN 190
260   :
270   PRINT : PRINT "NAMEN AUFSTEIGEND SORTIERT:"
280   FOR I = 1 TO A: PRINT N$(I): NEXT I
290   END
```

Codierung zu Programm SORTDATEN2:

Ausführungen zu Programm SORTDATEN2:

```
SORTIEREN DURCH PAARWEISEN AUSTAUSCH      NAMEN AUFSTEIGEND SORTIERT:
ALS 'BUBBLE SORT' (SORTIEREN VON TEXT,    %-SAETZE
ZEICHENKETTEN BZW. STRINGS SELBST).       126 DM
                                          25500 LIRE
ANZAHL DER NAMEN: 5                        §28 VERORDNUNG
5 NAMEN EINZELN TIPPEN:                    FILTER MIT
?126 DM
?FILTER MIT
?§28 VERORDNUNG
?25500 LIRE
?%-SAETZE
```

Struktogramm zu SORTDATEN2:

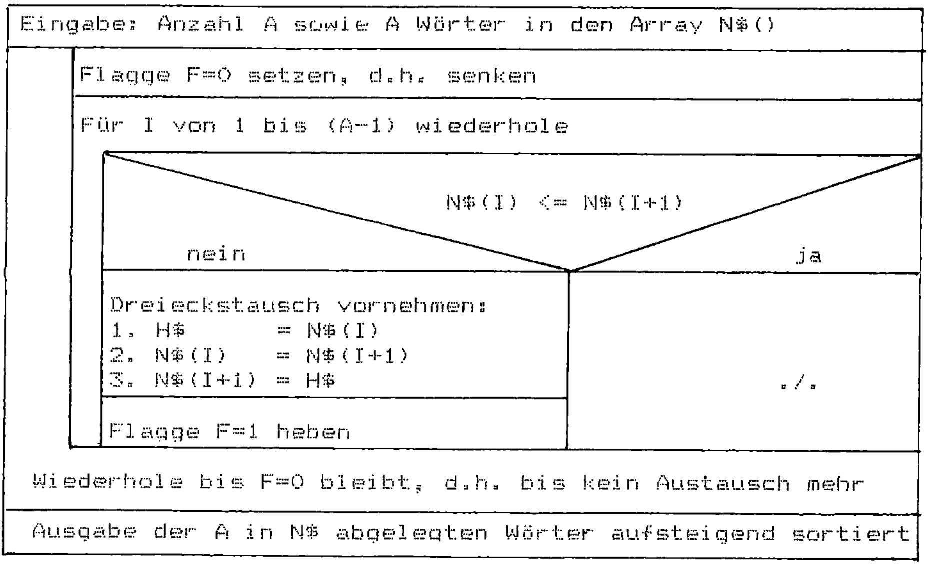

```
+-------------------------------------------------------------------------+
| Eingabe: Anzahl A sowie A Wörter in den Array N$()                       |
+-------------------------------------------------------------------------+
|  +-------------------------------------------------------------------+  |
|  | Flagge F=0 setzen, d.h. senken                                    |  |
|  +-------------------------------------------------------------------+  |
|  | Für I von 1 bis (A-1) wiederhole                                  |  |
|  +-------------------------------------------------------------------+  |
|  |  \                N$(I) <= N$(I+1)                  /             |  |
|  |   \                                               /              |  |
|  |    \        nein                             ja  /               |  |
|  |  +-------------------------------+  +-------------------------+   |  |
|  |  | Dreieckstausch vornehmen:     |  |                         |   |  |
|  |  | 1. H$       = N$(I)           |  |                         |   |  |
|  |  | 2. N$(I)    = N$(I+1)         |  |         ./.             |   |  |
|  |  | 3. N$(I+1)  = H$              |  |                         |   |  |
|  |  +-------------------------------+  +-------------------------+   |  |
|  |  | Flagge F=1 heben              |                               |  |
|  |  +-------------------------------+                               |  |
|  +-------------------------------------------------------------------+  |
|  | Wiederhole bis F=0 bleibt, d.h. bis kein Austausch mehr           |  |
+-------------------------------------------------------------------------+
| Ausgabe der A in N$ abgelegten Wörter aufsteigend sortiert              |
+-------------------------------------------------------------------------+
```

3.9.4 Zwei Arrays mischen

Mischen heißt, Daten unter Berücksichtigung ihrer Sortierfolge
zu e i n e r Datenstruktur zusammenzufügen. Im Beispielprogramm MISCHDATEN1 wird der 5-Elemente-Aray X() und der 4-Ele-
mente-Array Y() zum 9-Elemente-Array Z() gemischt. Ein Problem
beim Mischen besteht in der Ende-Verarbeitung, wenn ein Array
bereits vollständig eingemischt ist. In MISCHDATEN1 wird dann
in ein zusätzliches 6. (für X) bzw. 5. (für Y) Element die 999
als große Zahl gespeichert, um diesen Array fürs weitere Ein-
mischen zu Sperren. Die Anweisung dazu ist LET X(6)=(I=6)*999:
Hat I den Wert 6, so wird der Vergleich I=6? zu 1 (also wahr)
und X(6) erhält den Wert 1*999, also 999. Für die anderen Werte von I jedoch bleibt I Null, da der Vergleich I=6? auch die
0 (unwahr) ergibt.

Codierung zu Programm MISCHDATEN1:

```
100   REM   ======PROGRAMM MISCHDATEN1
110   DIM X(6): DIM Y(5): DIM Z(9)
120   FOR I = 1 TO 5: READ X(I): NEXT I
130   FOR I = 1 TO 4: READ Y(I): NEXT I
140   LET I = 1: LET J = 1: LET K = 1
150   REM  *** SCHLEIFENBEGINN ZUM MISCHEN ********************************
      ****
160   IF X(I) = 999 AND Y(J) = 999 THEN 210
170   IF X(I) < = Y(J) THEN Z(K) = X(I):I = I + 1:X(6) = (I = 6) * 999: GOTO
      190
180   LET Z(K) = Y(J):J = J + 1:Y(5) = (J = 5) * 999
190   LET K = K + 1: GOTO 160
200   REM  *** SCHLEIFENENDE ***************************************************
      ****
210   PRINT "DATENBESTAENDE 1 UND 2 GEMISCHT:"
220   PRINT : FOR K = 1 TO 9: PRINT Z(K);" ";: NEXT K
230   :
240   DATA    10,20,30,40,50: REM    DATENBESTAND1
250   DATA    15,20,25,45 : REM    DATENBESTAND2
260   END
```

Ausführung zu MISCHDATEN1:   Struktogramm zu MISCHDATEN1:

```
ÜRUN
DATENBESTAENDE 1 UND 2 GEMISCHT:

10 15 20 20 25 30 40 45 50
```

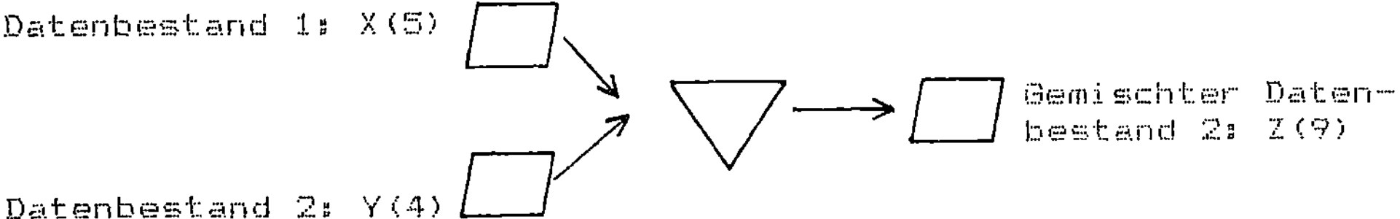

Datenflußplan zu Programm MISCHDATEN1:

Datenbestand 1: X(5)

Gemischter Daten-
bestand 2: Z(9)

Datenbestand 2: Y(4)

3.9.5 Gruppieren von Daten (Gruppenwechsel)

Das Programm GRUPPDATEN1 erwartet über Tastatur die Mengenangaben zu Aufträgen, um bei Wechsel der Auftragsnummer deren
Summe auszugeben. Aufträge mit gleicher Nummer werden zu Gruppen zusammengefaßt, um bei Gruppenwechsel die Summe zu zeigen.
Solche Probleme bezeichnet man auch als Verdichten
von Daten oder als Gruppenwechsel. Wie wird der
Gruppenwechsel in GRUPPDATEN1 festgestellt? Wir unterscheiden
A2 für 'Auftrag neu' und A1 für 'Auftrag alt', um für (A2<>A1)
dann die jeweils nach S1 aufaddierte Summe auszugeben und mit
220 LET S1=0 : LET A1=A2 zur nächsten Datengruppe überzugehen.

Codierung zu GRUPPDATEN1:   Ausführung zu GRUPPDATEN1:

```
100  REM  ======PROGRAMM GRUPPDATEN1        ÜRUN
110  REM  *** ERSTER SATZ *************      AUFTRAG, MENGE? 221,10
120  INPUT "AUFTRAG, MENGE? ";A2,M           AUFTRAG, MENGE? 221,35
130  LET A1 = A2                             AUFTRAG, MENGE? 221,14
140  REM  *** GLEICHE GRUPPE **********      AUFTRAG, MENGE? 229,3
150  IF A2 <  > A1 THEN 200                  221 MIT GRUPPENSUMME 59
160  LET S1 = S1 + M                         AUFTRAG, MENGE? 230,70
170  INPUT "AUFTRAG, MENGE? ";A2,M           229 MIT GRUPPENSUMME 3
180  GOTO 150                                AUFTRAG, MENGE? 230,55
190  REM  *** GRUPPENWECHSEL **********      AUFTRAG, MENGE? 0,0
200  PRINT A1;" MIT GRUPPENSUMME ";S1        230 MIT GRUPPENSUMME 125
210  IF A2 = 0 THEN  PRINT "ENDE.": END      ENDE.
220  LET S1 = 0: LET A1 = A2: GOTO 150
```

Neben dem hier im Programm GRUPPDATEN1 vorliegenden einstufigen Gruppenwechsel kann dieser auch mehrstufig sein
wie in diesem Beispiel: Es wird nicht nur nach Aufträgen gleicher Nummer gruppiert (=Untergruppe), sondern zusätzlich noch
nach Vertreternummern (=Hauptgruppe). Auch ein solcher Hauptgruppenwechsel wird durch den Vergleich (V2<>V1) bzw. 'Vertreter neu <> Vertreter alt' festgestellt.

3.10 Dateiverarbeitung

Zu den vier in Abschnitt 1.3.5 erläuterten Organisationsformen
von Dateien

    - sequentielle Datei   (Zugriff in Speicherungsfolge)
    - Direktzugriff-Datei   (Auf den Datensatz direkt)
    - Index-sequentielle Datei   (Inhaltsverzeichnis als Index)
    - Verkettete Datei   (Zeiger bilden Ketten)

wollen wir uns einfache Programmbeispiele in Applesoft-BASIC
ansehen. Da zusammen mit Dateien oft zeigerverkettete Listen
(Linked List) und binäre Bäume als ebenfalls dynamische Datenstrukturen verwendet werden, betrachten wir im Anschluß daran
auch zwei Beispiele hierzu.
Die Beispiele sind so gewählt, daß wichtige programmtechnische
Fragen zur Datei einfach und klar aufgezeigt werden können.

3.10.1 Sequentielle Telephondatei

Das Programm TELEPHON-SEQ1 dient der Verwaltung einer sequentiell organisierten Telephondatei. Den Programmablauf verfolgen wir zunächst anhand der wiedergegebenen Ausführung.

3.10.1.1   Menügesteuerte Dateiverwaltung

Nach Eingabe von RUN wird ein Menü mit zehn Wahlmöglichkeiten gezeigt. Nach dem Eintippen von 1 als Menüwahl und TELEPHONDATEI als Dateiname wird diese (derzeit nur 2 Einträge umfassende) Datei komplett in den Hauptspeicher geladen. Dann werden 9 zusätzliche Einträge eingebenen (Menüwahl 4), alle 11 Einträge nach Namen sortiert (Menüwahl 9) und ausgegeben (Menüwahl 3), um dann den Eintrag PORTMANNS einzufügen (Menüwahl 8) und zur Kontrolle auszudrucken (Menüwahl 3). Abschließend wird die Datei unter demselben Namen TELEPHONDATEI mit nunmehr 12 Einträgen auf Diskette abgespeichert.
Verlassen wird das Dateiverwaltungs-Programm über das Menü.

3.10.1.2   Dateiweiser Datenverkehr

Die Datei wird komplett in den Hauptspeicher eingelesen (Menüwahl 1), um sie dort in den Arrays N$() (für die Namen) sowie T$() (für die Telephonnummern) abzulegen und zu verarbeiten (Menüwahl 3-9). Abschließend werden alle Einträge komplett Datensatz für Datensatz auf Diskette als externe Datei abgespeichert (Menüwahl 2). Der Datentransport zwischen Externspeicher (Diskette) und Internspeicher (Hauptspeicher) erfaßt so immer die Datei als Einheit. Der sequentielle Dateizugriff betrifft somit allein die Menüwahl 1 und 2. Da er einmalig die komplette Datei umfaßt, werden wir vom d a t e i weisen Datenverkehr sprechen. Dem Vorteil der bequemen und schnellen (da internen) Verarbeitung steht der Nachteil gegenüber, daß die Datei grössenmäßig durch den Hauptspeicherplatz begrenzt ist. Programm ARTIKEL-DIREKT1 im Abschnitt 10.2 zeigt den s a t z weisen Datenverkehr als Gegenstück zum dateiweisen Datenverkehr.

3.10.1.3 Verarbeitung von Arrays in den Unterprogrammen

Zum Steuerprogramm in den Zeilen 100-680: Wie auch das Struktogramm zu TELEPHON-SEQ1 zeigt, besteht das Programm aus einer Wiederholungsstruktur (Schleife), in die eine Auswahlstruktur (Fallabfrage in Zeile 260) eingeschachtelt ist.
Zum Unterprogramm LADEN in den 1000er Zeilen: Hier erkennt man den für die Dateiverarbeitung typischen 3er-Schritt (vgl. Abschnitt 1.3.5.4):
  1. Datei öffnen: In 1010 unter dem in F$ enthaltenen Namen.
  2. Datei verarbeiten: In 1020-1050 alle 2-Komponenten-Sätze der Datei nach N$() und T$() einlesen. Der erste Dateieintrag ist die Satzanzahl N.
  3. Datei schließen: In 1070 unverändert, da nur gelesen.

Zum Unterprogramm SPEICHERN in den 2000er Zeilen: Als erstes
wird die Satzanzahl N auf die Datei geschrieben, dann die N
Datensätze mit Name und Telephonnummer.
Zum Unterprogramm SUCHEN in den 5000er Zeilen: Hier wird rein
sequentiell gesucht. Die Zählerschleife hat nur einen Ausgang.
Die Flagge (Flag) F dient der Ablaufsteuerung.
Zum Unterprogramm PHYSISCH LöSCHEN in den 7000er Zeilen: Physisch löschen bedeutet tatsächlich löschen. Die Zählerschleife
7050-7100 bewirkt, daß alle Einträge ab dem zu löschenden Eintrag um eine Position bzw. um ein Element in den Arrays N$()
und T$() vorgerückt werden.
Zum Unterprogramm EINFÜGEN in den 8000er Zeilen: Die Zählerschleife 8030 FOR Z=N TO W+2 STEP -1 rückt vom letzten Satz N
ausgehend Einträge um jeweils eine Position nach hinten, um in
Zeile 8070-8080 den neuen Eintrag einzufügen.
Zum Unterprogramm SORTIEREN in den 9000er Zeilen: Wie in Programm SORTDATEN1 (vgl. Abschnitt 3.9.3.1) wird das "Sortieren
durch Austausch nach Auswahl" verwendet, jedoch mit diesen Unterschieden: anstelle von Zahlen sind Strings zu sortieren und
die Anzahl der Sortierbegriffe N ist variabel.

Struktogramm zu Programm TELEPHON-SEQ1:

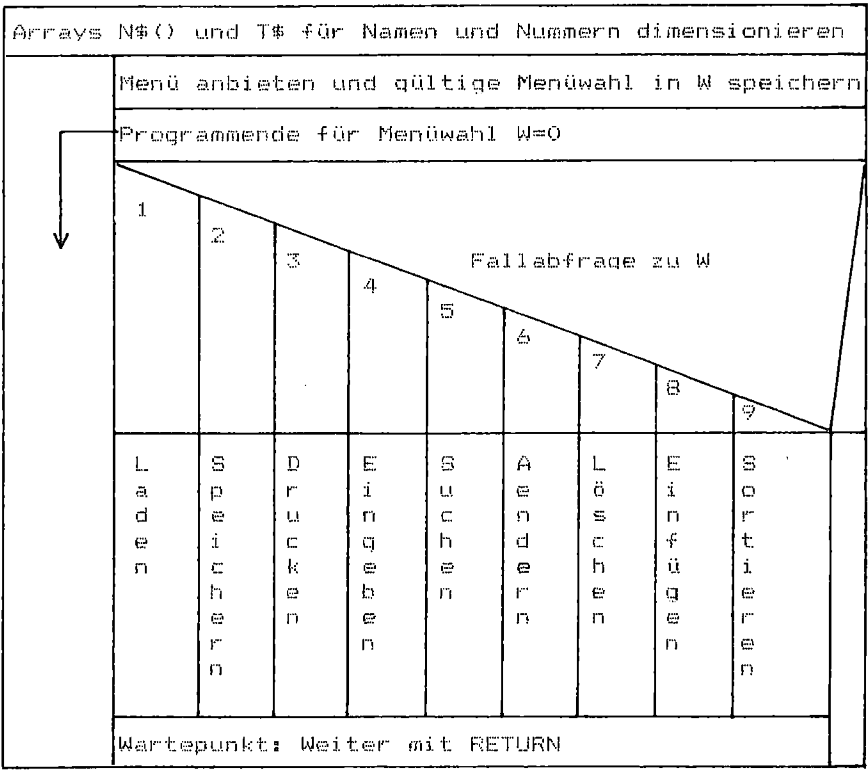

SEQ. TELEPHONDATEI AUF DISKETTE (GGF. AUF KASSETTE):

```
12'KOEPFLE'06221/44421'MAIER'06221/81300'MUELLER'06221/777777'
RUDOLFS'0621/12566'RUMMEL'089/4413998'SCHMIDTBORN ...
```

- 12 als 1. Eintrag für die Datensatzanzahl der Datei.
- Jeder Datensatz besteht aus 2 Datenfeldern: Name, Tel.-Nr.
- Anstelle des Hochkommas ist jeweils ein CHR$(13) gespei-
  chert, d.h. ein RETURN (Wagenrücklauf).
- Datensatzlänge ist variabel; seq. Textfiles im DOS kennen
  im Grunde nur Datenfelder, nicht aber Datensätze als Zu-
  sammenfassung mehrerer Datenfelder.

SEQ. TELEPHONDATEI INTERN IM HAUPTSPEICHER (ARRAY N$, T$):

Index: N$():   T$():   N: 12
 (1) | KOEPFLE | 06221/44421 | Im dateiweisen Datenverkehr
 (2) | MAIER | 06221/81300 | wird die gesamte Datei kom-
 (3) | MUELLER | 06221/77777 | plett in die Arrays N$()
 (4) | RUDOLFS | 06221/12566 | und T$() eingelesen.
 (5) | RUMMEL | 089/4413998 |
 (6) | SCHMIDTBORN | 06221/332000 | Am Ende wird der Inhalt
 (7) | ... | ... | der Arrays komplett auf
                                         die Datei geschrieben.

Dateiweiser Datenverkehr: Gesamtdatei intern in Arrays ablegen

Codierung zu Programm TELEPHON-SEQ1:

```
100  REM    ======PROGRAMM TELEPHON-SEQ1
110  PRINT "TELEPHONLISTE ALS SEQUENTIELLE DATEI.": PRINT
120  :
130  REM    ======VEREINBARUNGSTEIL
140  DIM N$(100): REM   100-ELEMENTE-FELD FUER NAMEN
150  DIM T$(100): REM   100-ELEMENTE-FELD FUER TELEPHONNUMMERN
160  REM   W, W$:       INTEGER BZW. TEXT (MENUEWAHL)
170  REM   F$:          SEQUENTIELLE DATEI
180  REM   N:           INTEGER (ANZAHL VON SAETZEN IN DER DATEI)
190  REM   I, Z:        INTEGER (LAUFVARIABLEN)
200  REM    F:          INTEGER (FLAGGE BZW. FLAG)
210  LET D$ =  CHR$ (4): REM   CTRL-D FUER DOS-ANWEISUNGEN
220  :
230  REM    ======ANWEISUNGSTEIL
240  GOSUB 500: REM   UNTERPROGRAMM MENUEANGEBOT
250  IF W = 0 THEN  PRINT "PROGRAMMENDE.": END
260  HOME
270  ON W GOTO 1000,2000,3000,4000,5000,6000,7000,8000,9000
280  INPUT "WEITER MIT RETURN ";W$: HOME : GOTO 240
290  :
300  REM   ***UNTERPROGRAMM MENUEANGEBOT*************************
500  PRINT "MENUE ZUR VERWALTUNG DER TELEPHON-DATEI"
510  PRINT "------------------------------------------------"
520  PRINT "  0        BEENDEN"
530  PRINT "  1        LADEN     DER DATEI -> INTERN"
540  PRINT "  2        SPEICHERN DER DATEI -> EXTERN"
550  PRINT "  3        DRUCKEN   GESAMTVERZEICHNIS"
```

Codierung zu Programm TELEPHON-SEQ1 (erste Fortsetzung):

```
560   PRINT "  4       EINGEBEN  VON EINTRAEGEN"
570   PRINT "  5       SUCHEN    EINES EINTRAGS"
580   PRINT "  6       AENDERN   EINES EINTRAGS"
590   PRINT "  7       LOESCHEN  EINES EINTRAGS"
600   PRINT "  8       EINFUEGEN EINES EINTRAGS"
610   PRINT "  9       SORTIEREN DER GESAMTDATEI"
620   PRINT "------------------------------------"
630   INPUT "WAHL 0-9: ";W$: LET W =  VAL (W$)
640   IF W < 0 OR W > 9 THEN  PRINT "ZWISCHEN 0 UND 9.": GOTO 630
650   IF W <  >  INT (W) THEN  PRINT "GANZZAHLIG.": GOTO 630
660   RETURN
670 :
680   REM  ***UNTERPROGRAMM LADEN*********************************
1000   INPUT "NAME DER DATEI: ";F$
1010   PRINT D$;"OPEN ";F$
1020   PRINT D$;"READ ";F$
1030   INPUT N
1040   FOR I = 1 TO N: INPUT N$(I),T$(I): NEXT I
1050   PRINT D$
1060   PRINT N;" EINTRAEGE ";F$;" --> HAUPTSPEICHER."
1070   PRINT D$;"CLOSE": GOTO 280
1080 :
1090   REM  ***UNTERPROGRAMM SPEICHERN*****************************
2000   INPUT "NAME DER AUSGABEDATEI: ";F$
2010   PRINT D$;"OPEN ";F$
2020   INPUT "BISHERIGE DATEI ZERSTOEREN (JA/NEIN): ";W$
2030   IF W$ <  > "JA" THEN 2110
2040   PRINT D$;"DELETE ";F$
2050   PRINT D$;"OPEN ";F$
2060   PRINT D$;"WRITE ";F$
2070   PRINT N
2080   FOR I = 1 TO N: PRINT N$(I): PRINT T$(I): NEXT I
2090   PRINT D$
2100   PRINT N;" EINTRAEGE HAUPTSPEICHER --> ";F$
2110   PRINT D$;"CLOSE": GOTO 280
2120   GOTO 280
2130 :
2140   REM  ***UNTERPROGRAMM DRUCKEN*******************************
3000   PRINT "NAME:              TELEPHONNUMMER:"
3010   PRINT "------------------------------------"
3020   FOR I = 1 TO N
3030   PRINT N$(I); TAB( 24);T$(I)
3040   IF  INT (I / 10) <  > I / 10 THEN 3060
3050   INPUT "WEITER BLAETTERN ";W$
3060   NEXT I
3070   PRINT "DATEIENDE NACH ";N;" EINTRAEGEN.": GOTO 280
3080 :
3090   REM  ***UNTERPROGRAMM EINGEBEN******************************
4000   LET N = N + 1
4010   INPUT "NAME (0=ENDE):   ";N$(N)
4020   IF N$(N) = "0" THEN  LET N = N - 1: GOTO 280
4030   INPUT "TELEPHONNUMMER: ";T$(N): GOTO 4000
4040 :
4050   REM  ***UNTERPROGRAMM SUCHEN********************************
5000   INPUT "ZU SUCHENDER NAME: ";W$
5010   LET F = 0: REM  FLAGGE GESENKT
```

```
5020   FOR I = 1 TO N
5030   IF  LEFT$ (N$(I), LEN (W$)) <  > W$ THEN 5060
5040   PRINT "GEFUNDENE NUMMER:  ";T$(I)
5050   LET I = N: LET F = 1
5060   NEXT I
5070   IF  NOT F THEN  PRINT W$;" NICHT GEFUNDEN."
5080   GOTO 280          Programm TELEPHON-SEQ1 (zweite Fortsetzung)
5090   :
5100   REM  ***UNTERPROGRAMM AENDERN***********************************
6000   INPUT "NAME DES ZU AENDERNDEN EINTRAGS: ";W$: LET F = 0
6010   FOR I = 1 TO N
6020   IF  LEFT$ (N$(I), LEN (W$)) <  > W$ THEN 6080
6030   PRINT N$(I);" AENDERN IN: ";: INPUT N$(I)
6040   PRINT T$(I);" AENDERN IN: ";: INPUT T$(I)
6050   PRINT N$(I);" ";T$(I);" KORREKT (JA/NEIN): ";: INPUT W$
6060   IF W$ <  > "JA" THEN 6030
6070   LET I = N: LET F = 1
6080   NEXT I
6090   IF  NOT F THEN  PRINT "EINTRAG ";W$;" NICHT GEFUNDEN."
6100   GOTO 280
6110   :
6120   REM  ***UNTERPROGRAMM PHYSISCH LOESCHEN ************************
7000   INPUT "NAME DES ZU LOESCHENDEN EINTRAGS: ";W$: LET F = 0
7010   FOR I = 1 TO N
7020   IF  LEFT$ (N$(I), LEN (W$)) <  > W$ THEN 7100
7030   PRINT N$(I);" TATSAECHLICH LOESCHEN (JA/NEIN): ";: INPUT W$
7040   IF W$ <  > "JA" THEN 7090
7050   FOR Z = I TO N - 1
7060   LET N$(Z) = N$(Z + 1): LET T$(Z) = T$(Z + 1)
7070   NEXT Z
7080   LET N = N - 1
7090   LET I = N: LET F = 1
7100   NEXT I
7110   IF  NOT F THEN  PRINT W$;" NICHT GEFUNDEN. KEIN LOESCHEN MOEGLICH."
7120   GOTO 280
7130   :
7140   REM  *** UNTERPROGRAMM EINFUEGEN ******************************
8000   PRINT "DATEI ";F$;" HAT ";N;" EINTRAEGE. NACH WELCHEM"
8010   INPUT "EINTRAG EINFUEGEN (SATZNUMMER TIPPEN): ";W
8020   LET N = N + 1
8030   FOR Z = N TO W + 2 STEP  - 1
8040   LET N$(Z) = N$(Z - 1): LET T$(Z) = T$(Z - 1)
8050   NEXT Z
8060   PRINT "NACHFOLGENDE EINTRAGE SIND VERSCHOBEN."
8070   INPUT "EINZUFUEGENDER NAME:  ";N$(W + 1)
8080   INPUT "EINZUFUEGENDE NUMMER: ";T$(W + 1): GOTO 280
8090   :
8100   REM  *** UNTERPROGRAMM SORTIEREN-DURCH-AUSTAUSCH-NACH-AUSWAHL ******
9000   PRINT "SORTIEREN VON ";N;" DATENSAETZEN DER DATEI ";F$;" BEGINNT."
9010   FOR I = 1 TO N - 1
9020   LET STELLMIN = I:NAMMIN$ = N$(I):TELMIN$ = T$(I)
9030   : FOR Z = (I + 1) TO N
9040   :: IF (N$(Z) < NAMMIN$) THEN  LET STELLMIN = Z:NAMMIN$ = N$(Z):TELMIN$ = T$(
9050   : NEXT Z
9060   : LET N$(STELLMIN) = N$(I):N$(I) = NAMMIN$:T$(I) = TELMIN$
9070   NEXT I
9080   PRINT "SORTIEREN IM HAUPTSPEICHER BEENDET.": GOTO 280
```

Ausführung zur Verwaltung einer Telephondatei über
Programm TELEPHON-SEQ1:

TELEPHONLISTE ALS SEQUENTIELLE DATEI.

MENUE ZUR VERWALTUNG DER TELEPHON-DATEI

```
    0       BEENDEN
    1       LADEN      DER DATEI -> INTERN
    2       SPEICHERN DER DATEI -> EXTERN
    3       DRUCKEN    GESAMTVERZEICHNIS
    4       EINGEBEN   VON EINTRAEGEN
    5       SUCHEN     EINES EINTRAGS
    6       AENDERN    EINES EINTRAGS
    7       LOESCHEN   EINES EINTRAGS
    8       EINFUEGEN EINES EINTRAGS
    9       SORTIEREN DER GESAMTDATEI
```

WAHL 0-9: 1
NAME DER DATEI: TELEPHONDATEI
2 EINTRAEGE TELEPHONDATEI --> HAUPTSPEI
WEITER MIT RETURN
MENUE ZUR VERWALTUNG DER TELEPHON-DATEI

```
    0       BEENDEN
    1       LADEN      DER DATEI -> INTERN
    2       SPEICHERN DER DATEI -> EXTERN
    3       DRUCKEN    GESAMTVERZEICHNIS
    4       EINGEBEN   VON EINTRAEGEN
    5       SUCHEN     EINES EINTRAGS
    6       AENDERN    EINES EINTRAGS
    7       LOESCHEN' EINES EINTRAGS
    8       EINFUEGEN EINES EINTRAGS
    9       SORTIEREN DER GESAMTDATEI
```

WAHL 0-9: 4
NAME (0=ENDE): STROMANN
TELEPHONNUMMER: 06262/3332
NAME (0=ENDE): WEBER
TELEPHONNUMMER: 0721/1300165
NAME (0=ENDE): TREIBER
TELEPHONNUMMER: 0611/232323
NAME (0=ENDE): KOEPFLE
TELEPHONNUMMER: 06221/44421
NAME (0=ENDE): SCHOENFELDER
TELEPHONNUMMER: 06203/5541
NAME (0=ENDE): SCHMIDTBORN
TELEPHONNUMMER: 06221/332000
NAME (0=ENDE): RUMMEL
TELEPHONNUMMER: 089/4413998
NAME (0=ENDE): MAUCHER
TELEPHONNUMMER: 06204/1210
NAME (0=ENDE): RUDOLFS
TELEPHONNUMMER: 06221/33125
NAME (0=ENDE): 0
WEITER MIT RETURN

MENUE ZUR VERWALTUNG DER TELEPHON-DATEI

```
    0       BEENDEN
    1       LADEN      DER DATEI -> INTERN
    2       SPEICHERN DER DATEI -> EXTERN
    3       DRUCKEN    GESAMTVERZEICHNIS
    4       EINGEBEN   VON EINTRAEGEN
    5       SUCHEN     EINES EINTRAGS
    6       AENDERN    EINES EINTRAGS
    7       LOESCHEN   EINES EINTRAGS
    8       EINFUEGEN EINES EINTRAGS
    9       SORTIEREN DER GESAMTDATEI
```

WAHL 0-9: 9
SORTIEREN VON 11 DATENSAETZEN DER DATEI
SORTIEREN IM HAUPTSPEICHER BEENDET.
WEITER MIT RETURN
MENUE ZUR VERWALTUNG DER TELEPHON-DATEI

```
    0       BEENDEN
    1       LADEN      DER DATEI -> INTERN
    2       SPEICHERN DER DATEI -> EXTERN
    3       DRUCKEN    GESAMTVERZEICHNIS
    4       EINGEBEN   VON EINTRAEGEN
    5       SUCHEN     EINES EINTRAGS
    6       AENDERN    EINES EINTRAGS
    7       LOESCHEN   EINES EINTRAGS
    8       EINFUEGEN EINES EINTRAGS
    9       SORTIEREN DER GESAMTDATEI
```

WAHL 0-9: 3
NAME: TELEPHONNUMMER:

```
KOEPFLE                    06221/44421
MAIER                      06223/81300
MAUCHER                    06204/1210
MUELLER                    06221/44421
RUDOLFS                    06221/33125
RUMMEL                     089/4413998
SCHMIDTBORN                06221/332000
SCHOENFELDER               06221/332000
STROMANN                   06204/1210
TREIBER                    06221/33125
WEITER BLAETTERN
WEBER                      06221/33125
```
DATEIENDE NACH 11 EINTRAEGEN.
WEITER MIT RETURN

WAHL 0-9: 0
PROGRAMMENDE.

3.10.2 Artikeldatei als Direktzugriff-Datei

Das Programm ARTIKEL-DIREKT1 verwaltet eine Artikeldatei. Die
Ausführung hierzu ist der von Programm TELEPHON-SEQ1 ähnlich,
da beide menügesteuert ablaufen. Gleichwohl unterscheidet sich
Programm ARTIKEL-DIREKT1 grundsätzlich:
- Artikeldatei weist Datensätze mit konstanter Satzlänge auf.
- Overlay durch Verkettung von fünf eigenständigen Programmen.
- Satzweiser Datenverkehr anstelle dateiweisem Datenverkehr.
- Direkte Adressierung des Datensatzes.
Diese vier Punkte wollen wir nun im einzelnen erläutern.

3.10.2.1 Datei mit konstanter Datensatzlänge

Die Datensätze einer ARTIKELDATEI weisen alle eine feste Satzlänge von L=36 Stellen auf und bestehen aus je 4 Datenfeldern.

Inhalt:	Artikelnummer:	Bezeichnung:	Menge:	Stückpreis:
Stellen: /	4 /	15 /	4 /	7 /
Var.-Name:	A1	A2$	A3	A4
Beispiel:	1001	HAMMER	76	17.50

Datensatz-Beschreibung für die ARTIKELDATEI

Im Gegensatz zur sequentiellen Datei kennt DOS bei der Direktzugriff-Datei die f e s t e   D a t e n s a t z l ä n g e ,
die in der OPEN-Anweisung durch den Parameter L angegeben werden muß. Mit 30 Stellen für Artikeldaten und 6 Stellen für die
Satzendekennzeichnung erhalten wir eine feste Datensatzlänge
von L=36 Stellen.

3.10.2.2 Overlay durch Verkettung von Programmen

Programm ARTIKEL-DIREKT1 als Steuerprogramm ruft -je nach der
Menüwahl E- durch die DOS-Anweisung
    PRINT D$;"RUN Programmname"
das unter 'Programmname' genannte Programm ARTDIRANLEG1, ART-
DIRSCHREIB1, ARTDIRLES1 bzw. ARTDIRAEND1 auf, indem es dieses
Programm in den Hauptspeicher lädt (das rufende Programm ARTI-
KEL-DIREKT1 wird überschrieben) und zur Ausführung bringt. Ist
dieses Programm beendet, so wird anstelle einer END-Anweisung
durch PRINT D$;"RUN ARTIKEL-DIREKT1" das Steuerprogramm wie-
der in den Hauptspeicher mittels Overlay geladen.
Mit dem Overlay werden alle vom rufenden Programm bislang er-
zeugten Variablenwerte zerstört. Sollen Variablenwerte übergeben werden (Beispiel: ein zu Beginn der Variablen F$ zugewie-
sener Dateiname soll in jedem der 5 Programme 'bekannt' sein),
so kann dies über das Maschinenprogramm CHAIN erfolgen. Hierzu
ist die Anweisung PRINT D$;"RUN ARTIKEL-DIREKT1" jeweils durch
die Anweisungsfolge
    PRINT D$;"BLOAD CHAIN,A520" : CALL 520 "ARTIKEL-DIREKT1"
zu ersetzen.

3.10.2.3   Datensatzweiser Datenverkehr

Programm TELEPHON-SEQ1 hat im dateiweisen Datenverkehr zu Beginn die gesamte Datei in den Hauptspeicher eingelesen und in Arrays abgelegt. Bei der durch Programm ARTIKEL-DIREKT1 verwalteten Artikeldatei hingegen wird jeweils unmittelbar nach der Anforderung ein einzelner Satz gelesen, geschrieben oder aber geändert. Man nennt dies "datensatzweisen Datenverkehr". Unsere Artikeldatei kann damit natürlich größer sein als der verfügbare Hauptspeicherplatz, weil zwischen dem externen und dem interne Speicher stets nur ein Datensatz transportiert wird. Wie zeigt sich der datensatzweise Datenverkehr in der Codierung? In jedem Programm findet sich zumindest eine WRITE-Anweisung und/oder eine READ-Anweisung.

3.10.2.4   Direkte Adressierung des Datensatzes

Artikel 1019 ist als 19. Satz in der ARTIKELDATEI gespeichert, Artikel 1001 als 1. Satz, Artikel 1034 als 34. Satz. Die zeitliche Reihenfolge der Speicherung spielt keine Rolle. Solange z.B. für den 'dazwischengehörenden' Artikel 1007 kein Satz gespeichert ist, bleibt der entsprechende Speicherplatz auf der Diskette eben leer — es entstehen L ü c k e n .
Wie erkennen leicht den Zusammenhang
    "Satznummer S <-- Artikelnummer A1 minus 1000",
der als A d r e ß r e c h n u n g bezeichnet wird und in unserem Fall einen umkehrbaren Zusammenhang herstellt zwischen der Artikelnummer als Ordnungsbegriff einerseits und der Satznummer als Adresse andererseits. 'Umkehrbar' deshalb, da auch aus der Satznummer (z.B. 156. Satz) die zugehörige Artikelnummer abgeleitet werden kann (also 1156). Man bezeichnet diese umkehrbare Adreßrechnung auch als d i r e k t e Adressierung.

Die Adreßrechnung muß vor jedem Dateizugriff vorgenommen werden, d.h. vor jedem WRITE oder READ:
- In Programm ARTDIRSCHREIB1 bewirken die Anweisungen
      270 LET S=A1-1000
      290 PRINT D$;"WRITE ARTIKELDATEI,R";S
  daß nach Berechnung der Satznummer S in Zeile 270 (für Artikelnummer A1=1019 z.B. wird S=19) der Datensatz als 19. Satz ("R";S oder R19 oder 19. Record oder 19. Satz) direkt in die ARTIKELDATEI geschrieben wird.
- In Programm ARTDIRLES1 bewirkt die Anweisungsfolge
      170 LET S=SUCH-1000
      190 PRINT D$;"READ ARTIKELDATEI,R";S
  dem entsprechend, daß nach Ermittlung der Satzadresse S aus dem Suchbegriff SUCH der S. Datensatz direkt gelesen wird.
- In Programm ARTDIRAEND1 wird nach der Adreßrechnung (in 160) zuerst ein Satz gelesen (in 180), um dann nach der Bestandsfortschreibung an dieselbe Stelle S wieder zurückgeschrieben zu werden.
- In Programm ARTDIRANLEG1 werden zum Schreiben von Leersätzen die Satznummern nicht über eine Adreßrechnung gewonnen, sondern über die Anweisung 230 FOR S=1 TO SN mit Satzzahl SN,

Struktogramm zum Schreibprogramm ARTDIRSCHREIB1:

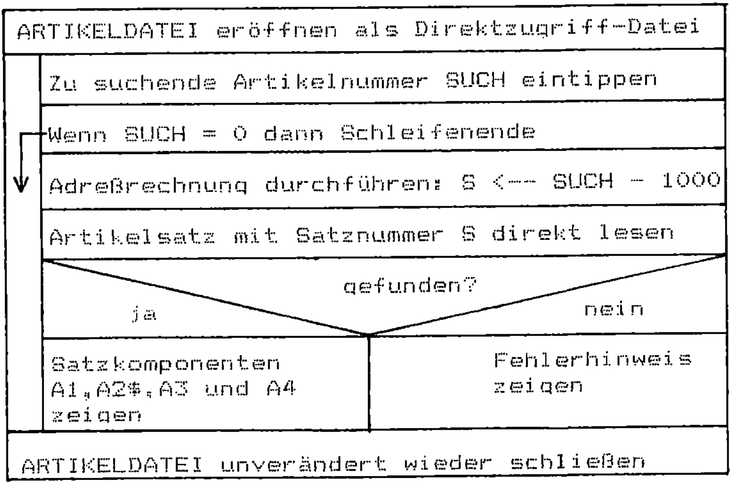

Struktogramm zum Leseprogramm ARTDIRLES1:

Codierung zu Programm ARTDIRLES1:

```
100   REM   ======PROGRAMM ARTDIRLES1
110   REM   ***DATEI OEFFNEN****************
120   LET D$ =  CHR$ (4): REM   CTRL-D
130   PRINT D$;"OPEN ARTIKELDATEI,L36"
140   REM   ***DATEI DIREKT LESEN***********
150   PRINT "ARTIKELNUMMER (0=ENDE)?"
160   INPUT SUCH: IF SUCH = 0 THEN 280
170   LET S = SUCH - 1000
180   ONERR  GOTO 260
190   PRINT D$;"READ ARTIKELDATEI,R";S
200   INPUT A1,A2$,A3,A4
210   PRINT D$: REM   DOS AUSSCHALTEN
220   PRINT "ARTIKELNUMMER: ";A1
230   PRINT "BEZEICHNUNG:   ";A2$
240   PRINT "BESTANDSMENGE: ";A3
250   PRINT "STUECKPREIS:   ";A4: GOTO 150
260   PRINT "... NICHT GEFUNDEN.": GOTO 150
270   REM   ***DATEI SCHLIESSEN*************
280   PRINT D$;"CLOSE"
290   PRINT D$;"RUN ARTIKEL-DIREKT1"
```

Codierung zu Programm ARTIKEL-DIREKT1:   Ausführung

```
100   REM   ======PROGRAMM ARTIKEL-DIREKT1
110   REM   DIREKTZUGRIFF AUF ARTIKELDATEI MIT
120   REM   ADRESSRECHNUNG 'SATZNR=ARTNR-1000'.
130   REM   ***MENUE MIT 5 GAENGEN*************
140   LET D$ =  CHR$ (4): REM   CTRL-D FUER DOS
150   PRINT "*1 = NEUE DATEI ANLEGEN    *"
160   PRINT "*2 = DATENSAETZE SCHREIBEN*"
170   PRINT "*3 = DATENSAETZE LESEN     *"
180   PRINT "*4 = BESTAND FORTSCHREIBEN*"
190   PRINT "*5 = DATEIZUGRIFF BEENDEN *"
200   INPUT "WAHL 1-5: ";E$: LET E =  VAL (E$)
210   IF E = 5 THEN  PRINT "ENDE.": END
220   REM   ***PROGRAMM-OVERLAY***************
230   ON E GOTO 250,260,270,280
240   PRINT "EINGABEFEHLER.": GOTO 200
250   PRINT D$;"RUN ARTDIRANLEG1"
260   PRINT D$;"RUN ARTDIRSCHREIB1"
270   PRINT D$;"RUN ARTDIRLES1"
280   PRINT D$;"RUN ARTDIRAEND1"
```

Codierung zu Programm ARTDIRSCHREIB1:

```
100   REM   ======PROGRAMM ARTDIRSCHREIB1
110   REM   ======VEREINBARUNGSTEIL
120   REM   A1:   INTEGER (ARTIKELNUMMER, 4 ST.)
130   REM   A2$:  STRING (BEZEICHNUNG, 20 ST.)
140   REM   A3:   INTEGER (BESTAND, 6 STELLEN)
150   REM   A4:   REAL (STUECKPREIS, 6 ST.)
160   REM   S:    INTEGER (RELATIVE SATZNUMMER)
170   REM   D$:   STRING (FUER DOS-ANWEISUNGEN)
180   :
190   REM   ======ANWEISUNGSTEIL
200   REM   ***DATEI OEFFNEN*****************
210   LET D$ =  CHR$ (4)
220   PRINT D$;"OPEN ARTIKELDATEI,L36"
230   REM   ***AUF DATEI DIREKT SCHREIBEN*****
240   PRINT "SAETZE SCHREIBEN (O=ENDE)."
250   PRINT "NUMMER, BEZ., BESTAND, PREIS:"
260   INPUT A1,A2$,A3,A4: IF A1 = 0 THEN 340
270   LET S = A1 - 1000: REM   ADRESSRECHNUNG
280   ONERR  GOTO 320
290   PRINT D$;"WRITE ARTIKELDATEI,R";S
300   PRINT A1: PRINT A2$: PRINT A3: PRINT A4
310   PRINT D$: GOTO 250
320   PRINT "... SCHREIBFEHLER.": GOTO 250
330   REM   ***DATEI SCHLIESSEN*************
340   PRINT D$;"CLOSE"
350   PRINT D$;"RUN ARTIKEL-DIREKT1"
```

```
üRUN
*1 = NEUE DATEI ANLEGEN    *
*2 = DATENSAETZE SCHREIBEN*
*3 = DATENSAETZE LESEN     *
*4 = BESTAND FORTSCHREIBEN*
*5 = DATEIZUGRIFF BEENDEN *
WAHL 1-5: 1

DATEINAME: ARTIKELDATEI
WIRKLICH LOESCHEN UND ANLEGEN?
?JA
DATEI ARTIKELDATEI GELOESCHT.
DATEI ARTIKELDATEI NEU EROEFFNET
LEERSAETZE AUF DATEI SCHREIBEN?
?N

*1 = NEUE DATEI ANLEGEN    *
*2 = DATENSAETZE SCHREIBEN*
*3 = DATENSAETZE LESEN     *
*4 = BESTAND FORTSCHREIBEN*
*5 = DATEIZUGRIFF BEENDEN *
WAHL 1-5: 2

SAETZE SCHREIBEN (O=ENDE).
NUMMER, BEZ., BESTAND, PREIS:
?1001,HAMMER,76,17.50
NUMMER, BEZ., BESTAND, PREIS:
?1019,MEISEL,45,9.55
NUMMER, BEZ., BESTAND, PREIS:
?0,0,0,0

*1 = NEUE DATEI ANLEGEN    *
*2 = DATENSAETZE SCHREIBEN*
*3 = DATENSAETZE LESEN     *
*4 = BESTAND FORTSCHREIBEN*
*5 = DATEIZUGRIFF BEENDEN *
WAHL 1-5: 4

NR. ZUR FORTSCHREIBUNG?
?1019
BEZEICHNUNG:    MEISEL
BESTAND ALT:    45
STUECKPREIS:    9.55
BESTANDAENDERUNG +-? -15
FORTGESCHRIEBEN AUF 30.

*1 = NEUE DATEI ANLEGEN    *
*2 = DATENSAETZE SCHREIBEN*
*3 = DATENSAETZE LESEN     *
*4 = BESTAND FORTSCHREIBEN*
*5 = DATEIZUGRIFF BEENDEN *
WAHL 1-5: 3
```

Codierung zu Programm ARTDIRAEND1:   Ausführung

```
100   REM   ======PROGRAMM ARTDIRAEND1
110   REM   ***DATEI EROEFFNEN*************
120   LET D$ = "": REM  CTRL-D FUER CHR$(4)
130   PRINT D$;"OPEN ARTIKELDATEI,L36"
140   REM   ***DATEI LESEN UND BESCHREIBEN***
150   PRINT "NR. ZUR FORTSCHREIBUNG?"
160   INPUT SUCH: LET S = SUCH - 1000
170   ONERR  GOTO 300
180   PRINT D$;"READ ARTIKELDATEI,R";S
190   INPUT A1,A2$,A3,A4: PRINT D$
200   PRINT "BEZEICHNUNG:    ";A2$
210   PRINT "BESTAND ALT:    ";A3
220   PRINT "STUECKPREIS:    ";A4
230   INPUT "BESTANDAENDERUNG +-? ";ZUAB
240   LET A3 = A3 + ZUAB
250   PRINT D$;"WRITE ARTIKELDATEI,R";S
260   PRINT A1: PRINT A2$: PRINT A3: PRINT A4
270   PRINT D$
280   PRINT "FORTGESCHRIEBEN AUF ";A3;"."
290   GOTO 320
300   PRINT "... FEHLANZEIGE FUER ";SUCH
310   REM   ***DATEI SCHLIESSEN**************
320   PRINT D$;"CLOSE"
330   PRINT D$;"RUN ARTIKEL-DIREKT1"
```

```
ARTIKELNUMMER (0=ENDE)?
?1019
ARTIKELNUMMER: 1019
BEZEICHNUNG:    MEISEL
BESTANDSMENGE: 30
STUECKPREIS:   9.55
ARTIKELNUMMER (0=ENDE)?
?0

*1 = NEUE DATEI ANLEGEN    *
*2 = DATENSAETZE SCHREIBEN*
*3 = DATENSAETZE LESEN     *
*4 = BESTAND FORTSCHREIBEN*
*5 = DATEIZUGRIFF BEENDEN  *
WAHL 1-5: 5
ENDE.
```

Codierung zu Programm ARTDIRANLEG1:

```
100   REM   ======PROGRAMM ARTDIRANLEG1
110   REM   ***DATEI ZERSTOEREN UND OEFFNEN*********
120   INPUT "DATEINAME: ";F$: LET D$ =  CHR$ (4)
130   PRINT "WIRKLICH LOESCHEN UND ANLEGEN?"
140   INPUT E$: IF  LEFT$ (E$,1) <  > "J" THEN 300
150   PRINT D$;"DELETE ";F$
160   PRINT "DATEI ";F$;" GELOESCHT."
170   PRINT D$;"OPEN ";F$;",S6,D1,V254,L36"
180   PRINT "DATEI ";F$;" NEU EROEFFNET."
190   REM   ***LEERSAETZE SCHREIBEN****************
200   PRINT "LEERSAETZE AUF DATEI SCHREIBEN?"
210   INPUT E$: IF  LEFT$ (E$,1) <  > "J" THEN 290
220   INPUT "VORGESEHENE SATZANZAHL: ";SN
230   FOR S = 1 TO SN
240   PRINT D$;"WRITE ";F$;",R";S
250   PRINT 0: PRINT "0": PRINT 0: PRINT 0
260   NEXT S: PRINT D$
270   PRINT SN;" LEERSAETZE GESCHRIEBEN."
280   REM   ***DATEI SCHLIESSEN*****************
290   PRINT D$;"CLOSE"
300   PRINT D$;"RUN ARTIKEL-DIREKT1"
```

3.10.2.5   Indirekte Adressierung des Datensatzes

Ein Beispiel: Kleinste Artikelnummer 1, größte Artikelnummer
300000, insgesamt 2000 Artikel im Sortiment. "SatzNr = ArtNr"
als Adreßrechnung. Für die nur 2000 Artikel müssten 300000 Ar-
tikelsätze in der Datei bereitgestellt werden. Dieses Adreß-
rechnungsverfahren der d i r e k t e n Adressierung ist un-
geeignet. Aus diesem Grunde wird bei Streuung des Ordnungsbe-
griffs ein Verfahren der i n d i r e k t e n Adressierung
gewählt wie z.B. das Divisions-Rest-Verfahren. Dabei entsteht
das Problem, daß für zwei Ordnungbegriffe dieselbe Satznummer
berechnet wird; es kommt zur Doppelbelegung bzw. Überläufern,
die natürlich gesondert gespeichert werden müssen.
Im Zusammenhang mit dieser indirekten Adressierung spricht man
auch von H a s h i n g (übersetzt: etwa 'Mischmasch') bzw.
vom Hash-Code.

DIREKTE ADRESSIERUNG:
- Adreßrechnung "SatzNr <- ArtNr - 1000" ergibt für ArtNr
  1010, 1045, 1002, ... die SatzNr 10, 45, 2 ...
- Adreßrechnung "SatzNr <- PersNr" ergibt für die PersNr
  100187, 6745, 23, ... die Satznr 100187, 6745, 23, ...
- Aus dem Ordnungsbegriff läßt sich die Satznummer errechnen
  und umgekehrt aus der Satznummer der Ordnungsbegriff.
- Lücken im Ordnungsbegriff führen zu Lücken auf der Datei.

INDIREKTE ADRESSIERUNG:
- Adreßrechnung "Divisions-Rest-Verfahren" als Beispiel:
  Ordnungsbegriff durch Satzanzahl der Datei (=1200) teilen.
  ArtNr 10800 ergibt SatzNr 1 / ArtNr 1453 ergibt SatzNr 254
  10800:1200=9 Rest 0+1 ->1   / 1453:1200=1 Rest 253+1 ->254
- Aus der Satznummer läßt sich der Ordnungsbegriff nicht
  eindeutig zurückrechnen (Problem der Überläufer).
- Ziel: Weit verstreute Ordnungsbegriffe (z.B. ArtNr) zu eng
  beieinanderliegenden Satzadressen (SatzNr) verdichten.

2 Arten der Adreßrechnung: Direkte und indirekte Adressierung

Die indirekte Adressierung ist auch stets dann angezeigt, wenn
ein k l a s s i f i z i e r e n d e r Ordnungsbegriff angewendet wird, wie z.B. eine wie folgt aufgebaute Artikelnummer.

Position: Inhalt: Bedeutung:

  1 - 2   AA-ZZ   Zwei Anfangsbuchstaben des Artikelnamens.
  3 - 4   Zahl   Lagerstelle
  5 - 7   Zahl   Nummer des Lieferanten
  8   Ziffer   Nummer für identische Positionen 1-7

Die Artikelnummern HA093320 (Hammer, Lagerstelle 9, Lieferan-
tennummer 332) und ME421000 (Meisel, Lagerstelle 42, Lieferan-
tennummer 100) können nur indirekt adressiert gelesen werden.

     Artikelnummer als klassifizierender Ordnungsbegriff

3.10.3 Index-sequentielle Kundendatei

In Abschnitt 1.3.5.1 hatten wir eine Kundendatei dargestellt,
auf die über eine Indexdatei als Inhaltsverzeichnis zugegriffen wurde. Diese Kundendatei wollen wir nun in Applesoft-BASIC
programmieren, um daran die index-sequentielle Dateiorganisation zu demonstrieren.
Zum Begriff 'index-sequentiell' eine Anmerkung: Die Terminologie ist hier nicht einheitlich. Der über eine Indexdatei vor-
genommene Dateizugriff wird auch als K e y — R a n d o m —
Dateiorganisation bezeichnet mit dem 1. Zugriff über einen Index (Key) und dem 2. Zugriff direkt (Random), während dann die
i n d e x — s e q u e n t i e l l e Dateiorganisation auf
den Magnetplattenstapel ausgerichtet ist. ISAM für 'Index Sequential Access Method' entspricht dieser Begriffsauslegung.

3.10.3.1 Trennung von Datendatei und Indexdatei(en)

Die 3 Programme KUNDINDSCHREIB1, KUNDINDLES1 und KUNDINDSORT1
veranschaulichen die Grundlagen der index-sequentiellen Datei.
Betrachten wir zunächst die Ausführung:
Mit Programm KUNDINDSCHREIB1 werden die vier Kunden 104, 101,
110 und 109 über Tastatur eingegeben und auf eine KUNDENDATEI
geschrieben. Jeder Kundensatz besteht aus Kundennummer, Name
und Umsatz. Parallel hierzu wird im Indexsatz die Kundennummer
mit der zugehörigen Satznummer in eine INDEXDATEI geschrieben.

Datendatei namens   Zusätzliche Indexdateien namens
KUNDENDATEI: INDEXDATEI: INDEXDATEISORT:

104 MAUCHER 295.6		104 1		101 2
101 FREI 6500		101 2		104 1
110 AMANN 1018.75		110 3		109 4
109 HILDEBRANDT 4590.05		109 4		110 3

Datensatz mit vielen   Indexsatz mit zumeist nur zwei
Datenfeldern (hier 3).   Datenfeldern (Schlüssel, Adresse).

Eine (umfangreiche) Datendatei und zwei (kurze) Indexdateien

Anschließend an KUNDINDSCHREIB1 wird Programm KUNDINDLES1 zur
Ausführung gebracht: Der Reihe nach —sequentiell— wird der jeweils nächste Indexsatz gelesen und sodann über die Satznummer auf den Datensatz der Kundendatei zugegriffen. Genau denselben Ausdruck hätten wir erhalten, wenn die KUNDENDATEI rein
seriell o h n e Zugriff über diese INDEXDATEI gelesen worden
wäre (seriell = lesen wie gespeichert).
Dann wird das Programm KUNDINDSORT1 geladen, um den Index in
den Hauptspeicher zu lesen, dort zu sortieren und dann in eine
INDEXDATEISORT auf Diskette zu schreiben.
Abschließend wird in einem vierten Schritt erneut das Programm
KUNDINDLES1 ausgeführt: Nun werden die Kundensätze aufsteigend
nach der Kundennummer sortiert aufgelistet, da als Indexdatei
die Datei INDEXDATEISORT angegeben wurde.

Ausführungsbeispiel

```
üLOAD KUNDINDSCHREIB1
üRUN
KUNDENDATEI INDEX-SEQUENTIELL BESCHREIBEN.
KUNDENDATEI: NAME, LAUFWERK? KUNDENDATEI,D1
INDEXDATEI:  NAME, LAUFWERK? INDEXDATEI,D1
DATEI LOESCHEN UND NEU BESCHREIBEN? JA
KUNDENNUMMER, NAME, UMSATZ (0=ENDE)?
?104,MAUCHER,295.6
KUNDENNUMMER, NAME, UMSATZ (0=ENDE)?
?101,FREI,6500
KUNDENNUMMER, NAME, UMSATZ (0=ENDE)?
?110,AMANN,1018.75
KUNDENNUMMER, NAME, UMSATZ (0=ENDE)?
?109,HILDEBRANDT,4590.05
KUNDENNUMMER, NAME, UMSATZ (0=ENDE)?
?0,0,0
ENDE DES SCHREIBENS.
```

1. Über KUNDINDSCHREIB1 vier Kunden speichern
2. Über KUNDINDLES1 die Kunden
3. Über KUNDINDSORT1 die Indexdatei sortieren
4. Über KUNDINDLES1 die Kunden sortiert lesen

```
üLOAD KUNDINDLES1
üRUN
INDEX-SEQUENTIELL LESEN.
KUNDENDATEI, LAUFWERK? KUNDENDATEI,D1
INDEXDATEI, LAUFWERK? INDEXDATEI,D1


NUMMER: KUNDENNAME:       UMSATZ:
104         MAUCHER        295.6
101         FREI          6500
110         AMANN         1018.75
109         HILDEBRANDT   4590.05

üLOAD KUNDINDSORT1
üRUN
INDEX NACH KUNDENNUMMERN SORTIEREN.
UNSORTIERTE INDEXDATEI: NAME, LAUFWERK? INDEXDATEI,D1
SORTIERTE INDEXDATEI: NAME, LAUFWERK? INDEXDATEISORT,D1
4 SAETZE IN INDEXTABELLE I GELESEN.
INDEXTABELLE I AUFSTEIGEND SORTIERT.
ALS SORTIERTE INDEXDATEI GESPEICHERT:
SCHLUESSELFELD (KUNDNR.):   ADRESSFELD (SATZNR.):
0                           4
101                         2
104                         1
109                         4
110                         3
ENDE.

üLOAD KUNDINDLES1
üRUN
INDEX-SEQUENTIELL LESEN.
KUNDENDATEI, LAUFWERK? KUNDENDATEI,D1
INDEXDATEI, LAUFWERK? INDEXDATEISORT,D1


NUMMER: KUNDENNAME:       UMSATZ:
101         FREI          6500
104         MAUCHER        295.6
109         HILDEBRANDT   4590.05
110         AMANN          1018.75
```

Das Ausführungsbeispiel zu den 3 Programmen KUNDINDSCHREIB1, KUNDINDLES1 und KUNDINDSORT1 zeigt, daß zu der einen Kundendatei (zur Unterscheidung auch Datendatei oder Hauptdatei genannt) mehrere Indexdateien angelegt werden können.

3.10.3.2 Zugriff über unsortierte Indexdatei

.Die unsortierte Indexdatei wird über Programm KUNDINDSCHREIB1 erstellt; der Zugriff über diesen Index erfolgt dann über Programm KUNDINDLES1.
Zunächst zur Codierung von KUNDINDSCHREIB1:
Mit der KUNDENDATEI wird auch eine INDEXDATEI eröffnet (Zeilen 250 und 260). Nach jedem Schreiben eines Kundensatzes auf die KUNDENDATEI (Zeile 410) wird dessen Kundennummer K$(1) mit der

```
100   REM   ======PROGRAMM KUNDINDSCHREIB1
110   PRINT "KUNDENDATEI INDEX-SEQUENTIELL BESCHREIBEN."
120   :
130   REM   ======VEREINBARUNGSTEIL
140   REM   F$, FI$: KUNDENDATEI SOWIE INDEXDATEI
150   REM   K$( , ): KUNDENSATZ MIT 3 DATENFELDERN
160   REM   :        KUNDENNUMMER, KUNDENNAME UND UMSATZ
170   REM   K, S:    INDEXSATZ MIT 2 DATENFELDERN
180   REM   :        KUNDENNUMMER  K UND SATZNUMMER S
190   :
200   REM   ======ANWEISUNGSTEIL
210   REM   *** KUNDEN- UND INDEXDATEI OEFFNEN ************
220   LET D$ =  CHR$ (4): DIM K$(3)
230   INPUT "KUNDENDATEI: NAME, LAUFWERK? ";F$,L$
240   INPUT "INDEXDATEI:  NAME, LAUFWERK? ";FI$,LI$
250   PRINT D$;"OPEN ";F$;",";L$;",L32"
260   PRINT D$;"OPEN ";FI$;",";LI$;",L20"
270   REM   *** SATZZEIGER S AUF POSITION 0 ODER ENDE *****
280   INPUT "DATEI LOESCHEN UND NEU BESCHREIBEN? ";A$
290   IF A$ <  > "JA" THEN 330
300   PRINT D$;"DELETE ";F$: PRINT D$;"OPEN ";F$;",";L$;",L32"
310   PRINT D$;"DELETE ";FI$: PRINT D$;"OPEN ";FI$;",";LI$;",L20"
320   LET S = 0: GOTO 360
330   PRINT D$;"READ ";FI$;",R";0: INPUT K,S: PRINT D$
340   :
350   REM   *** AUSGABESCHLEIFE AUF KUNDEN-/INDEXDATEI ****
360   PRINT "KUNDENNUMMER, NAME, UMSATZ (0=ENDE)?"
370   INPUT K$(1),K$(2),K$(3): LET K =  VAL (K$(1))
380   IF K$(1) = "0" THEN 480: REM  SCHLEIFENENDE
390   LET S = S + 1: REM  SEQUENTIELL (NAECHSTER SATZ)
400   PRINT D$;"WRITE ";F$;",R";S: REM   KUNDENSATZ
410   PRINT K$(1): PRINT K$(2): PRINT K$(3): PRINT D$
420   PRINT D$;"WRITE ";FI$;",R";S: REM    INDEXSATZ
430   PRINT K: PRINT S: PRINT D$
440   GOTO 360
450   REM   *** ENDE DER AUSGABESCHLEIFE ****************
460   :
470   REM   *** SATZANZAHL ALS 0. SATZ AUF INDEXDATEI *****
480   PRINT D$;"WRITE ";FI$;",R";0
490   PRINT 0: PRINT S: PRINT D$
500   PRINT D$;"CLOSE": PRINT "ENDE DES SCHREIBENS.": END
```

Satznummer S als Indexsatz auf die INDEXDATEI geschrieben. In
beiden Fällen wird sequentiell geschrieben - also jeweils als
nächster Satz. Nach Beenden der Schreibschleife wird die Satzanzahl S als 0. Satz auf die Indexdatei geschrieben (ab Zeilen
470). In KUNDINDSORT1 brauchen wir diesen Wert.
Nun zur Codierung von KUNDINDLES1:
Nach dem Eröffnen der KUNDENDATEI sowie der INDEXDATEI (Zeilen
270 und 280) wird der jeweils nächste Indexsatz gelesen (Zeile
330: sequentieller Zugriff auf die INDEXDATEI), um sodann über
die Satznummer S den zugehörigen Kundensatz einzulesen (Zeile
350: Direktzugriff auf die KUNDENDATEI).
Der index-sequentielle Dateizugriff erfolgt also stets in zwei
Stufen: 1. Zugriff sequentiell auf die Indexdatei, 2. Zugriff
direkt auf die entsprechende Datendatei.

3.10.3.3 Zugriff über sortierte Indexdatei

Programm KUNDINDSORT1 erstellt eine sortierte Indexdatei, über
die dann mittels Programm KUNDINDLES1 auf die Kunden zugegriffen werden kann.
Zur Codierung von Programm KUNDINDSORT1:
Zuerst wird die gesamte externe INDEXDATEI in eine interne In-
dextabelle namens I(,) eingelesen (FOR-Schleife 280-310), um

Codierung zum Leseprogramm KUNDINDLES1:

```
100   REM   ======PROGRAMM KUNDINDLES1
110   PRINT "INDEX-SEQUENTIELL LESEN.": LET D$ =  CHR$ (4)
120   :
130   REM   ======VEREINBARUNGSTEIL
140   REM   F$:     KUNDENDATEI MIT SATZLAENGE 32
150   REM   FI$:    INDEXDATEI MIT KUNDENNUMMER ALS SCHLUESSEL
160   REM   K$(1): KUNDENNUMMER (3 STELLEN)
170   REM   K$(2): KUNDENNAME (15 STELLEN)
180   REM   K$(3): KUNDENUMSATZ (8 STELLEN)
190   REM   K:      SCHLUESSELFELD (KUNDENNUMMER)
200   REM   S:      ADRESSFELD (SATZNUMMER)
210   DIM K$(3): REM   KUNDENSATZ MIT 3 DATENFELDERN
220   REM   INDEXSATZ (K,S) MIT 2 DATENFELDERN
230   :
240   REM   ======ANWEISUNGSTEIL
250   INPUT "KUNDENDATEI, LAUFWERK? ";F$,L$
260   INPUT "INDEXDATEI, LAUFWERK? ";FI$,LI$
270   PRINT D$;"OPEN ";F$;",";L$;",L32"
280   PRINT D$;"OPEN ";FI$;",";LI$;",L20"
290   PRINT : PRINT "NUMMER: KUNDENNAME:      UMSATZ:"
300   REM   *** BEGINN DER LESESCHLEIFE ****************
310   FOR I = 1 TO 99999: REM   UNECHTE ZAEHLERSCHLEIFE
320   ONERR  GOTO 400
330   PRINT D$;"READ ";FI$;",R";I
340   INPUT K,S: PRINT D$
350   PRINT D$;"READ ";F$;",R";S
360   INPUT K$(1),K$(2),K$(3): PRINT D$
370   PRINT K$(1); TAB( 9);K$(2); TAB( 25);K$(3)
380   NEXT I
390   REM   *** ENDE DER LESESCHLEIFE ******************
400   PRINT D$;"CLOSE": END
```

Codierung zum Sortierprogramm KUNDINDSORT1:

```
100   REM   ======PROGRAMM KUNDINDSORT1
110   PRINT "INDEX NACH KUNDENNUMMERN SORTIEREN.":D$ =  CHR$ (4)
120   :
130   REM   ======VEREINBARUNGSTEIL
140   REM   F1$,F2$:  INDEXDATEIEN MIT SATZLAENGE 20
150   REM   K,S:      INDEXSATZ MIT KUNDEN- UND SATZNUMMER
160   REM   I( , ):   2-DIMENSIONALER ARRAY ALS INDEXTABELLE
170   REM   F,H,Z,D$: HILFSVARIABLEN
180   :
190   REM   ======ANWEISUNGSTEIL
200   INPUT "UNSORTIERTE INDEXDATEI: NAME, LAUFWERK? ";F1$,L1$
210   INPUT "SORTIERTE INDEXDATEI: NAME, LAUFWERK? ";F2$,L2$
220   PRINT D$;"OPEN ";F1$;",";L1$;",L20"
230   PRINT D$;"OPEN ";F2$;",";L2$;",L20"
240   REM   *** INDEXTABELLE DYNAMISCH DIMENSIONIEREN **************
250   PRINT D$;"READ ";F1$;",R";0
260   INPUT K,S: PRINT D$: DIM I(S,2)
270   REM   *** INDEX AUS DATEI IN TABELLE EINLESEN ***************
280   FOR Z = 0 TO S
290   PRINT D$;"READ ";F1$;",R";Z
300   INPUT I(Z,1),I(Z,2)
310   NEXT Z
320   PRINT D$: PRINT S;" SAETZE IN INDEXTABELLE I GELESEN."
330  .REM   *** INDEXTABELLE INTERN SORTIEREN (BUBBLE SORT) ********
340   LET F = 0: REM   F ALS FLAGGE
350   FOR Z = 1 TO (S - 1)
360   IF I(Z,1) <  = I(Z + 1,1) THEN 400
370   LET H = I(Z,1): LET I(Z,1) = I(Z + 1,1): LET I(Z + 1,1) = H
380   LET H = I(Z,2): LET I(Z,2) = I(Z + 1,2): LET I(Z + 1,2) = H
390   LET F = 1
400   NEXT Z
410   IF F <  > 0 THEN 340
420   PRINT "INDEXTABELLE I AUFSTEIGEND SORTIERT."
430   REM   *** SORTIERTE INDEXTABELLE IN DATEI SCHREIBEN **********
440   PRINT "ALS SORTIERTE INDEXDATEI GESPEICHERT:"
450   PRINT "SCHLUESSELFELD (KUNDNR.):    ADRESSFELD (SATZNR.):"
460   FOR Z = 0 TO S
470   PRINT D$;"WRITE ";F2$;",R";Z
480   PRINT I(Z,1): PRINT I(Z,2): PRINT D$
490   PRINT I(Z,1),,I(Z,2)
500   NEXT Z
510   PRINT D$;"CLOSE": PRINT "ENDE.": END
```

dann diese Tabelle rein intern mithilfe des 'Bubble Sort' aufsteigend nach Kundennummern zu sortieren. Das Sortierverfahren
(vgl Abschnitt 3.9.3) ist hier sicher nicht sehr elegant, aber
es kommt uns weniger darauf an als auf die Indexbehandlung. Im
Anschluß daran speichert man diese Tabelle als Datei mit Namen
INDEXDATEISORT auf Diskette ab (ab Zeile 430).
Wie das Ausführungsbeispiel zu Programm KUNDINDLES1 zeigt, erhält man nun beim Lesen über diese INDEXDATEISORT eine Kunden-
liste, die nach Kundennummern aufsteigend sortiert ist.

3.10.3.4 Primärindexdatei und Sekundärindexdateien

Wie zur Kundennummer können wir auch zum Kundennamen sowie zum

Kundenumsatz zusätzliche sortierte Indexdateien erstellen, um über diese Indices dann die entsprechenden Drucklisten zu bekommen. Man bezeichnet diese Indexdateien als Sekundärindexdateien. Für eine Kundendatei mit 15 Datenfeldern je Satz können wir eine Primärindexdatei (Ordnungsbegriff z.B. Kundennummer) und maximal 14 Sekundärindexdateien erstellen. In jedem Falle legt man nur zu solchen Datenfeldern Sekundärindices an, für die man sortierte Drucklisten benötigt. Eine große Schwierigkeit besteht darin, daß der Änderungsdienst neben der Datendatei selbst immer auch die Indexdatei(en) berücksichtigen muß. Der große Vorteil der index-sequentiellen Datei besteht darin, daß d i r e k t auf einen Satz sowie s e q u e n t i e l l auf eine Satzfolge zugegriffen werden kann.

3.10.3.5 Ausnahmefallbehandlung über ONERR

Gerade die Dateiverarbeitung verdeutlicht, daß die Anweisung ONERR GOTO ... nicht unbedingt als 'Fehler'-Behandlung aufzufassen ist, sondern als völlig normale Programmiertechnik zur Ausnahmefallbehandlung.
Programm KUNDINDLES1 zeigt ein Beispiel: Die Leseschleife wird gesteuert durch die Anweisung 310 FOR I=1 TO 99999 mit 99999 als Endwert, der nie erreicht wird. Das Signal für Schleifenende liefert die Anweisung 320 ONERR GOTO 400 . Warum? Applesoft wie DOS stellen in Speicherplatz 222 dezimal automatisch eine Codenummer zur Verfügung, wenn nach Zeile 320 im Programm ein Fehler auftritt. Versucht man, nach dem Erreichen von EOF (End Of File, Dateiende) noch einen Satz zu lesen, so wird in Speicherplatz 222 die Codenummer 5 (für END OF DATA) abgelegt sowie im Programm nach Zeile 400 verzweigt. Unser Programmierstil ist also etwas nachlässig, da wir diesen Fehlertyp 5 als stets zutreffend annehmen. Sorgfältiger wäre folgende Ausnahmefallbehandlung in Programm KUNDINDLES1:

```
320 ONERR GOTO 400
...
400 LET F = PEEK(222)  :  REM FEHLERCODE NACH F ZUWEISEN
410 IF F=5 THEN PRINT D$;"CLOSE" : END
420 PRINT "PROGRAMMABBRUCH DURCH FEHLER ";F : STOP
```

Insbesondere in umfangreichen sowie auszutestenden Programmen sollte die Ausnahmenfallbehandlung mittels ONERR sehr sorgfältig programmiert werden.

3.10.4 Verkettete Dateien

Nach der sequentiellen Datei, der Direktzugriff-Datei und der index-sequentiellen Datei kommen wir nun zur zur vierten Organisationsform, zur v e r k e t t e t e n Datei. Dabei lassen sich Sätze innerhalb e i n e r Datei (Abschnitt 3.10.4.1) oder mehrere Dateien untereinander (Abschnitt 3.10.4.2) verketten.

3.10.4.1 Verkettung von Datensätzen innerhalb einer Datei

Das Prinzip der verketteten Speicherung über Zeiger haben wir schon in Abschnitt 1.3.5.2 kennengelernt. Dabei wurden innerhalb einer Kundendatei in jedem Datensatz zwei zusätzliche Da-

tenfelder mit Zeigern (sog. Zeigerfelder) angefügt.
Strukturiert man die Datensätze als 'Gekettete Liste (Linked
List)', dann werden damit ebenfalls Sätze innerhalb einer Datei verkettet. Auf die Datenstruktur der geketteten Liste werden wir in Abschnitt 3.10.5 eingehen.

3.10.4.2 Fakturierung mit verketteten Dateien

Das Prinzip der Verkettung dient auch dazu, um Dateien zu verbinden: der Schlüssel eines Datenfeldes einer Datei A wird als
Zeiger auf einen Satz einer Datei B betrachtet. Die Verzeigerung von Dateien wollen wir an einem Beispiel zur Fakturierung
darstellen.

VERKETTUNG INNERHALB EINER DATEI:
Bsp: 1. Kundendatei in Abschnitt 1.3.5.2.
     2. Datensätze sortiert ausgeben anhand einer geketteten
        Liste (Linked List) in Abschnitt 3.10.5.

VERKETTUNG MEHRERER DATEIEN:
Bsp: Fakturierung mit Bestelldatei, Kundendatei, Artikeldatei
     und Offene-Posten-Datei.

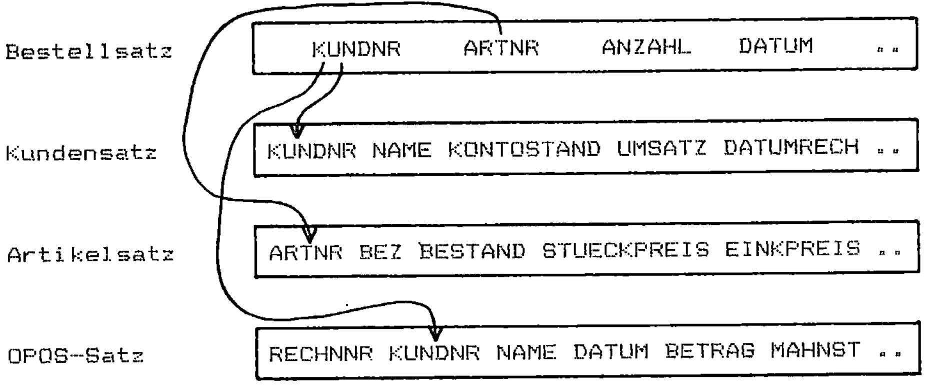

     Verkettung von vier Dateien am Beispiel der Fakturierung

Die Bestellungen eines Tages werden in einer BESTELLDATEI gesammelt bzw. gestapelt, um z.B. abends zur Rechnungsschreibung
verwendet zu werden. Jeder Bestellsatz umfaßt u.a. die Datenfelder KUNDNR, ARTNR, ANZAHL des bestellten Artikels und DATUM
(vereinfachende Annahme: nur ein Artikel/Bestellung). Das Feld
KUNDNR wird als Z e i g e r auf die KUNDENDATEI aufgefaßt;
dieser Zeiger bewirkt, daß dabei die Kundenstammdaten bereitgestellt werden. Die ARTNR als Zeiger dient zur Verkettung der
ARTIKELDATEI: die zugehörigen Artikelangaben können jetzt auf
die Rechnung gedruckt werden. Die KUNDNR verzeigert nicht nur
mit der KUNDENDATEI, sondern auch mit der OFFENE-POSTEN-DATEI
bzw. OPOS-DATEI, um z.B. nachzusehen, ob bereits offene sowie
angemahnte Rechnungen vorliegen, damit bei MAHNSTufe >2 besondere Zahlungsbedingungen auf der Rechnung vermerkt werden.

3.10.4.3 Literaturdokumentation mit verketteten Dateien

Zu dem weiten Gebiet der Dokumentation von Literatur ein sehr
einfaches Beispiel der Verwaltung von Büchern: Zunächst legen
wir eine BUCHDATEI an mit fester Datensatzlänge. In jedem Satz
sind Datenfelder vorgesehen wie Buchtitel, Verlag, ... und ein
Zeigerfeld, dessen Inhalt (Zeiger, Pointer) auf den logischer-
weise nachfolgenden Datensatz zeigt. Diese BUCHDATEI wird zunächst mit 10 Leersätzen (siehe Beispiel) als Direktzugriffda-
dei angelegt.
In einer zweiten AUTORENDATEI speichern wir Namen von Buchver-
fassern, wobei jeder Satz zusätzlich zwei Zeigerfelder enthält
mit Verweisen auf die BUCHDATEI: Zeiger Z1 zeigt auf die erste
vom betreffenden Autor in der BUCHDATEI besetzten Satznummer,
und Zeiger Z2 auf den letzten besetzten Satz.
Das wiedergegebene Beispiel zeigt den Inhalt dieser verketteten Dateien zu Beginn leer (Zustand (A)), mit 3 Büchern von 2
Autoren (Zustand (B)) und mit 4 Büchern von 2 Autoren (Zustand
(C)).
Zu Zustand (A): Die BUCHDATEI ist leer angelegt. In Datensatz
0 ist mit S0=1 die erste freie Satznummer sowie mit S1=10 die
letzte freie Satznr. vermerkt. Die Zeiger Z zeigen von Satz 1
bis Satz 10 (0=Kettenende) und bilden e i n e Vollkette. Die
AUTORENDATEI ist ebenfalls leer, für die beiden Zeiger Z1 und
Z2 werden keine Leerketten aufgebaut, sondern jeweils 0 einge-
tragen.

BUCHDATEI:

```
  (A) Leer:              (B) 3 Bücher:            (C) 4 Bücher:

  0   1    10            0   4    10              0   5    10
  1   leer      2    r →1   GEBURTSTAG    2⌐      1   GEBURTSTAG      2⌐
  2   leer      3    |  ↳2   HAU DEN LUKAS 0      ↳2   HAU DEN LUKAS 4⌐
  3   leer      4    |     3   VATER U. SOHN 0     ⌐3   VATER U. SOHN 0
  4   leer      5    |     4   leer          5    ↳4   GLIWI           0
  5   leer      6    |     5   leer          6     5   leer           6
  6   leer      7    |     6   leer          7     6   leer           7
  7   leer      8    |     7   leer          8     7   leer           8
  8   leer      9    |     8   leer          9     8   leer           9
  9   leer     10    |     9   leer         10     9   leer          10
 10   leer      0    |    10   leer          0    10   leer           0
Eine Kette:        | Drei Ketten:             Drei Ketten:
1-10.              | 1-2, 3-3, 4-10.          1-2+4, 3-3, 5-10.
```

AUTORENDATEI:

```
  (A) Leer:              (B) 2 Autoren:           (C) 2 Autoren:

  0   1    5             0   3    5               0   3    5
  1   leer    0   0      1   JANOSCH    1   2     1   JANOSCH    1   4
  2   leer    0   0      2   PLAUEN     3   3     2   PLAUEN     3   3
  3   leer    0   0      3   leer       0   0     3   leer       0   0
  4   leer    0   0      4   leer       0   0     4   leer       0   0
  5   leer    0   0      5   leer       0   0     5   leer       0   0
```

Verkettung von AUTORENDATEI zu BUCHDATEI sowie in BUCHDATEI

Zu Zustand (B): Für Autor JANOSCH werden die beiden Buchtitel
GEBURTSTAG und HAU DEN LUKAS eingetragen. In Satz 0 der BUCH-
DATEI zeigt S0=4 nun auf den 4. Satz als ersten freien Satz,
da der Titel VATER U. SOHN von Autor PLAUEN als 3. Satz eingetragen ist. Die BUCHDATEI enthält drei Teilketten: Sätze 1-2
für JANOSCH, Satz 3 für PLAUEN sowie Sätze 4-10 leer. Satzende
wird jeweils durch Zeigerwert=null vermerkt. Satzanfang entweder durch Zeiger Z1 aus der AUTORENDATEI oder durch Zeiger Z
aus Satz 0 der BUCHDATEI selbst.
Zu Zustand (C): Zusätzlich wird das Buch GLIWI von JANOSCH gespeichert, und zwar als nächster freier Satz, d.h. als 4. Satz
in der BUCHDATEI. Andere Sätze werden n i c h t bewegt, sondern nur Zeigervermerke geändert. S0 wird von 4 auf 5 erhöht,
Z im 2. Buchsatz von 0 auf 4 gesetzt. In der AUTORENDATEI wird
Z2 für JANOSCH von 2 auf 4 geändert.

Auch andere Arten des Änderungsdienstes (Löschen, Titeländern)
werden ohne Bewegung der Sätze allein über Zeigervermerke verarbeitet.
Das Beispiel verdeutlicht, daß oft beide Arten der Verkettung
gleichzeitig vorhanden sind: die Verkettung von Sätzen innerhalb einer Datei (hier in der BUCHDATEI) sowie die Verkettung
zwischen Dateien (hier von der AUTORENDATEI zur BUCHDATEI).

Die Verkettung von Dateien über Zeiger als eigens hierfür vor-
gesehene Datenfelder bringt besondere Probleme bei der Reorga-
nisation der einzelnen Datei (z.B. Löschen eines Datensatzes,
auf den von einer anderen Datei aus weiterhin mit einem Zeiger
verwiesen wird).
Je mehr Dateien man in einem Datenverwaltungs-System verkettet
(vgl. Abschnitt 1.3.5.5), umso dringlicher wird die Frage zur
Einrichtung einer D a t e n b a n k (vgl. Abschnitt 1.3.5.6).

3.10.5 Namendatei als gekettete Liste (Linked List)

Auf Daten einer Datei muß schnell zugegriffen werden können.
Geht man rein sequentiell bzw. seriell vor, so geht es zumeist
sehr langsam. Verfährt man gemäß dem 'Binären Suchen' (vgl.
Abschnitt 3.9.2), so setzt dies sortierte Daten voraus. Außerdem muß stets von neuem sortiert werden, wenn Daten dazugefügt
werden. Anders formuliert: die Daten müssen hin- und herbewegt
werden.
Mit der g e k e t t e t e n L i s t e (Linked List) sowie
dem b i n ä r e n B a u m stehen zwei Datenstrukturen zur
Verfügung, bei denen neue Daten einfach hinten angehängt werden können, ohne den Gesamtdatenbestand wiederholt bewegen zu
müssen.

Wenden wir uns zunächst der g e k e t t e t e n L i s t e
bzw. Linked List (to link = verbinden, ketten) als dynamischer
Datenstruktur (vgl. Abschnitt 1.3.2.3) zu. Das Programm namens
NAMEN-KETTE1 demonstriert, wie diese zur Verkettung von Datensätzen einer NAMENDATEI verwendet wird, indem zu jedem Namen
je ein Zeiger auf seinen Vorgänger (Vater) wie auch auf seinen
Nachfolger (Sohn) gespeichert wird.

3.10.5.1 Darstellung einer geketteten Liste

Stellen wir uns die 'Artikeldatei' eines etwas südlich gelege-
nen Obstbauern vor und lassen wir alle Datenfelder weg bis auf
den Obstnamen als Ordnungsbegriff, dann reduziert sich der Datensatz zur Namensangabe. Sollen die 6 Namen BIRNE, KIRSCHE,
PFIRSICH, MIRABELLE, APFEL, PFLAUME in eine aufsteigende Sortierfolge gebracht werden, so kann dies dadurch geschehen, daß
man die Sätze tatsächlich (physisch) umspeichert durch ein bestimmtes Sortierverfahren (vgl. Abschnitt 3.9.3). Wir wollen
die physische Speicherungsfolge beibehalten und eine logische
Speicherungsfolge über ein zusätzliches Zeigerfeld aufbauen.
Jeder einzelne Datensatz der NAMENDATEI besteht demzufolge aus
einem Namensfeld und einem Zeigerfeld. Eine aus diesen beiden
Komponenten bestehende Datenstruktur nennt man 'lineare gekettete Liste ', da man sie sich als Linie auflisten kann.

Zur internen Speicherung der NAMENDATEI: Im Speicher RAM legen
wir die Namen in einem Vektor L$() ab und die Zeiger in einem
Vektor Z(). In der Variablen A speichern wir den Anfangsindex
der Liste und in E den Endeindex. Die Übersicht zeigt, welche
Inhalte diese zur Darstellung der geketteten linearen Liste in

Tätigkeit:	L$( ):	Z( ):	A:	E
Leere Liste mit Menüwahl 1:	blanc	0	0	0
1. Namen vorne anfügen:	BIRNE	0	1	1
2. Namen hinten einfügen:	BIRNE	2		
	KIRSCHE	0	1	2
3. Namen hinten anhängen:	BIRNE	2		
	KIRSCHE	3		
	PFIRSICH	0	1	3
4. Namen dazwischen einfügen:	BIRNE	2		
	KIRSCHE	4		
	PFIRSICH	0		
	MIRABELLE	3	1	3
5. Namen vorne anfügen:	BIRNE	2		
	KIRSCHE	4		
	PFIRSICH	0		
	MIRABELLE	3		
	APFEL	1	5	3
6. Namen hinten anhängen:	BIRNE	2		
	KIRSCHE	4		
	PFIRSICH	6		
	MIRABELLE	3		
	APFEL	1		
	PFLAUME	0	5	6

L()=Listenelement   Z()=Listenzeiger   A=Anfang   E=Ende

Aufbau einer geketteten Liste an einem 6-Schritt-Beispiel

Applesoft erforderlichen 4 Variablen L$(), Z(), A, E annehmen,
wenn wir Programm NAMEN-KETTE1 wie im Ausführungsbeispiel wiedergegeben laufen lassen.

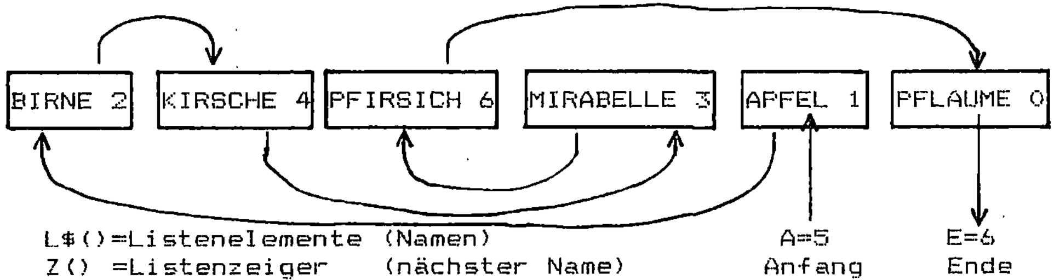

Graph einer linearen geketteten Liste mit 6 Elementen

Ausführung zu Programm NAMEN-KETTE1:

DEMONSTRATION: GEKETTETE LISTE (LINKED
LIST) ALS DYNAMISCHE DATENSTRUKTUR.

```
1    LEERE LISTE ERZEUGEN
2    NEUE ELEMENTE EINGEBEN
3    LISTE LOGISCH AUSGEBEN
4    LISTE PHYSISCH AUSGEBEN
5    DATEI MIT LISTE LADEN
6    LISTE IN DATEI SPEICHERN
WAHL (0=ENDE): 1
LISTE LEER DIMENSIONIERT.


WEITER -> RETURN
1    LEERE LISTE ERZEUGEN
2    NEUE ELEMENTE EINGEBEN
3    LISTE LOGISCH AUSGEBEN
4    LISTE PHYSISCH AUSGEBEN
5    DATEI MIT LISTE LADEN
6    LISTE IN DATEI SPEICHERN
WAHL (0=ENDE): 2
NEUES ELEMENT (0=ENDE): BIRNE
NEUES ELEMENT (0=ENDE): KIRSCHE
NEUES ELEMENT (0=ENDE): PFIRSICH
NEUES ELEMENT (0=ENDE): MIRABELLE
NEUES ELEMENT (0=ENDE): APFEL
NEUES ELEMENT (0=ENDE): PFLAUME
NEUES ELEMENT (0=ENDE): 0


WEITER -> RETURN
1    LEERE LISTE ERZEUGEN
2    NEUE ELEMENTE EINGEBEN
3    LISTE LOGISCH AUSGEBEN
4    LISTE PHYSISCH AUSGEBEN
5    DATEI MIT LISTE LADEN
6    LISTE IN DATEI SPEICHERN
WAHL (0=ENDE): 3
```

```
APFEL
BIRNE
KIRSCHE
MIRABELLE
PFIRSICH
PFLAUME


WEITER -> RETURN
1    LEERE LISTE ERZEUGEN
2    NEUE ELEMENTE EINGEBEN
3    LISTE LOGISCH AUSGEBEN
4    LISTE PHYSISCH AUSGEBEN
5    DATEI MIT LISTE LADEN
6    LISTE IN DATEI SPEICHERN
WAHL (0=ENDE): 4
BIRNE            2
KIRSCHE            4
PFIRSICH            6
MIRABELLE            3
APFEL            1
PFLAUME            0


WEITER -> RETURN
1    LEERE LISTE ERZEUGEN
2    NEUE ELEMENTE EINGEBEN
3    LISTE LOGISCH AUSGEBEN
4    LISTE PHYSISCH AUSGEBEN
5    DATEI MIT LISTE LADEN
6    LISTE IN DATEI SPEICHERN
WAHL (0=ENDE): 6
LISTE IN NAMENDATEI GESPEICHERT


WEITER -> RETURN
1    LEERE LISTE ERZEUGEN
2    NEUE ELEMENTE EINGEBEN
3    LISTE LOGISCH AUSGEBEN
4    LISTE PHYSISCH AUSGEBEN
5    DATEI MIT LISTE LADEN
6    LISTE IN DATEI SPEICHERN
WAHL (0=ENDE): 0
ENDE.
```

3.10.5.2 Erzeugen einer leeren Liste

Die Codierung zu Programm NAMEN-KETTE1 zeigt einen menügesteuerten Ablauf, der bewußt sehr einfach programmiert ist. Unterprogramm 1000 erzeugt eine leere Liste: Anfang A sowie Ende E
der Liste werden auf 0 gesetzt und jeweils 100 Listenelemente
L$() und Listenzeiger Z() dimensioniert.

3.10.5.3 Eingeben eines neuen Listenelements

Unterprogramm 2000 von Programm NAMEN-KETTE1 enthält zwei Teile:
Zunächst wird die Liste verlängert (LET E=E+1) und das zusätzlich eingegebene Listenelement E$ hinten in der Liste angefügt
(LET L$(E)=E$). Diesen Vorgang erkennen wir als sequentielles
Schreiben.
Sodann werden die Listenzeiger gemäß der Sortierfolge neu ein-
geordnet. Dabei wird unterschieden, ob das neue Element vorne
an die 1. Position angefügt wird (LET A=E) oder aber an einer
anderen Position.

3.10.5.4 Liste in Sortierfolge oder Speicherfolge ausgeben

In Sortierfolge ausgeben heißt, daß die Listenelemente in L$()
in der logischen Ordnung gezeigt werden, wie sie über die Zeiger vorgegeben ist. In Unterprogramm 4000 beginnt die Laufvariable I mit Anfangsindex A, um nach jeder Ausgabe PRINT L$(I)
durch die Anweisung 4030 LET I=Z(I) der Laufvariablen I den
Wert des aktuellen Zeigerfeldes zuzuweisen, der ja auf den als
Nachfolger auszugebenden Namen zeigt.

Die Sortierfolge ist eine rein logische Ordnung, da die Namen
in der Speicherfolge als physischer Ordnung durcheinander und
unsortiert in L$() abgelegt sind.
Die Ausgabe der Namen in der Speicherfolge erfolgt einfach mit
der Zählerschleife 5000 FOR I=1 TO E vom 1. bis zum letzten
bzw. E. Listenelement.

3.10.5.5 Gekettete Liste als Datei extern ablegen

Über Unterprogramm 7000 wird die in den beiden Arrays L$() und
Z() intern dargestellte Liste in eine Datei namens NAMENDATEI
geschrieben. Dabei wird der erste und 0. Datensatz wie üblich
für besondere Werte reserviert: für den Listenanfang A und für
das Listenende E (Zeilen 7020 und 7030).
Die NAMENDATEI selbst ist als sequentielle Datei organisiert.

Das Unterprogramm 6000 liest die gesamte NAMENDATEI dann wieder in den Hauptspeicher ein, wobei vor dem Lesevorgang zuerst
eine leere Liste erzeugt wird (Zeile 6000).
Wie diese beiden Unterprogramme zeigen, wird in unserem Demon-
strationsprogramm NAMEN-KETTE1 zur geketteten Liste der dateiweise Datenverkehr praktiziert.

Codierung zu Programm NAMEN-KETTE1:

```
100   REM   ======PROGRAMM NAMEN-KETTE1
110   PRINT "DEMONSTRATION: GEKETTETE LISTE (LINKED"
120   PRINT "LIST) ALS DYNAMISCHE DATENSTRUKTUR.": PRINT
130   :
140   REM   ======VEREINBARUNGSTEIL
150   REM   L$(100):  LISTENELEMENT
160   REM   Z(100):   LISTENZEIGER
170   REM   A:        ZEIGER "ANFANG DER LISTE"
180   REM   E:        ZEIGER "ENDE DER LISTE"
190   REM   H:        HILFSZEIGER
200   REM   I:        LAUFVARIABLE, LISTENZEIGER
210   REM   NAMENDATEI: DATEI FUER DIE LISTE
220   REM   L$(I),Z(I): 2-KOMPONENTEN-DATENSATZ
230   :
240   REM   ======ANWEISUNGSTEIL
250   PRINT "1   LEERE LISTE ERZEUGEN"
260   PRINT "2   NEUE ELEMENTE EINGEBEN"
270   PRINT "3   LISTE LOGISCH AUSGEBEN"
280   PRINT "4   LISTE PHYSISCH AUSGEBEN"
290   PRINT "5   DATEI MIT LISTE LADEN"
300   PRINT "6   LISTE IN DATEI SPEICHERN"
310   INPUT "WAHL (0=ENDE): ";W
320   IF W = 0 THEN  PRINT "ENDE.": END
330   ON W GOSUB 1000,2000,4000,5000,6000,7000
340   PRINT : INPUT "WEITER -> RETURN ";E$
350   HOME : GOTO 250
360   :
370   REM   ***IM INTERNSPEICHER LEERE LISTE ERZEUGEN***
1000  LET A = 0: REM   ANFANG DER LISTE
1010  LET E = 0: REM   ENDE DER LISTE
1020  LET H = 0: REM   HILFSZEIGER
1030  LET I = 0: REM   LISTENZEIGER ZWISCHEN A UND E (LAUFVARIABLE)
1040  DIM L$(100): REM   LISTE
1050  DIM Z(100): REM   ZEIGER AUF L$()
1060  PRINT "LISTE LEER DIMENSIONIERT."
1070  RETURN
1080  :
1090  REM   ***NEUE LISTENELEMENTE EINGEBEN***********
2000  INPUT "NEUES ELEMENT (0=ENDE): ";E$
2010  IF E$ = "0" THEN 2060
2020  LET E = E + 1
2030  LET L$(E) = E$
2040  GOSUB 3000: REM   E$ EINORDNEN
2050  GOTO 2000
2060  RETURN
2070  :
2080  REM   ***ELEMENT SORTIERT EINORDNEN**************
3000  LET I = A
3010  IF E$ <  = L$(I) OR I = 0 THEN 3050
3020  LET H = I
3030  LET I = Z(I)
3040  GOTO 3010
3050  IF (I <  > A) THEN 3100
```

Codierung zu NAMEN-KETTE1 (Fortsetzung):

```
3060    REM   ***VORNE ANFUEGEN
3070    LET Z(E) = A
3080    LET A = E
3090    GOTO 3130
3100    REM   ***DAZWISCHEN ODER HINTEN EINFUEGEN
3110    LET Z(E) = I
3120    LET Z(H) = E
3130    RETURN
3140    :
3150    REM   ***LISTE IN SORTIERFOLGE AUSGEBEN**
4000    LET I = A
4010    IF I = 0 THEN 4050
4020    PRINT L$(I)
4030    LET I = Z(I)
4040    GOTO 4010
4050    RETURN
4060    :
4070    REM   ***LISTE IN SPEICHERFOLGE AUSGEBEN*
5000    FOR I = 1 TO E
5010    PRINT L$(I); TAB( 10);Z(I)
5020    NEXT I
5030    RETURN
5040    :
5050    REM   ***LISTE IN INTERNSPEICHER LADEN***
6000    GOSUB 1000: REM   LEERE LISTE
6010    LET D$ = "": REM   CTRL-D
6020    PRINT D$;"OPEN NAMENDATEI"
6030    LET I = 0
6040    PRINT D$;"READ NAMENDATEI"
6050    INPUT L$(I),Z(I)
6060    PRINT D$
6070    LET I = I + 1
6080    IF I <  = Z(0) THEN 6040
6090    PRINT D$;"CLOSE"
6100    LET A =   VAL (L$(0))
6110    LET E = Z(0)
6120    PRINT "NAMENDATEI GELADEN."
6130    RETURN
6140    :
6150    REM   ***LISTE EXTERN ABSPEICHERN********
7000    LET D$ = "": REM   CTRL-D
7010    PRINT D$;"OPEN NAMENDATEI"
7020    LET L$(0) =   STR$ (A)
7030    LET Z(0) = E
7040    LET I = 0
7050    PRINT D$;"WRITE NAMENDATEI"
7060    PRINT L$(I): PRINT Z(I)
7070    PRINT D$
7080    LET I = I + 1
7090    IF I <  = E THEN 7050
7100    PRINT D$;"CLOSE"
7110    PRINT "LISTE IN NAMENDATEI GESPEICHERT."
7120    RETURN
```

Auf einige L i s t e n o p e r a t i o n e n geht Programm
NAMEN-KETTE1 nicht ein. Wir wollen sie als Schrittfolge erklä-
ren:
- Ein Listenelement suchen (z.B. MIRABELLE):
        (1) LET I=A   Mit Angfangsindex A beginnen.
        (2) Mit I die Listenelemente entlanggehen, bis L$(I)=0
            ist (nicht gefunden) oder L$(I)=SUCH$ ist (gefunden).

- Ein Listenelement ändern (z.B. MIRABELLE in MIRABELLE1):
        (1) Wie beim Suchen oben.
        (2) Inhaltsänderung vornehmen.

- Ein Listenelement ändern (z.B. MIRABELLE in GUTEMIRABELLE):
            Entsprechend dem Einfügen eines neuen Elements.

- Ein Listenelement löschen:
        (1) LET H=LOESCH   Position des zu löschenden Namens.
        (2) LET I=H-1   Mit Zeiger I um 1 zurückgehen.
        (3) LET Z(I)=Z(H)   Z(I) zeigt auf Nachfolger des zu
            löschenden Elements. Damit wird L$(H) 'frei'.

- Zeiger I auf Listenanfang positionieren:
            LET I=A

- Zeiger I auf Listenende positionieren:
            LET I=E

- Zeiger I auf das Nachfolger-Element positionieren:
            LET I=Z(I)   Zeigerwert wird zum Index.

- Zeiger I auf das Vorgänger-Element positionieren:
        (1) LET H=I   Position merken.
        (2) LET I=A   I auf Listenanfang A setzen.
        (3) IF Z(I)=H THEN ... zeigt I auf Vorgänger.
        (4) LET I=Z(I)   Logisch nächstes Listenelement.
        (5) GOTO (3)   Wiederholung mit Schritt (3).

Gerade das Zurücksetzen des Zeigers auf das Vorgänger-Element
ist umständlich, weil hierbei nicht der physische, sondern der
logische Vorgänger zu suchen ist.

3.10.6 Nummerndatei als Binärbaum

Wie die im vorangehenden Abschnitt dargestellte zeigerverkettete Liste (Linked List) gehört auch der B i n ä r b a u m
zu den dynamischen Datenstrukturen (vgl. Abschnitt 1.3.2.3).
Der Binärbaum unterscheidet sich von der verketteten Liste nur
dadurch, daß jedes Baumelement (Knoten = node) stets z w e i
Zeiger hat: einen linken und einen rechten Nachfolger-Zeiger.
Es gibt viele Arten von Bäumen. Wir gehen nur auf binäre Bäume
in ihrer einfachsten Ausprägung ein.

3.10.6.1 Graphische Darstellung eines Binärbaumes

Wie das Beispiel eines 8-Knoten-Baumes zeigt, zeichnet man den
Binärbaum zumeist auf dem Kopf stehend, also mit dem Baumstamm
bzw. der Wurzel (root) nach oben. Der Wurzelknoten ME421000
hat zwei Zeiger 3 und 2, die auf den linken (Knoten 3) und den
rechten Nachfolger (Knoten 2) verweisen. Oder anders: die Zeiger weisen auf weitere Bäume, auf einen linken Teilbaum sowie
einen rechten Teilbaum. Ein Zeigerwert 0 bedeutet 'kein Nachfolger' vorhanden. Nachfolger sind Söhne und Vorgänger Väter.

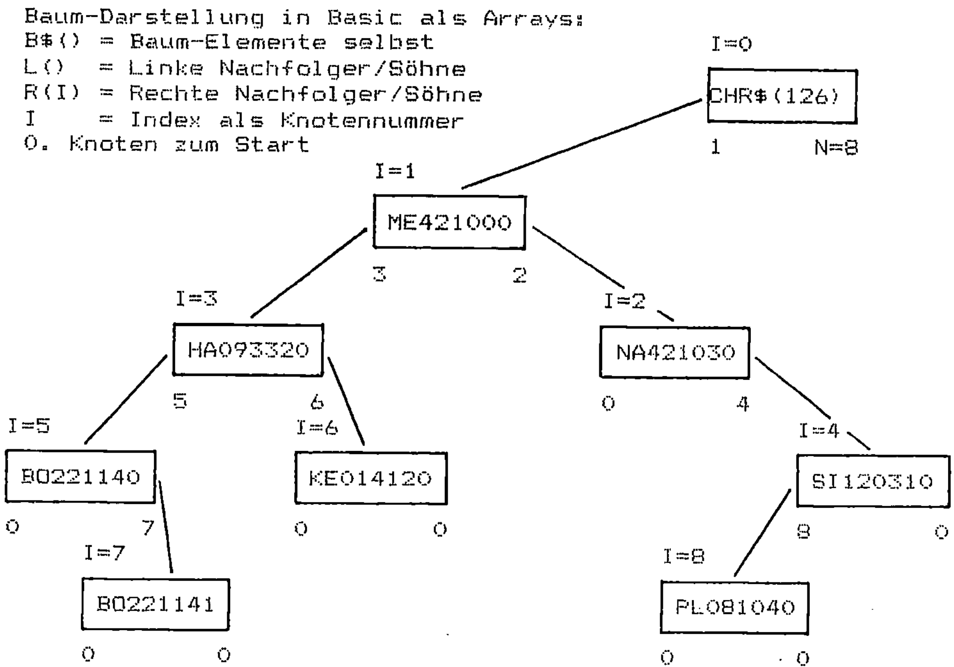

8 Artikelnummern als Binärbaum mit 8 Knoten strukturiert

3.10.6.2 Darstellung eines Binärbaumes in Basic

Wie die meisten BASIC-Versionen sieht auch Applesoft-BASIC für
binäre Bäume bzw. Zeiger keine gesonderten Sprachelemente vor.
Aus diesem Grunde müssen wir die Datenstruktur 'Binärbaum' ab-
strakt z.B. mit Datenstrukturen 'Array' darstellen. Für jeden
Baumknoten brauchen wir diese vier Einträge: Element, Vorgäng-
er, linker und rechter Nachfolger. Wir verwenden die 3 Arrays
B$(I) für Elemente, L(I) für linke Nachfolger, R(I) für rechte
Nachfolger; der Index I verweist auf die (physischen) Vorgäng-
er. Intern im Hauptspeicher legen wir den Binärbaum also in 3
Arrays ab. Extern speichern wir den Binärbaum als sequentielle
NUMMERNDATEI in 8 Datensätzen mit je drei Komponenten Element,
linker Sohn und rechter Sohn ab.

```
BINÄRBAUM IM INTERNSPEICHER:      BINÄRBAUM IM EXTERNSPEICHER:

 I   B$()         L()    R()       Datei NUMMERNDATEI als
 -----------------------------     sequentielle Datei mit der
 0  | CHR$(126) 1       8=Anzahl N  Speicherungsfolge
 1  | ME421000  3       2          CHR$(126) 1 8 / 1 ME421000
 2  | NA421030  0       '4         3 4 / 2 NA421030 0 4 / ...
 3  | HA093320  5       6
 4  | SI120310  8       0          Anmerkung zu Satz 0:
 5  | BO221140  0       7          CHR$(126) als großer Wert,
 6  | KE014120  0       0          L(0)=1 deutet auf Wurzel,
 7  | BO221141  0       0          R(0)=8 speichert Anzahl der
 8  | PL081040  0       0          Knoten des Baumes.
```

       Binärbaum mittels Arrays sowie als Datei dargestellt

3.10.6.3   Erzeugen eines leeren Binärbaumes

Programm NUMMERN-BINAERBAUM1 demonstriert einen binären Baum
in Applesoft. Dieser Baum könnte folgenden Zweck erfüllen: Ein
Betrieb führt klassifizierende Artikelnummern (vgl. Abschnitt
3.10.2.5); dabei steht BO221140 für BOHRER, Lagerort 22, Lie-
ferantennummer 114. BO221141 ist in den Stellen 1-7 gleich und
hat deshalb eine 1 in Stelle 8. Diese Artikelnummern als Ordnungsbegriff einer Indexdatei sollen nun als Binärbaum strukturiert werden, um schnell zugreifen zu können und bei Änderungen nicht alle Nummern bewegen zu müssen.

Im Unterprogramm 1000 des Programms NUMMERN-BINAERBAUM1 wird
ein leerer Binärbaum erzeugt: In Zeile 1010 werden vier Arrays
B$(), L(), R() und S() (S brauchen wir zum Sortieren) für ei-
nen Baum mit maximal 100 Knoten dimensioniert. Dabei hat Knoten 0 besondere Werte: B$(0) einen großen 'Start-Wert', R(0)
später die Knotenanzahl N.

3.10.6.4   Eingeben von Elementen in den Binärbaum

Über Unterprogramm 2000 bzw. Menüwahl 2 geben wir 8 Artikelnummern ein. Unterprogramm 4000 bzw. Menüwahl 4 zeigt uns, wie
die Nummern im Baum angeordnet werden: sie werden seriell gemäß der Reihenfolge der Eingabe gespeichert, die logische Ver-
ankerung geschieht rein über die Zeiger für den linken und den
rechten Nachfolger.

Das Einsetzen in den Baum läuft in zwei Schritten ab:
Zunächst wird die Knotenanzahl N um 1 erhöht, um die getippte
Artikelnummer E$ durch LET B$(N)=E$ hinten anzuhängen (Zeile
2020).
Anschließend wird in einer Suchschleife (Zeilen 2030-2080) von
der Wurzel ausgehend (LET I=0) gefragt, ob rechts eingetragen
werden soll (2030 IF B$(N)>B$(I) erfüllt) oder aber links (Bedingung nicht erfüllt). Wenn ja, dann sind 2 Fälle zu trennen:
Existiert ein rechter Nachfolger (2060 IF R(I)<>0 erfüllt),
dann wird zu diesem Nachfolger gegangen (LET I=R(I)) und wieder weitergefragt (GOTO 2030 , Suchschleife wiederholen). Gibt

es noch keinen rechten Nachfolger, dann wird die Artikelnummer durch Setzen des rechten Nachfolge-Zeigers (2070 LET R(I)=N) an diese Stelle -logisch- abgelegt und die Suchschleife beendet (2070 LET F=1 mit F als Flagge).

Das Eintragen links im Baum vollzieht sich entsprechend. Wir erkennen die Regel zum Eintragen in den binären Baum:
- Ein Element tritt nur einmal auf.

Codierung zu Programm NUMMERN-BINAERBAUM1:

```
100   REM   ======PROGRAMM NUMMERN-BINAERBAUM1
110   PRINT "DEMONSTRATION: BINAERER BAUM ALS DYNAMISCHE DATENSTRUKTUR."
120   :
130   REM   ======VEREINBARUNGSTEIL
140   REM   B$()     BAUMELEMENTE (KNOTEN)
150   REM   R()      RECHTE SOEHNE BZW. NACHFOLGER
160   REM   L()      LINKE SOEHNE BZW. NACHFOLGER
170   REM   S()      SUCHARRAY ALS HILFSVARIABLE BEIM SORTIEREN
180   REM   N        ANZAHL DER BAUMELEMENTE (IN R(0) ABGELEGT)
190   REM F,I,J,Z: HILFSVARIABLEN
200   REM   NUMMERNDATEI: SEQ. DATEI ZUR SPEICHERUNG DES BINAERBAUMES
210   REM   B$(I),L(I),R(I): 3-KOMPONENTEN-SATZ FUER I. BAUMELEMENT
220   :
230   REM   ======ANWEISUNGSTEIL
240   PRINT "0   ENDE"
250   PRINT "1   LEEREN BINAERBAUM ERZEUGEN"
260   PRINT "2   NEUE ELEMENTE EINGEBEN"
270   PRINT "3   BAUM SORTIERT AUSGEBEN"
280   PRINT "4   BAUM UNSORTIERT AUSGEBEN"
290   PRINT "5   DATEI MIT BAUM LADEN"
300   PRINT "6   BAUM IN DATEI SPEICHERN"
310   INPUT "WAHL 0-6? ";Z: PRINT : IF Z = 0 THEN  PRINT "ENDE.": END
320   ON Z GOTO 1000,2000,3000,4000,5000,6000
330   PRINT : INPUT "WEITER -> RETURN ";E$: HOME : GOTO 240
340   :
350   REM   *** LEEREN BINAERBAUM ERZEUGEN ********************
1000   ONERR  GOTO 1070
1010   DIM B$(100),L(100),R(100),S(100): REM   100 KNOTEN MAX.
1020   LET I = 0: REM   BEI WURZEL BEGINNEN
1030   LET N = 0: REM   ANZAHL DER KNOTEN NULL
1040   LET B$(0) = CHR$ (126): REM    WURZEL MIT HOHEM CODEWERT
1050   PRINT "BAUM LEER EINGERICHTET.": IF F THEN 5010
1060   GOTO 330
1070   PRINT "FEHLER REDIMENSIONIEREN.": GOTO 330
1080   :
1090   REM   *** NEUE ELEMENTE (KNOTEN) IN BINAERBAUM SETZEN *****
2000   PRINT N + 1;". ELEMENT (0=ENDE)? ";: INPUT E$
2010   IF E$ = "0" THEN  LET R(0) = N: GOTO 330
2020   LET N = N + 1: LET B$(N) = E$: LET I = 0: LET F = 0
2030   :: IF B$(N) > B$(I) THEN 2060: REM   BEGINN INNERE SCHLEIFE
2040   :: IF L(I) < > 0 THEN  LET I = L(I): GOTO 2080
2050   :: LET L(I) = N: LET F = 1: GOTO 2080
2060   :: IF R(I) < > 0 THEN  LET I = R(I): GOTO 2080
2070   :: LET R(I) = N: LET F = 1
2080   :: IF  NOT F THEN 2030: REM   ENDE INNERE SUCHSCHLEIFE
2090   LET F = 0: GOTO 2000
2100   :
```

Codierung zu Programm NUMMERN-BINAERBAUM1 (1. Fortsetzung):

```
2110   REM  *** BAUM SORTIERT (LOGISCH GEORDNET) AUSGEBEN ********
3000   LET I = 1: REM  INDEX IN ARRAY B$()
3010   LET Z = 0: REM  RANGPLATZ FUER SORTIERUNG
3020   LET J = 0: REM  INDEX IN SUCHARRAY S()
3030   PRINT "LINKS: SUCHARRAY J,S(J)": PRINT "RECHTS: KNOTEN Z,B$(I)"
3040   IF L(I) = 0 THEN 3060
3050   GOSUB 3200: LET I = L(I): GOTO 3040: REM LINKSAUSSEN LESEN
3060   GOSUB 3180: IF Z = N THEN 3160
3070   IF R(I) = 0 THEN 3090
3080   GOSUB 3200: LET I = R(I): GOTO 3040: REM RECHTS LESEN
3090   IF I <  > L(S(J)) THEN 3120
3100   GOSUB 3220: GOSUB 3180: IF Z = N THEN 3160
3110   GOTO 3070
3120   IF J < 2 GOTO 3160
3130   GOSUB 3220
3140   IF I <  > R(S(J)) THEN 3090
3150   IF I > 1 THEN 3130
3160   PRINT "ENDE DES SORTIERENS.": GOTO 330
3170   :: REM    ***UPRO ELEMENT AUSGEBEN
3180   :: LET Z = Z + 1: PRINT "  -> ";Z;". ELEMENT: ";B$(I): RETURN
3190   :: REM    ***UPRO IN SUCHARRAY WEITER
3200   :: LET J = J + 1: LET S(J) = I: PRINT J;" ";S(J): RETURN
3210   :: REM    ***UPRO IN SUCHARRAY ZURUECK
3220   :: LET I = S(J): LET J = J - 1: PRINT J;" ";S(J): RETURN
3230   :
3240   REM  *** BAUM UNSORTIERT (PHYSISCH) AUSGEBEN **************
4000   PRINT "REIHENFOLGE: I,B$(I),L(I),B$(L(I)),R(I),B$(R(I))"
4010   FOR I = 0 TO N
4020   PRINT I;" ";B$(I);" ";L(I);" ";B$(L(I));" ";R(I);" ";B$(R(I))
4030   NEXT I
4040   PRINT "ENDE DER UNSORTIERTEN AUSGABE.": GOTO 330
4050   :
4060   REM  *** NUMMERNDATEI INTERN ALS BINAERBAUM EINLESEN *******
5000   LET F = 1: GOTO 1000: REM  LEEREN BAUM ERZEUGEN
5010   LET F = 0: LET D$ =  CHR$ (4): PRINT D$;"OPEN NUMMERNDATEI"
5020   PRINT D$;"READ NUMMERNDATEI"
5030   INPUT B$(0),L(0),R(0)
5040   LET I = 0: LET N = R(0)
5050   FOR I = 1 TO N
5060   INPUT B$(I),L(I),R(I)
5070   NEXT I
5080   PRINT D$;"CLOSE": PRINT "BINAERBAUM EINGELESEN.": GOTO 330
5090   :
5100   REM  *** BINAERBAUM IN NUMMERNDATEI EXTERN SPEICHERN ******
6000   LET D$ =  CHR$ (4): PRINT D$;"OPEN NUMMERNDATEI"
6010   PRINT D$;"WRITE NUMMERNDATEI": LET R(0) = N
6020   FOR I = 0 TO N
6030   PRINT B$(I): PRINT L(I): PRINT R(I)
6040   NEXT I
6050   PRINT D$;"CLOSE": PRINT "BINAERBAUM IN NUMMERNDATEI ABGELEGT."
6060   GOTO 330
```

- Ein Vater (Wurzel) hat höchstens zwei Söhne (direkte Nach-
  folger). 0 bedeutet 'kein Sohn'.
- Der linke Sohn ist alphanumerisch kleiner als der Vater.
- Der rechte Sohn ist alphanumerisch größer als der Vater.

Anmerkung: Der Wert CHR$(126) in B$(0) zeigt sich in der Ausführung zu NUMMERN-BINAERBAUM1 als 'scharf s' und bewirkt, daß
der eigentliche Anfangs-Knoten B$(1) stets ein linker Sohn von
Hilfs-Knoten B$(0) ist.

Wie unser Ausführungsbeispiel zu Programm NUMMERN-BINAERBAUM1
zeigt, wird die später eingetippte Artikelnummer NA391030 physisch als 9. Element hinten (auf den Baum bezogen: unten) angefügt, logisch jedoch über die Verzeigerung an die Stelle gesetzt, die ihrer ASCII-Codezahl entspricht.

```
Ausführung zu                    REIHENFOLGE: I,B$(I),L(I),B$(L(I)),
NUMMERN-BINAERBAUM1:             0 ß 1 ME421000 8 PL081040 R(I),B$(R(I))
                                 1 ME421000 3 HA093320 2 NA421030
                                 2 NA421030 0 ß 4 SI120310
                                 3 HA093320 5 B0221140 6 KE014120
                                 4 SI120310 8 PL081040 0 ß
DEMONSTRATION: BINAERER BAUM     5 B0221140 0 ß 7 B0221141
0   ENDE                         6 KE014120 0 ß 0 ß
1   LEEREN BINAERBAUM ERZEUGEN   7 B0221141 0 ß 0 ß
2   NEUE ELEMENTE EINGEBEN       8 PL081040 0 ß 0 ß
3   BAUM SORTIERT AUSGEBEN       ENDE DER UNSORTIERTEN AUSGABE.
4   BAUM UNSORTIERT AUSGEBEN
5   DATEI MIT BAUM LADEN         WEITER -> RETURN
6   BAUM IN DATEI SPEICHERN      0   ENDE
WAHL 0-6? 1                      1   LEEREN BINAERBAUM ERZEUGEN
                                 2   NEUE ELEMENTE EINGEBEN
BAUM LEER EINGERICHTET.          3   BAUM SORTIERT AUSGEBEN
                                 4   BAUM UNSORTIERT AUSGEBEN
WEITER -> RETURN                 5   DATEI MIT BAUM LADEN
0   ENDE                         6   BAUM IN DATEI SPEICHERN
1   LEEREN BINAERBAUM ERZEUGEN   WAHL 0-6? 3
2   NEUE ELEMENTE EINGEBEN
3   BAUM SORTIERT AUSGEBEN       LINKS: SUCHARRAY J,S(J)
4   BAUM UNSORTIERT AUSGEBEN     RECHTS: KNOTEN Z,B$(I)
5   DATEI MIT BAUM LADEN         1 1
6   BAUM IN DATEI SPEICHERN      2 3
WAHL 0-6? 2                         -> 1. ELEMENT: B0221140
                                 3 5
1. ELEMENT (0=ENDE)? ?ME421000     -> 2. ELEMENT: B0221141
2. ELEMENT (0=ENDE)? ?NA421030   2 3
3. ELEMENT (0=ENDE)? ?HA093320   1 1
4. ELEMENT (0=ENDE)? ?SI120310     -> 3. ELEMENT: HA093320
5. ELEMENT (0=ENDE)? ?B0221140   2 3
6. ELEMENT (0=ENDE)? ?KE014120     -> 4. ELEMENT: KE014120
7. ELEMENT (0=ENDE)? ?B0221141   1 1
8. ELEMENT (0=ENDE)? ?PL081040   0 0
9. ELEMENT (0=ENDE)? ?0            -> 5. ELEMENT: ME421000
                                 1 1
WEITER -> RETURN                   -> 6. ELEMENT: NA421030
0   ENDE                         2 2
1   LEEREN BINAERBAUM ERZEUGEN   3 4
2   NEUE ELEMENTE EINGEBEN         -> 7. ELEMENT: PL081040
3   BAUM SORTIERT AUSGEBEN       2 2
4   BAUM UNSORTIERT AUSGEBEN       -> 8. ELEMENT: SI120310
5   DATEI MIT BAUM LADEN         ENDE DES SORTIERENS.
6   BAUM IN DATEI SPEICHERN
WAHL 0-6? 4                      WEITER -> RETURN
```

```
0  ENDE
1  LEEREN BINAERBAUM ERZEUGEN
2  NEUE ELEMENTE EINGEBEN
3  BAUM SORTIERT AUSGEBEN
4  BAUM UNSORTIERT AUSGEBEN
5  DATEI MIT BAUM LADEN
6  BAUM IN DATEI SPEICHERN
WAHL 0-6? 6

BINAERBAUM IN NUMMERNDATEI ABGELEGT.

WEITER -> RETURN
0  ENDE
1  LEEREN BINAERBAUM ERZEUGEN
2  NEUE ELEMENTE EINGEBEN
3  BAUM SORTIERT AUSGEBEN
4  BAUM UNSORTIERT AUSGEBEN
5  DATEI MIT BAUM LADEN
6  BAUM IN DATEI SPEICHERN
WAHL 0-6? 2

9. ELEMENT (0=ENDE)? ?NA391030
10. ELEMENT (0=ENDE)? ?0

WEITER -> RETURN
0  ENDE
1  LEEREN BINAERBAUM ERZEUGEN
2  NEUE ELEMENTE EINGEBEN
3  BAUM SORTIERT AUSGEBEN
4  BAUM UNSORTIERT AUSGEBEN
5  DATEI MIT BAUM LADEN
6  BAUM IN DATEI SPEICHERN
WAHL 0-6? 4

REIHENFOLGE: I,B$(I),L(I),B$(L(I)),R(I),B$(R(I))
0  B 1 ME421000 9 NA391030
1  ME421000 3 HA093320 2 NA421030
2  NA421030 9 NA391030 4 SI120310
3  HA093320 5 BO221140 6 KE014120
4  SI120310 8 PL081040 0 B
5  BO221140 0 B 7 BO221141
6  KE014120 0 B 0 B
7  BO221141 0 B 0 B
8  PL081040 0 B 0 B
9  NA391030 0 B 0 B
ENDE DER UNSORTIERTEN AUSGABE.

WEITER -> RETURN
0  ENDE
1  LEEREN BINAERBAUM ERZEUGEN
2  NEUE ELEMENTE EINGEBEN
3  BAUM SORTIERT AUSGEBEN
4  BAUM UNSORTIERT AUSGEBEN
5  DATEI MIT BAUM LADEN
6  BAUM IN DATEI SPEICHERN
WAHL 0-6? 3
```

```
Ausführung zu NUMMERN-BINAERBAUM1
(1. Fortsetzung):


LINKS: SUCHARRAY J,S(J)
RECHTS: KNOTEN Z,B$(I)
1 1
2 3
   -> 1. ELEMENT: BO221140
3 5
   -> 2. ELEMENT: BO221141
2 3
1 1
   -> 3. ELEMENT: HA093320
2 3
   -> 4. ELEMENT: KE014120
1 1
0 0
   -> 5. ELEMENT: ME421000
1 1
2 2
   -> 6. ELEMENT: NA391030
1 1
   -> 7. ELEMENT: NA421030
2 2
3 4
   -> 8. ELEMENT: PL081040
2 2
   -> 9. ELEMENT: SI120310
ENDE DES SORTIERENS.

WEITER -> RETURN




0  ENDE
1  LEEREN BINAERBAUM ERZEUGEN
2  NEUE ELEMENTE EINGEBEN
3  BAUM SORTIERT AUSGEBEN
4  BAUM UNSORTIERT AUSGEBEN
5  DATEI MIT BAUM LADEN
6  BAUM IN DATEI SPEICHERN
WAHL 0-6? 0

ENDE.
```

3.10.6.5 Binärbaum sortiert ausgeben

Das unsortierte Ausgeben des Baumes entsprechend der Speicherungsfolge geschieht über eine Schleife in Unterprogramm 4000.
Das sortierte Ausgaben erfolgt nicht gemäß der rein physischen
Speicherungsfolge, sondern gemäß der logischen Folge, wie sie
durch die Zeigervermerke gegeben ist. Unterprogramm 3000 zeigt
dazu zwei Schritte.

Schritt 1:
Zunächst das Problem 'kleinste Nummer suchen' (hier 8022140),
die sich ganz links außen befindet. Die Schleife in den Zeilen
3040-3050 tastet sich vom Stamm ausgehend (I=0) immer weiter
nach links vor (3050 LET I=L(I)), bis endlich kein linker Sohn
mehr auftaucht (3040 IF L(I)=0 ist erfüllt), d.h. bis man ganz
links in der äußersten Ecke angelangt ist, um die nun gefunde-
ne kleinste Nummer auszugeben (3060 GOSUB 3180).
Schritt 2:
Nun kommt das Problem des 'Suchens der nächsthöheren Nummer'.
Diese ist entweder der Vater oder ein rechter Sohn. Ist kein
rechter Sohn da, so wird der Vater ausgegeben. Ist dagegen ein
rechter Sohn vorhanden (wie in unserem Fall, wo 3070 IF R(I)=0
nicht erfüllt), so geht man zu diesem Sohn (3080 LET I=R(I)),
um dann erneut mit Schritt 1 in die äußerste linke Ecke voran-
zuschreiten (3080 GOTO 3040).

Der rechte Sohn wird als Wurzel eines Teilbaumes aufgefaßt, in
dem sich das 'Suchen der kleinsten Nummer ganz links' genauso
vollzieht wie im Gesamtbaum. Ist dieses Minimum gefunden, dann
wird erneut der Vorgang 'Suchen der nächsthöheren Nummer' aufgerufen, ... Ein solches "Aufrufen von sich selbst" nennt man
R e k u r s i o n (latein: recurrere für zurücklaufen). Höhere Programmiersprachen wie Pascal oder Ada sehen hierfür sog.
rekursive Unterprogramme (Prozeduren) vor, Basic hingegen leider nicht.
Der in Unterprogramm 3000 benutzte Suchstring S(J) speichert
die beim 'Vortasten' durchlaufenen Knoten (LET J=J+1), um dann
auf dem gleichen Weg wieder zurückgehen zu können (LET J=J-1).

3.10.6.6 Binärbaum als Datei extern ablegen

Im Programm NUMMERN-BINAERBAUM1 wird über die Unterprogramme
5000 und 6000 der Binärbaum als sequentielle NUMMERNDATEI gelesen bzw. geschrieben. Zu beachten ist, daß wir dem 0. Datensatz als besonderem Satz die Knotenanzahl N in R(0) übergeben.

Binäre Bäume haben zahlreiche Anwendungen, insbesondere eignen
sie sich zum Suchen (deshalb die Bezeichnung Suchbäume) sowie
zum Sortieren. Das hier wiedergegebene Beispiel gibt bestimmt
einen nur sehr vagen Einblick in die breite Palette dieser dynamischen Datenstrukturen.
Bei größeren DV-Systemen ist der Dateizugriff über einen als
Binärbaum strukturierten Index sehr häufig als Bestandteil des
Betriebssystems vorgesehen.

Umrechnungstabelle Hexadezimal → Dezimal   (Erklärung Abschnitt 2.2.1.6.):

	0	1	2	3	4	5	6	7	8	9	A	B	C	D	E	F
	0	1	2	3	4	5	6	7	8	9	10	11	12	13	14	15
0	0	256	512	768	1024	1280	1536	1792	2048	2304	2560	2816	3072	3328	3584	3840
	16	17	18	19	20	21	22	23	24	25	26	27	28	29	30	31
1	4096	4352	4608	4864	5120	5376	5632	5888	6144	6400	6656	6912	7168	7424	7680	7936
	32	33	34	35	36	37	38	39	40	41	42	43	44	45	46	47
2	8192	8448	8704	8960	9216	9472	9728	9984	10240	10496	10752	11008	11264	11520	11776	12032
	48	49	50	51	52	53	54	55	56	57	58	59	60	61	62	63
3	12288	12544	12800	13056	13312	13568	13824	14080	14336	14592	14848	15104	15360	15616	15872	16128
	64	65	66	67	68	69	70	71	72	73	74	75	76	77	78	79
4	16384	16640	16896	17152	17408	17664	17920	18176	18432	18688	18944	19200	19456	19712	19968	20224
	80	81	82	83	84	85	86	87	88	89	90	91	92	93	94	95
5	20480	20736	20992	21248	21504	21760	22016	22272	22528	22784	23040	23296	23552	23808	24064	24320
	96	97	98	99	100	101	102	103	104	105	106	107	108	109	110	111
6	24576	24832	25088	25344	25600	25856	26112	26368	26624	26880	27136	27392	27648	27904	28160	28416
	112	113	114	115	116	117	118	119	120	121	122	123	124	125	126	127
7	28672	28928	29184	29440	29696	29952	30208	30464	30720	30976	31232	31488	31744	32000	32256	32512
	128	129	130	131	132	133	134	135	136	137	138	139	140	141	142	143
8	32768	33024	33280	33536	33792	34048	34304	34560	34816	35072	35328	35584	35840	36096	36352	36608
	144	145	146	147	148	149	150	151	152	153	154	155	156	157	158	159
9	36864	37120	37376	37632	37888	38144	38400	38656	38912	39168	39424	39680	39936	40192	40448	40704
	160	161	162	163	164	165	166	167	168	169	170	171	172	173	174	175
A	40960	41216	41472	41728	41984	42240	42496	42752	43008	43264	43520	43776	44032	44288	44544	44800
	176	177	178	179	180	181	182	183	184	185	186	187	188	189	190	191
B	45056	45312	45568	45824	46080	46336	46592	46848	47104	47360	47616	47872	48128	48384	48640	48896
	192	193	194	195	196	197	198	199	200	201	202	203	204	205	206	207
C	49152	49408	49664	49920	50176	50432	50688	50944	51200	51456	51712	51968	52224	52480	52736	52992
	208	209	210	211	212	213	214	215	216	217	218	219	220	221	222	223
D	53248	53504	53760	54016	54272	54528	54784	55040	55296	55552	55808	56064	56320	56576	56832	57088
	224	225	226	227	228	229	230	231	232	233	234	235	236	237	238	239
E	57344	57600	57856	58112	58368	58624	58880	59136	59392	59648	59904	60160	60416	60672	60928	61184
	240	241	242	243	244	245	246	247	248	249	250	251	252	253	254	255
F	61440	61696	61952	62208	62464	62720	62976	63232	63488	63744	64000	64256	64512	64768	65024	65280

Sachwortverzeichnis